China Metropolitan Area Development Report 2021

中国都市圈发展报告 2021

尹 稚 卢庆强 吕晓荷 王 强 主编

清华大学出版社
北 京

内容简介

本书为清华大学中国新型城镇化研究院都市圈系列研究第二辑，延续了数据支撑研究的特色，对自国家发展改革委《关于培育发展现代化都市圈的指导意见》出台以来全国主要都市圈的发展情况进行了系统总结，并就新发展阶段、双循环格局、新冠疫情等时代议题给予回应。本书分为上、下篇共十章。上篇系统梳理了国家与地方层面公开发布的都市圈相关政策，全国主要都市圈发展格局和六大关键领域的实践进展，提出新冠疫情下的都市圈发展思考，以及三新视角下的都市圈发展建议；下篇对首都都市圈、成都都市圈、福州都市圈、武汉都市圈和西安都市圈五个重点都市圈进行深度剖析，立足各都市圈的战略地位和自身特色，总结同城化发展的成效与经验，并在优势研判和问题识别的基础上提出重点建设方向，对我国其他地区的都市圈建设工作推进具有较大参考价值。

本书适合城镇化建设领域的学者、专业人士及决策人员参考，也可供从业人员及相关领域学生阅读。

图书在版编目（CIP）数据

中国都市圈发展报告. 2021 / 尹稚等主编. —— 北京：清华大学出版社，2021.12
ISBN 978-7-302-59669-1

Ⅰ. ①中… Ⅱ. ①尹… Ⅲ. ①城市群—发展—研究报告—中国—2021 Ⅳ. ①F299.21

中国版本图书馆CIP数据核字（2021）第255113号

责任编辑： 张占奎
封面设计： 何凤霞
责任校对： 欧 洋
责任印制： 沈 露

出版发行： 清华大学出版社
   网 址： http://www.tup.com.cn, http://www.wqbook.com
   地 址： 北京清华大学学研大厦A座   **邮 编：** 100084
   社 总 机： 010-62770175   **邮 购：** 010-62786544
   投稿与读者服务： 010-62776969, c-service@tup.tsinghua.edu.cn
   质量反馈： 010-62772015, zhiliang@tup.tsinghua.edu.cn
印 刷 者： 三河市铭诚印务有限公司
装 订 者： 三河市启晨纸制品加工有限公司
经 销： 全国新华书店
开 本： 185mm×260mm   **印 张：** 17.25   **字 数：** 313千字
版 次： 2021年12月第1版   **印 次：** 2021年12月第1次印刷
定 价： 158.00元

产品编号：095099-01

编撰人员名单

主　　编： 尹　稚　卢庆强　吕晓荷　王　强

参编人员： 第一章

孙　淼　吕晓荷　谢力唯　王　强　扈　茗　都乐洋　蔡宏钰

钟奕纯

第二章

吕晓荷　孙　淼　闫　博　龙茂乾

第三章

吕晓荷　欧阳鹏　刘希宇　钟奕纯　都乐洋

第四章

吕晓荷

第五章

孙　淼　闫　博　吕晓荷　龙茂乾　黄　莉　朱　煜　王　强

第六章

吴唯佳　于涛方　赵　亮　秦李虎　刘钊启　吴　骞　刘　艺

第七章

张思远　朱　煜　王　强　扈　茗　刘晋媛　万勇山　毛　磊

闫　博　谢力唯　李井海　孙　淼

第八章

朱　煜　张思远　王　强　扈　茗　李苗裔　吕晓荷　孙　淼

第九章

黄亚平　郑加伟

第十章

范晓鹏

主编单位：清华大学中国新型城镇化研究院

清华大学国家治理与全球治理研究院

参编单位：清华大学建筑学院

北京清华同衡规划设计研究院

华中科技大学建筑与城市规划学院

陕西省新型城镇化和人居环境研究院

福州大学建筑学院

支持单位：智慧足迹数据科技有限公司

北京世纪高通科技有限公司

　　清华大学中国新型城镇化研究院从 2018 年开始全面参与培育发展现代化都市圈的相关研究。4 年来，建设都市圈、提升区域发展竞争力，已成为我国构建新发展格局的一项重要任务。《中华人民共和国国民经济和社会发展第十四个五年规划和 2035 年远景目标纲要》明确提出：坚持走中国特色的城镇化道路，依托辐射带动能力较强的中心城市，提高 1 小时通勤圈协同发展水平，培育发展一批同城化程度高的现代化都市圈。

　　回顾"十三五"时期，各地区、各部门以习近平新时代中国特色社会主义思想为指导，立足新发展阶段、贯彻新发展理念、构建新发展格局，持续深入实施以人为核心的新型城镇化战略，并取得显著进展。城市群和都市圈作为带动区域高质量发展的空间动力系统，发挥了重要的引领和示范作用。

　　第一，我国以城市群为主体的城镇化空间格局总体形成。城市群规划全面实施，城市群集聚人口和经济作用持续显现。截至 2019 年，19 个城市群以约 1/4 的国土面积，承载了我国 75% 以上的城镇人口、贡献了 80% 以上的国内生产总值。

　　第二，都市圈作为城市群的核心，培育工作有序开展。自 2019 年国家发展改革委出台《关于培育发展现代化都市圈的指导意见》以来，都市圈在基础设施、公共服务、产业发展等领域的同城化水平持续提高。2021 年，国家发展改革委相继批复同意《南京都市圈发展规划》和《福州都市圈发展规划》。

　　第三，中心城市发展能级与影响力稳步提升，城市规模结构持续调整优化。中心城市在全球城市体系中的地位稳步提升，2018 年，我国有 44 个城市列入 GaWC 世界城市榜单。中小城市功能稳步提升，特大镇设市取得突破，城市数量增加至 684 个。

　　第四，以轨道交通为骨干的都市圈交通网络稳步推进，都市圈要素流动逐步增强。

2020 年，我国长三角、京津冀、珠三角、成渝 4 个城市群轨道交通共开通运营 153 条，线路总长度达到 5368km，占全国总运营线路的 67.4%。

与此同时，我们也要清醒地认识到，城市群和都市圈发展仍有部分问题没有得到解决。中心城市资源过度集聚，特别是超大、特大城市中心城区，环境污染、交通拥堵、房价高企、老龄化加剧等"大城市病"问题突出，城市治理水平亟待提升。中心城市对周边城市辐射带动不足，导致部分中小城市发展活力不足，产业发展乏力，人口持续流出。城市群和都市圈协调机制和成本共担利益共享机制不健全，各自为政现象仍然普遍存在。在新冠疫情下，城市群和都市圈暴露出紧急预案缺失、信息共享迟滞、物资调配困难等短板，应对突发事件联动机制亟待建立健全。

2021 年是中国共产党成立 100 周年，也是"十四五"规划开局之年。在充分理解产业和人口向经济发展优势区域集中的客观规律和长期趋势的基础上，面向"十四五"，都市圈和城市群将成为我国最大的结构性潜能，其在产业升级、创新策源等方面的引领作用将进一步凸显。国家发展改革委也将推动落实国家"十四五"规划《纲要》所提出的"推进以人为核心的新型城镇化"有关重要部署，持续关注和支持都市圈高质量发展。

一是培育发展现代化都市圈。支持南京、福州等都市圈研究编制发展规划实施方案，支持有条件的中心城市在省级政府指导下牵头编制都市圈发展规划。推进都市圈生态环境共防共治，构建城市间绿色隔离和生态廊道。建立都市圈常态化协商协调机制，探索建立重大突发事件联动响应机制。

二是打造轨道上的都市圈。推动《国务院办公厅转发国家发展改革委等单位关于推动都市圈市域（郊）铁路加快发展的意见》（国办函〔2020〕116 号）全面落实，鼓励都市圈建设市域（郊）铁路和城际铁路，完善以轨道交通为骨干的都市圈交通网络，打造 1 小时通勤圈。促进都市圈交通运营管理一体化，促进各类交通方式无缝接驳、便捷换乘，推广交通"一卡通"、二维码"一码畅行"。促进中心城市与周边城市（镇）同城化发展，形成梯次配套的产业圈，构建便利共享的生活圈。

三是促进大、中、小城市和小城镇协调发展。优化行政区划设置，发挥中心城市带动作用，提高中心城市综合承载和资源优化配置能力。引导超大、特大城市中心城区瘦身健体。处理好中心和区域的关系，更好地发挥中心城市辐射带动作用，以点带面、促进区域协调发展。提升大中城市功能品质，适应农民日益增长的到县城安家的需求，加快县城补短板强弱项，促进特色小镇规范健康发展。

自 2018 年以来，清华大学中国新型城镇化研究院在国家发展改革委的指导下，持续开展城市群与都市圈的学术研究。在 2019 年出版《中国都市圈发展报告 2018》的基础上，密切跟踪我国都市圈理论、政策和实践前沿动态，在完善和修正都市圈综合发展质量评价指标体系，对我国都市圈发展水平进行年度评估监测的基础上，会同更多的有代表性研究学者，选取若干重点区域发展战略中的都市圈案例进行更为深入的梳理与剖析，对其他都市圈发展具有相当借鉴价值。希望本书的出版能够为社会各界搭建中国城市群与都市圈学术研究的平台和典型案例库，吸引更多的有识之士共同参与讨论与交流，共同为我国新型城镇化建设和城乡融合发展贡献力量！

都市圈对于学界而言并不是新鲜事物，基于东西方发达国家的各种发展进程的理论总结和结果描述也已"汗牛充栋"。但作为中央政府、区域政府乃至中心城市政府当作工作抓手去主动培育、主动建构的实践工作，还是个新鲜事物。自 2019 年以来，实践探索一直在路上，坚持尊重规律、顺势而为是工作的主基调，但也出现了一些值得关注和讨论的现象，比如："一省多圈，全域覆盖，重点不清""盲目扩圈，面积过大，联系不足""跨省划圈，一市多用，缺乏协调"。同时，在各地出台的政府文件中，都市区、大都市区、城市圈、经济圈等相近的、通常用于学术研究的或不同视角的词汇混合使用，其内涵也与中央文件不一致，这也带来政府贯彻执行中的困惑。这些现象的存在，究其原因是对中国实践中的都市圈概念理解不清，对都市圈在当前社会经济发展和区域协调中的作用认识不足。

在本书编印出版之际，有必要再谈两点思考，以为补充。

一、进一步深化认识中国实践中的都市圈内涵和划定标准。

都市圈是城镇化进程中的阶段性空间组织形式，是从中心城市不断扩展形成连绵发展的城市群过程中承上启下的重要一环。准确识别并科学划定范围，是推进都市圈建设的基本前提。培育发展现代化都市圈，经济、人口、面积的总量和规模并不应是最核心的考虑，都市圈中心城市的发展能级、中心城市的辐射带动能力、城市间的要素联系紧密程度、同城化机制的完善和顺畅运行，才更应该是面向新发展阶段都市圈关注的重点。

典型发达国家都市圈的划定标准和统计制度主要从两个层面考虑：一是，选用合适的测度指标和识别标准界定都市圈核心区域，即中心城市。如美国、加拿大和日本同时选用人口规模和人口密度作为界定都市圈核心区域的主要依据，具体阈值的大小根据国内人口密度、规模和分布情况各有不同。二是，根据城市间人口联系度确定都市圈的外围区域。如美国、加拿大、英国和日本均对通勤率这一指标提出明确要求，最低标准为日本提出的"与中心城市保持 10% 或以上劳动通勤率"，且美国要求满足通勤率条件的外围区县数量至少达到 4 个才可构成都市圈（美国称为"大都市统计区"）。

我国专家、学者的相关研究也都有类似的结论，即都市圈包含三大基本要素：强大的核心城市、受中心影响的外围地区以及两者之间的密切联系。都市圈的划定既要识别出有一定人口规模、发展能级较高、具备辐射带动作用的中心城市，又要识别真正与其有紧密社会经济联系的、具有一体化倾向的邻接城市与地区。在中心城市的选择上，考虑自身资源集聚能力和经济实力是辐射带动作用发挥的前提，建议将人口规模、地区生产总值、城市规模等级等指标项作为都市圈中心城市筛选的常用指标。在都市圈辐射范围识别上，考虑完善的交通网络是城市间要素流动的基础，也是同城化发展的先决条件，而经济和人口联系度是都市圈同城化发展的直观体现和重要测度指标，建议以中心城市 1 小时通勤圈，或中心城市城区周边 80~120km 范围为先行基准，以都市圈人口联系强度为补充划定都市圈时空边界，并建议以县级行政单元作为最小划定单元。此外还有专家、学者提出要对圈域内整体发展质量和资源集聚情况进行评估。

二、突出重点、动态监测，分类指导培育发展现代化都市圈。

"十四五"期间，我国应优先培育发展一些发展基础较好、具备协同条件的都市圈，开展同城化发展的体制机制创新探索。城镇化推进是一个持续的进程，其空间形态在动态演变过程中，培育发展现代化都市圈也不是一蹴而就、平叙推进的工作。我国区域经济发展不均衡现象客观存在，中心城市发展能级也存在差异，是否在当下阶段开展都市圈的培育发展工作需要建立在现状发展水平的评估之上。建议以"城区常住人口超过 300 万人，地区生产总值总量超过 5000 亿元"作为中心城市的筛选条件，同时考虑城市级别作为补充甄选条件。以周边区县日均通勤人次与该区县就业人口比例达1.5%，或周边区县日均流动人次占该区县居住人口比 10.0% 为标准，识别都市圈核心区范围；同时以周边区县日均通勤人次与该区县就业人口比例达 1.0%，或周边区县日均流动人次占该区县居住人口比 5.0% 为标准，识别都市圈辐射区。建议将都市圈核心区包含 1 个及以上外围区县，以及"都市圈核心区＋辐射区"包含 5 个及以上外围区县的都市圈，认定为已具有一定发展基础、可在近期优先扶持的都市圈。

在都市圈培育发展过程中，建议各地加强省级政府的指导作用和中心城市的示范带头作用，优化完善都市圈规划编制思路、方法和机制，科学划定都市圈范围，明晰不同都市圈发展重点，强化都市圈交通枢纽和轨道交通网络建设，鼓励在都市圈范围内的人口精细化管理服务、土地资源配置、生态共保共治、区域合作利益共享机制等区域协调机制取得实质性突破。

从中长期来看，我国应在动态监测各城市发展能级的前提下逐步增加都市圈数量，并对处于不同发展阶段的都市圈进行分类指导。随着研究的不断深入和实践的不断开展，进一步优化调整都市圈识别与范围划定标准。动态监测主要城市的经济发展和资源集聚水平，对辐射带动范围超出行政管辖范围的城市启动都市圈规划和培育工作。此外，建议进一步建立都市圈整体发展水平评价体系，识别成熟型、发展型、培育型等处于不同发展阶段的都市圈，有针对性地提出建设方向和重点任务。

　　中国都市圈建设实践刚刚起步，中国自身的城镇化理论建设也正在路上。"强城、建圈、聚群"乃至在同城化、都市圈、城市群三个尺度上实现大、中、小城市的协同发展、城乡的融合发展，以达成人与自然和谐、人与人关系和谐的生态文明的建构和全体国民共同富裕的总目标，路还很长，正所谓"理解是过程而表达却是逐次的"[①]，与这个实践过程相伴的是知识体系的重构和发展理论的建构，走出西方人追求知识确定性的陷阱，认识到实践中的新鲜事物在不完备、各局部知识之间存在不一致的时候，也正是蕴含着创造性冲动的时候。从具体工作的开展看"标准答案"的行政穿透成本和传播成本是最小的，但这并非是这项事业的终点。而对于把论文写在祖国大地上的学者而言，中国式的新型城镇化道路充满着由模糊性（ambignity）和不确定性（uncertainty）释放出来的创造性冲动空间，而日新月异的技术进步也在加速和催化着这种创造性冲动从理论思想到现实实践，落地生根、开花结果。如何不断地将新鲜经验注入"永恒"的空间情景中去，是值得所有学人思考的问题。

尹稚[②]

2021.10.8 于清华园

[①]　原文引自：汪丁丁，2019. 思想史基本问题 [M]. 北京：东方出版社 .
[②]　清华大学建筑学院教授，博士生导师，清华大学中国新型城镇化研究院执行副院长，清华大学城市治理与可持续发展研究院执行院长，清华大学国家治理与全球治理研究院首席专家，中国城市规划学会副理事长。

自 2019 年国家发展改革委印发《关于培育发展现代化都市圈的指导意见》以来，提升中心城市自身能级与辐射带动能力，以都市圈为载体优化要素资源配置，建设"轨道上的都市圈"，优化空间发展格局，引领中国城镇化高质量发展，已成为我国推进新型城镇化战略的重点工作和主要抓手。国家"十四五"规划纲要中提出"深入推进以人为核心的新型城镇化战略，以城市群、都市圈为依托促进大、中、小城市和小城镇协调联动"。在陆续公布的地方"十四五"规划中，有 23 个省、自治区、直辖市明确提出都市圈建设相关内容。

当前国际环境动荡变革，新冠疫情影响仍在持续，大城市、高密度、高流动的发展路径受到一些质疑。在此背景下更应坚持遵循人类社会发展的客观规律，理性认识以中心城市为核心的都市圈集聚协同发展在发挥规模经济效益、促进资源有效配置和推动精细化治理方面的优势所在。面向新百年奋斗目标和构建双循环新发展格局的要求，都市圈还将在引领科技创新突破、坚持扩大对外开放、促进消费和投资等扩大内需关键环节发挥更大的作用。

清华大学中国新型城镇化研究院在出版《中国都市圈发展报告 2018》后，依然持续关注我国都市圈建设进程，历时两年持续进行政策、数据、资料收集整理，开展专项研究以及都市圈发展规划编制实践，并与清华大学建筑学院、北京清华同衡规划设计研究院、华中科技大学建筑与城市规划学院、陕西省新型城镇化和人居环境研究院、福州大学建筑学院等参与地方发展战略研究与实践的高校和科研机构形成研究联盟，加强典型都市圈的深入剖析，在此基础上完成第二本都市圈发展报告（因数据获取原因，未对港澳台地区进行识别。）。本报告主体分为两篇：上篇为《全国都市圈建设进展与新要求》，系统梳理了国家与地方层面都市圈相关的政策部署，根据优化后的都市圈综合发展质量评价指标体系对全国主要都市圈发展状况进行追踪评价，聚焦六大关键领域总结都市圈发展实践，并在三"新"新坐标下提出"十四五"规划及中长期都市圈发展建议；下篇为《重点都市圈实践与主要经验》，选取我国重点区域发展战略中的典型都市圈，在统一框架下系统梳理各都市圈的发展历程、基本情况、战略定位，总结其在特色领域内的突出成效和体制机制创新亮点，以期形成可供复制推广的经验。此外，作为跨越了 2020 年这一特殊历史时期的学术成果，报告也就新冠疫情下的都市圈发展做了专门章节的阐述。

城市群与都市圈是清华大学中国新型城镇化研究院的重点研究方向之一，未来，研究院将继续在国家发展改革委的指导下，依托清华大学综合学科优势，充分发挥"大数据＋政策研究＋地方实践"的优势，广邀合作机构，持续深化都市圈相关研究，助力"五化同步"的高质量城镇化发展，以及满足人民美好生活需要、最终实现共同富裕目标的快速推进。

作者
2021 年 10 月

目 录

上篇　全国都市圈建设进展与新要求

下篇　重点都市圈实践与主要经验

上篇

全国都市圈建设进展与新要求

第一章 全国都市圈建设的总体进展

第一节 国家与地方整体协同推进

当前我国城镇化率突破 60%，处于城镇化快速发展的中后期和乡土社会向城乡社会转变的关键时期，推动都市圈建设是顺应我国新型城镇化进入这一阶段的客观趋势和空间演进规律的必然要求。2018 年 9 月，习近平总书记在深入推进东北振兴座谈会上首次提出"要培育发展现代化都市圈，加强重点区域和重点领域合作，形成东北地区协同开放合力。"2019 年 2 月，国家发展改革委出台《关于培育发展现代化都市圈的指导意见》，将都市圈作为我国城市群高质量发展、经济转型升级的重要抓手，标志着都市圈发展从自下而上的地方自主实践进入国家引导和地方实践相结合的新时期。都市圈发展路径逐渐清晰，系统性和战略性不断增强，国家层面的政策议程逐渐启动。

一、国家层面战略部署

1. 明确以都市圈为抓手促进空间格局优化和区域协调发展

"十三五"规划明确提出以城市群为主体形态推进新型城镇化，并对加快城市群建设发展做出具体部署。规划在实施区域发展总体战略和优化城镇化布局形态的相关内容中，分别提出在区域层面培育壮大都市圈增长极，以及促进特大、超大城市形成都市圈，但尚未对都市圈在城镇化空间格局中的重要意义加以阐释。2021 年 3 月，《中华人民共和国国民经济和社会发展第十四个五年规划和 2035 年远景目标纲要》（以下简称《十四五规划纲要》）发布，提出"深入推进以人为核心的新型城镇化战略，以城市群、都市圈为依托促进大、中、小城市和小城镇协调联动"。这是第一次明确将都市圈发展写进五年规划纲要，在国家发展层面将培育发展现代化都市圈作为推进新型城镇化战略、完善城镇化空间格局的关键环节和促进区域协调发展、城乡统筹发展的重要抓手。

《十四五规划纲要》在"完善城镇化空间布局"章节中，对不同发展阶段的城市群一体化发展分别提出了优化提升、发展壮大、培育发展三个工作层级，强调优化城市群内部空间结构，形成多中心、多层级、多节点的网络型城市群；鼓励依托辐射带动能力较强的中心城市培育发展现代化都市圈，并将重点聚焦在基础设施的联通、公共服务的同城共享和协调发展体制机制的创新突破；在"深入实施区域重大战略"相关章节中，对京津冀区域、长江经济带、粤港澳大湾区、长三角一体化区域、黄河流域等重大区域的部署中均提到优化中心城市和城市群发展格局，对因地制宜优化城镇化布局与形态作出具体指导。这些内容从规划层面健全了"中心城市—都市圈—城市群"的区域空间组织模式，有利于促进区域经济发展与人口、资源、环境的匹配，以及不同区域间的优势互补和协调发展。

2020 年 1 月 4 日，习近平总书记主持召开中央财经委员会第六次会议，指出要推动成渝地区双城经济圈建设，在西部形成高质量发展的重要增长极；2020 年 10 月 16 日，中共中央政治局召开会议审议《成渝地区双城经济圈建设规划纲要》，从中央层面对经济发展"第四极"给予官宣和支持。成渝地区双城经济圈的建设是优化经济格局、统筹区域协调发展重要的一步棋，对推进"一带一路"建设、长江经济带发展和新时代西部大开发形成新格局具有重要支撑作用。而审议意见中明确提出"处理好中心和区域的关系，着力提升重庆主城和成都的发展能级和综合竞争力，推动城市发展由外延扩张向内涵提升转变，以点带面、均衡发展，同周边市县形成一体化发展的都市圈"，可见都市圈是唱好"双城记"的关键所在。

2. 强化都市圈在推进城镇化高质量发展中的示范带动作用

国家发展改革委印发的《新型城镇化建设（和城乡融合发展）重点任务》（以下简称《重点任务》）连续三年将落实《关于培育发展现代化都市圈的指导意见》相关内容列为专项重点任务，将培育发展现代化都市圈作为完善高质量城镇化总体格局的关键环节。就任务的具体内容而言，工作要求从协调推进机制的探索走向实践，工作重点从持续推进交通基础设施一体化规划建设进一步拓展到产业优化布局、区域联防联控、指标跨地区调剂、户籍制度改革、城市更新改造等工作的先行先试，并支持重点地区编制都市圈发展实施规划，推进都市圈建设不断深化（见表 1-1）。

表 1-1　《新型城镇化建设（和城乡融合发展）重点任务》中与都市圈建设相关的内容

《新型城镇化建设重点任务 2019》	推动城市群和都市圈健康发展，构建大中小城市和小城镇协调发展的城镇化空间格局。 实施《关于培育发展现代化都市圈的指导意见》，探索建立中心城市牵头的发展协调推进机制。加快推进都市圈交通基础设施一体化规划建设。支持建设一体化发展和承接产业转移示范区。推动构建都市圈互利共赢的税收分享机制和征管协调机制。鼓励社会资本参与都市圈建设与运营。在符合土地用途管制前提下，允许都市圈内城乡建设用地增减挂钩节余指标跨地区调剂。健全都市圈商品房供应体系，强化城市间房地产市场调控政策协同。 在城市群和都市圈构建以轨道交通、高速公路为骨架的多层次快速交通网，推进干线铁路、城际铁路、市域（郊）铁路、城市轨道交通融合发展，促进公路与城市道路有效衔接，更好地服务于城市间产业专业化分工协作
《新型城镇化建设和城乡融合发展重点任务 2020》	大力推进都市圈同城化建设。深入实施《关于培育发展现代化都市圈的指导意见》，建立中心城市牵头的协调推进机制，支持南京、西安、福州等都市圈编制实施发展规划。以轨道交通为重点健全都市圈交通基础设施，有序规划建设城际铁路和市域（郊）铁路，推进中心城市轨道交通向周边城镇合理延伸，实施"断头路"畅通工程和"瓶颈路"拓宽工程。支持重点都市圈编制多层次轨道交通规划。 改革完善疾病预防控制体系，健全公共卫生协同机制，推动城市群、都市圈内城市建立联防联控机制
《新型城镇化建设和城乡融合发展重点任务 2021》	增强中心城市对周边地区辐射带动能力，培育发展现代化都市圈，增强城市群人口经济承载能力，形成都市圈引领城市群、城市群带动区域高质量发展的空间动力系统。 培育发展现代化都市圈。支持福州、成都、西安等都市圈编制实施发展规划，支持其他有条件中心城市在省级政府指导下牵头编制都市圈发展规划。充分利用既有铁路开行市域（郊）列车，科学有序地发展市域（郊）铁路，打通城际"断头路"。推进生态环境共防共治，构建城市间绿色隔离和生态廊道。建立都市圈常态化协商协调机制，探索建立重大突发事件联动响应机制。 有序放开放宽城市落户限制，推动具备条件的城市群和都市圈内社保缴纳年限和居住年限累计互认。 实施城市更新行动，在城市群、都市圈和大城市等经济发展优势地区，探索老旧厂区和大型老旧街区改造

（资料来源：根据相关资料整理）

近两年各部委联合发布的促进城镇化高质量发展的相关专项实施意见，包括城乡融合、县域补短板、特色小镇发展等，均提出以都市圈为主建设示范带动区域，以实现中心城市与周边中小城市的协调互促，促进区域产业协同，促进基础设施和公共服务设施均衡发展，为经济社会健康持续发展提供动力（见表 1-2）。

表1-2　促进高质量城镇化相关工作和文件中涉及都市圈的内容

颁布时间	相关政策文件	主要内容
2019年4月15日	中共中央、国务院《关于建立健全城乡融合发展体制机制和政策体系的意见》	到2022年城乡融合发展体制机制初步建立，经济发达地区、都市圈和城市郊区在体制机制改革上率先取得突破
2020年5月29日	国家发展改革委《关于加快开展县城城镇化补短板强弱项工作的通知》	在长江三角洲区域、粤港澳大湾区和其他东中部都市圈地区，兼顾西部和东北地区，开展县城新型城镇化建设示范工作，总结提炼典型经验加以推广，强化示范带动
2020年9月16日	国家发展改革委《关于促进特色小镇规范健康发展的意见》	准确理解特色小镇概念，以微型产业集聚区为空间单元进行培育发展，不得将行政建制镇和传统产业园区命名为特色小镇。准确把握特色小镇区位布局，主要在城市群、都市圈、城市周边等优势区位或其他有条件区域进行培育发展。准确把握特色小镇发展内涵，发挥要素成本低、生态环境好、体制机制活等优势，打造经济高质量发展的新平台、新型城镇化建设的新空间、城乡融合发展的新支点、传统文化传承保护的新载体

（资料来源：根据相关资料整理）

二、地方层面全面推进

1. 明确都市圈建设作为"十四五"时期重点工作

自2019年2月国家发展改革委发布《关于培育发展现代化都市圈的指导意见》，明确发展建设现代化都市圈的重点工作以来，各省、自治区、直辖市政府对都市圈建设工作的重要性认识进一步加深，并在政府年度工作报告、政府重大项目建设意见等政策文件中逐步深入部署都市圈培育发展的具体任务，都市圈发展获得"强政府"推动。

2021年陆续发布的各省、自治区、直辖市的"十四五"规划中，有23个省、自治区、直辖市明确提出都市圈建设相关内容。"十四五"时期，省级层面对省内都市圈范围的界定更加清晰，都市圈建设的重点更加明确。抓住以都市圈为依托推进区域协调发展的重点，在通勤圈、产业圈、生活圈基础上科学合理地确定都市圈协同发展范围，黑龙江省、辽宁省、贵州省、陕西省等更进一步明确在建设省内都市圈基础上，提出都市圈内优先发展的一体化示范区。不同省、自治区、直辖市牢牢把握住当前阶段的建设重点，响应分类引导、分类发展的指导意见，在各自都市圈发展目标和重点任务的确定上突出了地方特色和实践价值。湖北省、陕西省、四川省、福建省等分别提出升级优化、高质量发展、明确定位、完善功能、协同发展等都市圈建设目标，并在交通基础设施建设、公共服务共建共享、体制机制一体化等方面进一步细化了发展建议和要求；吉林省、河北省、贵州省等提出推进发展、加快培育省内都市圈，重点对中心城市建设及城市间协调机制建立提出建议；立足大湾区已有的区域一体化发展基础，广东省在"十四五"规划中提出构建现代化都市圈体系，明确省内广州都市圈、深圳都市圈、珠江口西岸都市圈、汕潮揭都市圈、湛茂都市圈等五大都市圈的建设重点，推进区域产业协作、功能互补，构建高效协同的城镇化体系。

2. 突出规划引领和系统谋划

规划是有序推进都市圈建设最为主要的治理工具，是基于地方发展和区域协调的需要，自下而上与自上而下相结合的探索实践。多个省、自治区、直辖市将完善都市圈区域协调发展机制写进"十四五"规划中，将加强规划引领写进政府工作报告及年度重要工作计划中。《关于培育发展现代化都市圈的指导意见》提出"探索编制都市圈发展规划或重点领域专项规划，强化都市圈规划与城市群规划、城市规划的有机衔接"，在此指导意见下，多省有序推进相关都市圈规划编制工作。南昌、合肥、郑州、银川、南京等都市圈规划或行动计划相继出台（见表1-3），福州、成都、西安等都市圈规划编制有序推进。发展较为成熟的长三角区域、珠三角区域进入探索更大区域范围一体化发展的阶段，在内部都市圈规划工作推进的基础上，浙江省、江苏省、安徽省、上海市开始逐步实践探索编制区域一体化规划指导下的重点都市圈行动方案，制定错位分工、区域协同的总体目标，探索各具特色的制度创新和路径模式，从而更快、更好地融入区域一体化发展战略（见表1-4）。

表 1-3　主要都市圈规划或行动方案的背景和目标

都市圈规划或行动方案	规划背景	规划目标及主要内容
《大南昌都市圈发展规划（2019—2025年）》	优化提升南昌核心主导地位，确立大南昌都市圈各个时期的目标，积极融入"一带一路"倡议、长江经济带及长江中游城市群建设	以加强中心城市核心带动能级、优化区域分工合作、培育组团发展能力为主。从优化空间格局、推进城乡融合发展、共建高端化专业化分工协作的现代产业体系、协同推进基础设施一体化现代化、强化生态环境共保共治、推进公共服务共建共享、全力打造内陆开放新高地、创新都市圈发展的体制机制等多方面对各个区域的发展作出导引
《合肥都市圈一体化发展行动计划（2019—2021年）》	长三角一体化发展上升为国家战略，合肥与长三角先发地区对接，提升城市影响力	合肥将着力推进基础设施、科技创新、产业发展、开放合作、生态文明、公共服务、城乡统筹、市场体系等八大领域一体化，加快都市圈同城化步伐，深化与长三角都市圈协调联动，建设具有较强影响力的国际化都市圈和支撑全省发展的核心增长极

续表

都市圈规划或行动方案	规划背景	规划目标及主要内容
《郑州大都市区空间规划（2018—2035年）》	国家中心城市郑州与开封、新乡、焦作、许昌四市深度融合，建设现代化大都市区，形成带动周边、辐射全国、联通国际的核心区域	把郑州大都市区作为一个有机整体，以生态、水利、能源、信息等为重点，统筹优化区域生态环保和基础设施布局，构建互联互通、安全高效的大都市区功能网络体系
《银川都市圈建设协同发展实施规划》	构建大中小城市和小城镇协调发展的城镇格局，提升区域综合实力和竞争优势，带动沿黄生态经济带发展	以银川为核心、辐射带动石嘴山、吴忠、宁东基地协同发展为建设目标，推动都市圈内基本公共服务均等化，形成同城效应和整体优势，到2030年，将银川都市圈打造成西部地区具有一定竞争力和影响力的现代化都市圈
《南京都市圈规划》	推动南京都市圈高质量发展，支撑长三角城市群建设，助力长三角区域率先形成新发展格局	南京都市圈地跨苏、皖两省，是中国第一个规划建设的跨省都市圈。坚持优化提升、适度超前，统筹推进重大基础设施建设，畅通对外联系通道，提升内部通勤能力，协同建设新一代信息基础设施，形成布局合理、功能完善、互联互通、运行高效的基础设施体系，共同打造"畅达都市圈"

（资料来源：根据相关资料整理）

表1-4　长三角区域规划及各都市圈行动方案

都市圈规划及行动方案	主要内容
《长三角区域一体化示范区发展规划纲要》	以强化区域一体化，培育内部都市圈实现多中心协同，融入长三角一体化拓展为主
《上海市贯彻〈长江三角洲区域一体化发展规划纲要〉实施方案》	坚持发挥龙头带动作用，坚持项目化清单化推进，坚持多方联动形成合力，以长三角生态绿色一体化发展示范区、中国（上海）自由贸易试验区临港新片区、虹桥商务区为重要抓手，加强跨区域分工合作，促进全方位协同联动，不断提升区域发展的整体效能和核心竞争力
《〈长江三角洲区域一体化发展规划纲要〉江苏实施方案》	加快产业创新、基础设施、区域市场、绿色发展、公共服务、省内全域"六个一体化"，率先探索区域一体化制度创新和路径模式，努力建成全国发展强劲活跃增长极
《浙江省推进长江三角洲区域一体化发展行动方案》	结合浙江实际，坚持全域融入、战略协同、重点突破、合力推进，形成示范区先行探索、中心区率先融入、多板块协同联动、全省域集成推进的一体化发展格局。高水平、高品质、高标准、高能级建设大湾区、大花园、大通道、大都市区。共建长三角生态绿色一体化发展示范区，重点推进一体化发展制度创新，带动全省域融入长三角一体化发展
《安徽省实施长江三角洲区域一体化发展规划纲要行动计划》	坚持上海龙头带动，联手苏浙，扬皖所长，打造具有重要影响力的科技创新策源地、新兴产业聚集地、绿色发展样板区，推动制造业高质量发展，推进城乡深度融合，建设长三角联通中西部的重要开放枢纽

（资料来源：根据相关资料整理）

3. 细化政策保障与实施机制

在推进都市圈建设进程中，部分都市圈已建立同城化办公室、市长联席会议等常态化协商决策机制，协商出台都市圈建设相关领域的政策、法规、条例等，明确各主体职责。面向"十四五"新时期，在明确都市圈建设重点、推进都市圈重大项目建设的要求下，各省、自治区、直辖市逐步落实各项支持政策，为交通基础设施建设、生态保护、土地管理、财税分享、公共服务供给等领域发展提供政策协调保障。如上海市、江苏省、浙江省政府联合制定印发《关于支持长三角生态绿色一体化发展示范区高质量发展的若干政策措施》，提出了22条具体措施，确定不同的省级行政主体对不同行政隶属关系的毗邻地区，实施共同政策，实现共同发展。江西省人民政府办公厅印发《关于支持大南昌都市圈发展的若干政策措施》，为南昌都市圈建设提供多方面政策支撑。

4. 协同推进都市圈建设与区域协调发展

都市圈发展至较为成熟阶段，存在多个都市圈区域重叠情况。在都市圈发展较为成熟区域，推动都市圈间强化合作发展，推动周边市、县双向融入邻近都市圈区域，打造衔接联动的叠合支点，是推进都市圈迈向下一个发展阶段的重要探索。河南省将强化郑州都市圈和洛阳都市圈联动写进"十四五"规划中，提出建设郑洛高质量发展合作带，在省级层面探索协调推进省内多个都市圈协同发展。在建设成渝地区双城经济圈的国家战略下，四川省、重庆市将强化重庆都市圈与成都都市圈互动写进"十四五"规划中，作为构建成渝地区双城经济发展新格局的重要支撑，是在跨省谋划、协同推进都市圈建设上的进一步探索。

第二节　重点领域持续深入推进

一、综合立体交通网络构建助力协同发展新格局

在都市圈同城化加速建设的一体化发展格局下，传统铁路、城轨、公交各自为政的路网建设格局已经不再能适应区域联动式的发展趋势，需要以都市圈为基础，建立起多级、多层次的交通枢纽网络，有效衔接各类交通方式在不同尺度下的跨域联动，满足不同功能层次的出行需求，为双循环战略构建区域基础设施支撑骨架。《关于推动都市圈市域（郊）铁路加快发展的意见》第一次从都市圈角度正式发文推动都市圈市域（郊）铁路发展建设，推动干线铁路、城际铁路、市域（郊）铁路、城市轨道交通"四网融合"。明确市域（郊）铁路主要布局在中心城市，联通城区与郊区及周边城镇组团，重点满足1小时通勤圈快速通达出行需求的功能定位，并明确都市圈所在地城

市政府是建设市域（郊）铁路的责任主体，依据国土空间规划和交通等相关规划科学编制市域（郊）铁路建设规划。同时对市域（郊）铁路的运营管理、创新投融资方式、体制机制等方面作出明确指导，为推进市域（郊）铁路建设、引领现代化都市圈发展提供了有力支撑。《2021年新型城镇化和城乡融合发展重点任务》再次提出要建设轨道上的城市群和都市圈。重点提出优化综合交通枢纽布局，建设一体化综合客运枢纽和衔接高效的综合货运枢纽，促进各类交通方式无缝接驳、便捷换乘。2021年2月《国家综合立体交通网规划纲要》发布，明确到2035年达成"全国123出行交通圈"[①]的综合立体交通网建设目标。提出建设综合交通枢纽集群、枢纽城市及枢纽港站"三位一体"的多层级一体化的国家综合交通枢纽系统，建设面向世界的京津冀、长三角、粤港澳大湾区、成渝地区双城经济圈4大国际性综合交通枢纽集群。推动各种运输方式统筹融合发展，推动铁路、公路等线位统筹和断面空间整合。

综合交通枢纽在重点都市圈、中心城市的布局，为产业布局重塑、区域协调发展提供支撑。机场、铁路场站、陆港等联动模式，实现单一城市对外开放竞争走向都市圈、城市群协同，实现沿海开放与内陆开放广泛互动，构建统筹有力、竞争有序、分工合作的协同发展新格局。

二、碳达峰、碳中和提出生态共保共治新要求

2020年4月，习近平总书记在中央财经委员会第七次工作会议上的重要讲话中提出，"增强中心城市和城市群等经济发展优势地区的经济和人口承载能力，这是符合客观规律的。但是城市发展不能只考虑规模经济效益，必须把生态和安全放在更加突出的位置，统筹城市布局的经济需要、生活需要、生态需要、安全需要。要坚持以人民为中心的发展思想，坚持从社会全面进步和人的全面发展出发，在生态文明思想和总体国家安全观指导下制定城市发展规划，打造宜居城市、韧性城市、智能城市，建立高质量的城市生态系统和安全系统"。

2020年9月的第七十五届联合国大会一般性辩论上，国家主席习近平向全世界表示我国将采取更加有力的政策和措施，并且承诺力争于2030年前达到峰值，2030年单位国内生产总值二氧化碳排放将比2005年下降60%~65%，2060年前实现碳中和的宏远目标。碳达峰、碳中和是我国对全球气候改善、能源可持续、生态保护作出的先行努力和承诺，也是对我国经济社会发展状态的调整。都市圈是产业协同发展的先行区域，也是能源、自然资源等要素交流和交换的主要通道。碳达峰、碳中和目标的提出对都市圈加快调整优化产业结构和能源结构、健全生态补偿机制、落实生态共保共治

---

① 都市区1小时通勤、城市群2小时通达、全国主要城市3小时覆盖。

行动、推进都市圈生态协同提出了更进一步的要求，也为都市圈建设成绿色生态型现代化都市圈指明方向。

2021年3月，《关于落实〈政府工作报告〉重点工作分工的意见》提出，"强化大气污染综合治理和联防联控；研究制定生态保护补偿条例；扎实做好碳达峰、碳中和各项工作，制定2030年前碳排放达峰行动方案；优化产业结构和能源结构；加快建设全国用能权、碳排放权交易市场，完善能源消费双控制度；提升生态系统碳汇能力。"2021年6月1日，国家机关事务管理局、国家发展改革委印发《"十四五"公共机构节约能源资源工作规划》，指出鼓励京津冀、长三角、粤港澳大湾区、成渝地区双城经济圈等地区制定公共机构节约能源资源的区域标准，形成领域完整、层级清晰、类型丰富、协调一致、适用性强的标准体系，推动公共机构节约能源资源工作协调发展，促进区域间合作交流。

三、区域医疗中心建设推动公共服务供给体系新提升

区域医疗中心这一概念于2009年4月《中共中央　国务院关于深化医药卫生体制改革的意见》文件中首次提出，针对城乡和区域医疗卫生事业发展不平衡、资源配置不合理等问题，建议从中央、省级层面建设少量承担医学科研、教学功能的医学中心或区域医疗中心，推动组织编制区域卫生规划和医疗机构设置规划等。2019年1月，国家发展改革委发布《区域医疗中心建设试点工作方案》，提出在京、沪等医疗资源富集地区遴选优质医疗机构，通过建设分中心、分支机构、促进医师多点执业等多种方式，在患者流出多、医疗资源相对薄弱地区建设区域医疗中心，推动相关地区重点病种治疗水平与京、沪等地差距大幅缩小，跨省、跨区域就医现象大幅减少。2020年2月中共中央、国务院发布《关于深化医疗保障制度改革的意见》，针对我国医疗服务供给侧改革提出，要坚持基本医疗保障服务全民覆盖、全域覆盖的原则，加强各方统筹共济，强化制度公平，逐步缩小区域医疗服务水平差距。重点关注解决医疗资源总量不足、空间分布不均衡、医疗服务体系不完善、异地就医跨域流动现象突出等问题。不断加强各有关医院学科建设，持续提升医疗服务水平，尽可能减少患者异地就医、跨区域流动现象，充分发挥公立医院、重点医疗中心的引领辐射作用，带动区域医疗服务能力有效提升。

区域医疗中心建设能够充分协调区域内优质医疗资源流动，发挥高等级医疗水平的辐射带动能力，以都市圈为载体统筹协调建设区域医疗中心，在推进区域公共服务均等化建设和促进公共资源要素自由跨域流动方面具备天然优势，有利于实现区域医疗资源辐射共享，推动医疗科研成果高效转化，提升区域城市健康韧性。在政策推动

部署下，区域医疗中心建设有所实践。2021 年 4 月，湖南省政府与国家卫生健康委签订委省共建国家医学中心和国家区域医疗中心协议。根据协议，湖南省将加大高层次医学人才培养引进力度，加大共建医院设施设备投入力度，建设成功能化、人性化、智能化的一流医院，尽快形成合作成果、完善共建机制。通过建设国家区域医疗中心，为长江中游城市群和长株潭都市圈高质量发展提供有效支撑，引领完善高水平的医疗卫生体系构建。

第三节　研究成果百花齐放

各研究机构在都市圈发展评估方面的探索日益丰富，越来越多的研究机构、学者基于自身优势和专注研究参与到都市圈发展评估工作中，对都市圈协同政策制定、都市圈发展方向引导作出了更多有益的思考。

1. 更加关注协同水平测度

"培育发展同城化程度高的现代化都市圈"是面向"十四五"发展时期对都市圈提出的新要求，不同于以往基于统计数据对都市圈发展基本总量的分析研究，各研究机构在对都市圈的发展分析及评价指标体系构建上更加注重区域一体化情况的测度，不仅关注都市圈"总量"的发展潜力，还对"质量"的发展评价予以考虑。不仅重视对都市圈整体发展水平的评价，还对都市圈中心城市、内部城市间相互作用的发展情况予以重要关切。

2. 更多利用大数据分析手段

现阶段对都市圈综合发展情况的研讨，更多集中于对中心城市辐射带动作用、同城化水平、区域联系情况等都市圈一体化发展的指标测度，这仅依靠传统统计数据评价是无法满足的，越来越多的第三方机构基于自身优势研究创设更多具有参考性的社会大数据指标，并建立相关分析模型，拓展更多都市圈发展的解读视角。这也吸引了更多的社会大数据企业参与到都市圈发展的推动工作中，实现了政策手段与市场机制的双向结合。

3. 更加强调分类引导发展

无论是《关于培育发展现代化都市圈的指导意见》，还是各省级层面编制的《"十四五"规划纲要》，都在都市圈发展引导上提出不同发展阶段、不同发展类型分类指导的建议。各研究机构基于不同侧重点的都市圈发展评价结果，对都市圈细分不同类型有针对性地进行研究分析并提出发展建议。虽然各方面对都市圈分类的划定方法不尽相同，分类名称也有所差异，但大多符合我国都市圈发展进程，符合上层政策导向下成熟、发展、培育的不同阶段引导指向。

专栏 1-1　各类都市圈发展水平相关评价指标体系

清华大学中国新型城镇化研究院《中国都市圈发展报告 2018》

以城区人口规模为基础标准选取中心城市；以通勤圈、人口密度为基础标准，以城市间人口联系强度为复核标准划定都市圈范围，共识别出 29 个都市圈（其中包括长三角、珠三角两个都市连绵区）。统筹考虑国家战略诉求、动态引导评价等，构建涵盖都市圈发展水平、中心城市贡献度、都市圈联系强度、都市圈同城化机制 4 个一级指标以及 25 个三级指标的都市圈综合发展质量指标体系，充分利用传统统计数据、社会大数据，全面评估都市圈综合发展质量、分析发展特征、识别发展问题，提出分类引导的对策建议。

戴德梁行《中国都市圈发展报告 2019》

对全国 26 个都市圈的发展水平和能级特点进行了研究。该评价体系以"经济活跃度""商业繁荣度""交通便捷度""区域联系度" 4 个维度作为一级指标，将全国 26 个都市圈按照发展成熟度情况划分为成熟型、赶超型、成长型、培育型 4 个层级。该报告在关注传统经济社会指标、交通基础指标以及区域联系基础上，基于自有大数据体系，更全面地关注了商业消费发展情况，并针对当前发展极为关注的"夜间经济"设置了相应指标。

21 世纪经济研究院、华夏幸福研究院《2020 年中国都市圈扩张潜力报告》

根据城区人口、GDP 总量为依据选取 30 个中心城市作为都市圈扩张潜力的研究样本，选取经济扩张、产业扩张、公共服务均等化、人口扩张、交通便利化等 5 大指标作为一级指标，衡量都市圈中心城市对周边地区辐射带动能力，指标数据主要为统计数据。根据测度结果，将都市圈主要分为成熟型、扩张型、潜力型、培育型四大类型，并针对不同类型都市圈进行针对性特征分析。

云河都市研究院《中国中心城市 & 都市圈发展指数 2019》

该报告将 4 个直辖市、22 个省会城市、5 个自治区首府、5 个计划单列市，共 36 个城市定义为中心城市作为重点分析对象，选取"城市地位、都市圈实力、辐射能力、广域枢纽、开放交流、商务环境、创新创业、生态资源环境、生活品质、文化教育"等 10 个大项作为一级指标。该指标体系不仅包括统计数据，还有卫星遥感数据和互联网大数据，对中心城市的都市圈进行全方位的诊断，对中心城市高质量发展进行综合评价。

北京大学政府管理学院陆军《中国都市圈协同发展水平测度》

不同于以往研究基于数据测度的排名分析，该书从经济体量规模、公共服务能力、地理对外开放程度和区域战略地位等对我国 28 个都市圈进行类型识别与划分，其中功能外向成熟型都市圈 4 个，区域赶超发展型都市圈 14 个，经济势能孕育型都市圈 10 个。

围绕交通设施协同、统一市场建设、协同创新合作、产业分工协作、公共服务协同、城乡融合协同、生态环境协同和统筹协调发展 8 大领域，基于政府统计数据、大数据和手工收集数据等，构建起共 8 个一级指标、21 个二级指标和 28 个三级指标的中国都市圈协同发展测度评价指标体系。

上海大都市圈规划研究中心和研究联盟《上海大都市圈城市指数 2020》

该报告以上海大都市圈市、区和县（市、区）为评价对象，共 40 个评价单元，涵盖生产性服务业、航运贸易、科技创新、智能制造、文化交流 5 大维度、18 项指标。除都市圈生产性服务业关联性、进出口总额、技术密集型制造业企业总数等常规项指标外，该报告还设置了 ICCA 国际会议数量、Fortune500 外资生产性服务业分支数等指标项，评价城市在全球性竞争中的参与度，帮助各城市明晰在具有国际竞争力的上海大都市圈建设中的优势与发展方向。

浙江省科技信息研究院等《长三角区域协同创新指数》

该报告以提升长三角区域协同创新策源力为目标，包括资源共享、创新合作、成果共用、产业联动、环境支撑 5 项一级指标以及 20 项二级指标。报告在基本评价基础上增加时间维度，以 2011 年为基期，测算评估 2011—2019 年长三角区域协同创新指数得分情况以及长三角区域创新协同网络的发展进程。

第四节　都市圈高质量发展水平评价

本次识别的都市圈及都市连绵区①的总面积约为 134.66 万 km²，占全国面积的 14.02%；总人口约为 70294.58 万人，占全国人口的 50.37%；地区生产总值 590322.44 亿元，占全国生产总值的 65.57%。

一、都市圈整体发展水平格局相对平稳

1. 都市圈综合发展质量三个层级依然分明

从 2021 年都市圈综合发展质量评价得分（见图 1-1）来看，我国都市圈发展水平的三个层级依然分明，可分为成熟型、发展型、培育型三类（见表 1-5）。

其中成熟型都市圈有 6 个，包括广州都市圈、上海都市圈、杭州都市圈、深圳都

---

① 本报告中都市圈范围识别沿用《中国都市圈发展报告 2018》中采用的方法，即以人口规模和国家战略需求为标准选取中心城市，以人口密度和与中心城市联系度为标准确定都市圈范围。为更好地促进都市圈相关理论、政策与实践的有效衔接，实现都市圈高质量发展水平评价结果对政府实际工作的指导意义，对所有已公开发展规划或支持政策的都市圈，即成都都市圈、南京都市圈、南昌都市圈、福州都市圈、银川都市圈，本研究采用官方划定的都市圈实体地域范围。需要说明的是，多数官方划定的都市圈范围与等时圈识别的都市圈范围基本吻合；成都平原地势平坦，交通联系发达，2 小时可达范围涵盖较广，而政府工作思路主要聚焦在都市圈同城化发展体制机制的创新和突破，因此成都都市圈划定范围则相对较小。

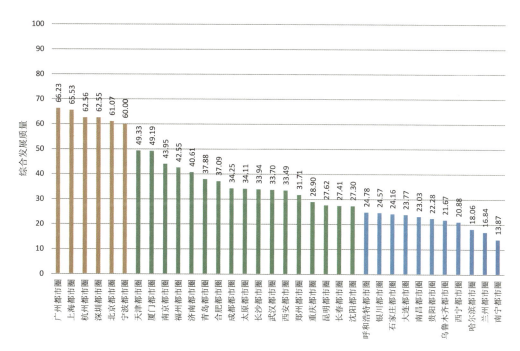

图 1-1　都市圈综合发展质量评价结果

（资料来源：根据评价结果自绘）

表 1-5　都市圈综合评价分类结果

都市圈类型	都市圈名称
成熟型都市圈 （6）	广州都市圈、上海都市圈、杭州都市圈、深圳都市圈、北京都市圈、宁波都市圈
发展型都市圈 （17）	天津都市圈、厦门都市圈、南京都市圈、福州都市圈*、济南都市圈、青岛都市圈、合肥都市圈、成都都市圈、太原都市圈、长沙都市圈、武汉都市圈、西安都市圈、郑州都市圈、重庆都市圈*、昆明都市圈*、长春都市圈、沈阳都市圈
培育型都市圈 （11）	呼和浩特都市圈、银川都市圈、石家庄都市圈**、大连都市圈、南昌都市圈、贵阳都市圈**、乌鲁木齐都市圈、西宁都市圈、哈尔滨都市圈、兰州都市圈、南宁都市圈

（资料来源：根据评价结果自制）

　　* 在 2018 年评价结果中为培育型都市圈，本次上升至发展型都市圈；** 在 2018 年评价结果中为发展型都市圈，但在本次优化调整后的评价体系测算结果中被划定为培育型都市圈。

　　市圈、北京都市圈、宁波都市圈，各项得分较为均衡，总体得分与其他类型都市圈有明显断层。上海都市圈和广州都市圈作为我国发育程度最高的长三角城市群和珠三角城市群（粤港澳大湾区）的发展极核，在所有都市圈中处于领先地位。发展型都市圈共计 17 个，多处于东部沿海和中部地区，与成熟型都市圈相比仍存在较为明显的差距。发展型都市圈综合发展质量评价得分也存在较为明显的差距，是三种类型都市圈中存在较大变化的一级，福州都市圈、青岛都市圈较 2018 年得分有明显提高，而东北地区的长春都市圈和沈阳都市圈在发展型都市圈中得分靠后。大多数都市圈处于加快一体化建设、提升发展质量的阶段。培育型都市圈共计 11 个，主要位于西部地区，哈尔滨都市圈、兰州都市圈、南宁都市圈仍处于末位，需进一步加大培育力度（见图 1-2）。

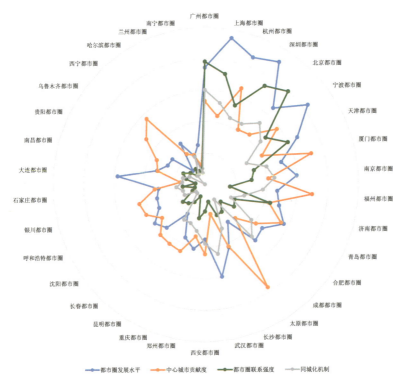

图 1-2　全国都市圈综合发展质量评价雷达图

（资料来源：根据评价结果自绘）

与《中国都市圈发展报告 2018》相比，本次评估结果中有两点明显变化，体现出近两年来典型都市圈的建设进展。一是合肥市与长三角都市连绵区域在经济、人口、产业等方面合作联系较为密切，合肥都市圈已与长三角都市连绵区形成连片发展态势，可纳入长三角都市连绵区范围。这与《长江三角洲区域一体化发展规划纲要》的划定范围相符合。二是福州都市圈、重庆都市圈和昆明都市圈由培育型都市圈跃升为发展型都市圈。其中福州都市圈排名在发展型都市圈中较靠前，这与福州都市圈以《福州都市圈发展规划》为引领，在都市圈领域强化协作发展的主动作为密不可分。重庆都市圈进入发展型都市圈行列，主要原因在于"成渝地区双城经济圈"上升为国家战略后，重庆对都市圈层面发展极核的培育更加重视，此外本次部分指标的数据精度细化到区县尺度也对测算结果造成一定影响。

2. 专项评价达中等水平的都市圈队伍有所壮大

都市圈综合发展质量评价分为都市圈发展水平评价、都市圈中心城市贡献度评价、都市圈联系强度评价、都市圈同城化机制 4 个板块。与综合评价结果类似，各专项板块的评价结果得分也存在明显等级差距，其中都市圈联系强度评价断层最为明显。但与 2018 年结果相比，本次专项评价中处于中游的都市圈明显增多，得分有明显提升，各都市圈在提升发展水平和质量、强化中心城市辐射带动作用、完善都市圈一体化体制机制建设方面有明显的进步。如福州都市圈、大连都市圈等在都市圈发展水平评价中位次上升明显（见图 1-3）；厦门都市圈、太原都市圈、福州都市圈等在中心城市贡献度评价中得分与位次均有明显提升且遥遥领先（见图 1-4）；天津都市圈、杭州都市圈、济南都市圈等在都市圈联系强度评价中得分提高至上位圈，构建出第二梯度等级（见图 1-5），不同于 2018 年评价结果中成熟型都市圈与其他都市圈存在断崖式的得分差距。

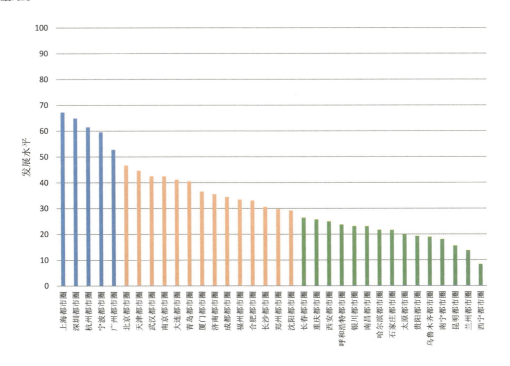

图 1-3 全国都市圈发展水平评价

（资料来源：根据评价结果自绘）

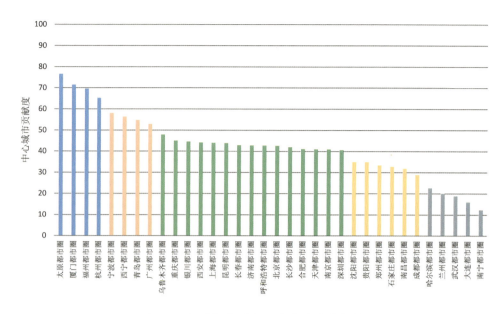

图 1-4　全国都市圈中心城市贡献度评价

（资料来源：根据评价结果自绘）

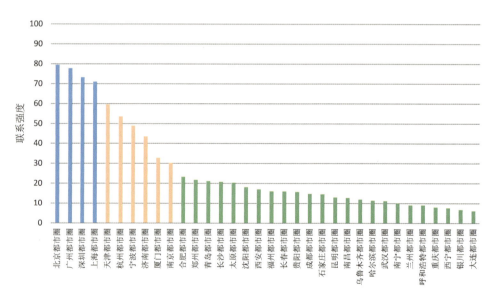

图 1-5　全国都市圈联系强度评价

（资料来源：根据评价结果自绘）

二、不同类型都市圈的建设重点有所体现

1. 成熟型都市圈城市间联系强度增强

成熟型都市圈经济总量大，发展质量高，总体发展水平领先于其他都市圈。跨区

域合作经验丰富，同城化水平较高，都市圈内人流、资金流、物流等基本形成网络化结构，都市圈内城市间相互联系紧密，体现出都市圈整体发展质量更好，已从单中心的辐射带动发展模式转向都市圈内协同发展模式（见图1-6）。成熟型都市圈城市间联系水平评价得分均在50分以上，其中北京都市圈得分最高79.63分，较2018年评价得分有明显提高。基于都市圈城市间的紧密联系，广州都市圈和深圳都市圈、上海都市圈、杭州都市圈、宁波都市圈和南京都市圈、合肥都市圈，已各自形成连绵发展态势，在更大的区域范围内共谋协同发展。珠三角都市连绵区内的广州都市圈、深圳都市圈城市间联系水平稳居前位。长三角都市连绵区内几个都市圈发展水平存在差距，上海都市圈仍在区域协同发展起到引领作用，杭州都市圈、南京都市圈等则需进一步强化城市间联系度和协同水平。对于成熟型都市圈的中心城市而言，其辐射带动能力不仅体现在与都市圈内部其他城市的联系度，更体现在全国尺度的要素流动现象。

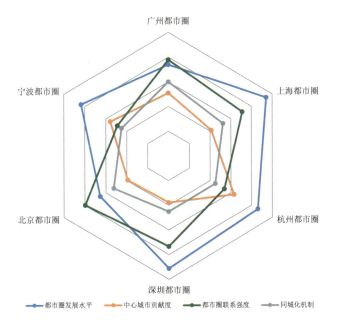

图 1-6 成熟型都市圈综合发展质量评价雷达图

（资料来源：根据评价结果自绘）

2. 发展型都市圈中心城市辐射带动能力凸显

发展型都市圈的中心城市辐射带动能力逐渐凸显，基础交通设施网络加密，促进都市圈形成网络化联系，中心城市与周边城市的经济、人口联系加强，迈向区域合作发展进程。太原都市圈、福州都市圈、青岛都市圈等发展型都市圈中心城市贡献度评价得分名列前茅，甚至高于广州都市圈、上海都市圈等成熟型都市圈（见图1-7）。需说明的是，成熟型都市圈中心城市贡献度评价得分有所降低，主要是因为：一方面这些都市圈发展水平位于全国前列，一些次中心城市的崛起使得都市圈整体呈现均衡的多核发展态势；另一方面成熟型都市圈中心城市辐射带动作用能力不再局限于都市圈范围，而是面向都市连绵区、城市群乃至全国范围发挥带动作用（见图1-8）。

发展型都市圈	2020年中心城市贡献度评价排名	2018年中心城市贡献度评价排名
天津都市圈	21	25
厦门都市圈	2	17
南京都市圈	22	1
福州都市圈	3	32
济南都市圈	16	17
青岛都市圈	7	13
合肥都市圈	20	7
成都都市圈	29	10
太原都市圈	1	9
长沙都市圈	19	24
武汉都市圈	32	20
西安都市圈	12	11
郑州都市圈	26	8
重庆都市圈	10	34
昆明都市圈	14	22
长春都市圈	15	12
沈阳都市圈	24	23

图 1-7　发展型都市圈中心城市贡献度评价排名情况

（资料来源：根据评价结果自绘）

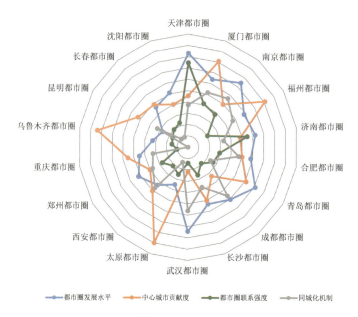

图 1-8　发展型都市圈综合发展质量评价雷达图

（资料来源：根据评价结果自绘）

3. 培育型都市圈仍需进一步提升发展水平

培育型都市圈大多位于我国中西部地区，经济发展水平较低，中心城市处于发展集聚阶段，都市圈发展建设重点仍在经济实力培育和中心城市能级提升。培育型都市圈数量占全国都市圈数量近 1/3，而常住人口总数仅占全国都市圈的 10.42%，GDP 占全国都市圈的 8.31%。整体来看，培育型都市圈在经济基础培育上小有成就，人均GDP 提升明显，特别是乌鲁木齐都市圈、大连都市圈等，但 GDP 增速较发展型、成熟型都市圈仍有差距（见图 1-9）。呼和浩特都市圈、银川都市圈、乌鲁木齐都市圈、西宁都市圈等在中心城市贡献度和城市间联系强度评价方面也小有进步，中心城市的辐射带动能力在更加合理划定的都市圈范围内发挥作用。对于我国经济基础较弱的都市圈，需根据中心城市能级、人口联系、经济联系合理划定都市圈范围，以更好地发挥中心城市带动作用，而不是单一扩大都市圈范围，却做不到实际联系协同。

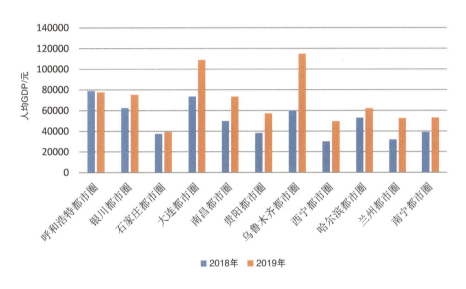

图 1-9　培育型都市圈人均 GDP

（数据来源：2019 年各城市统计年鉴）

三、都市连绵区形成紧密网络化联系

本次研究识别出的 34 个都市圈中，有 3 个地区内的 9 个都市圈范围已经相互重叠、连片发展，整体发育程度较高，发展动力强劲，形成了都市连绵区。这 3 个都市连绵区分别是由上海都市圈、南京都市圈、杭州都市圈、宁波都市圈、合肥都市圈组成的长三角都市连绵区，由广州都市圈、深圳都市圈组成的珠三角都市连绵区，以及由北京都市圈、天津都市圈组成的首都都市圈区域。

1. 长三角都市连绵区

长三角都市连绵区是国家一体化协同示范区域，整体发展水平较高。 人均 GDP、地均 GDP 等经济优势明显，内外循环经济发展良好，人均社会消费水平、进出口总额占比分别位列全国第一位和第二位。近年城际轨道交通投入较大，建设成效显著，城市间交通往来效率大幅提升。城际交通与江海港口群、机场群等共同构建起现代化、整体性、高效能交通网络，有效支撑了区域间紧密的人口和经济联系，都市圈整体网络化联系程度高。

长三角都市连绵区经济、人口联系网络结构紧密，呈现多中心多通道特点。 根据2019 年企业工商登记数据，上海市等长三角都市连绵区中心城市与都市连绵区内部城市间的资金互投总额约为 22273.95 亿元，近 2017 年资金互投额的 2 倍。其中上海市与都市连绵区内其他城市间的资金互投总额约为 12253.84 亿元，占都市连绵区中心城市与其他城市间经济联系总量的 55%（见图 1-10）。长三角都市连绵区内部经济联系形成

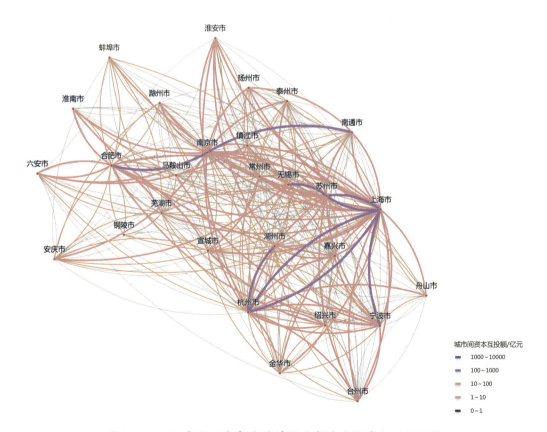

图 1-10　2019 年长三角都市连绵区内部城市间资金互投网络

（数据来源：企业工商登记数据库）

了几条较为突出的经济联系通道，主要表现为：上海与杭州等浙江省内城市间；上海与"苏锡常"城市之间；南京、合肥、南通三市之间。根据 2019 年手机信令数据，长三角都市连绵区内部较为明显的人口联系通道为：一是上海市与"苏锡常"之间的人口往来联系；二是杭州市、嘉兴市、上海市之间的人口往来联系。除了中心城市与周边城市间的人口联系紧密网络外，苏州市、无锡市等非中心城市与周边城市的人口往来联系也逐渐加强（见图 1-11）。长三角一体化示范区推进城际交通通道建设，对强化区域人口往来联系有着极大的推动作用。但人口联系与经济联系存在不匹配的现象，例如杭州市与上海市、宁波市与上海市、合肥市与南京市为明显的"强经济—弱人口型"联系，而杭州市与嘉兴市为明显的"弱经济—强人口型"联系。

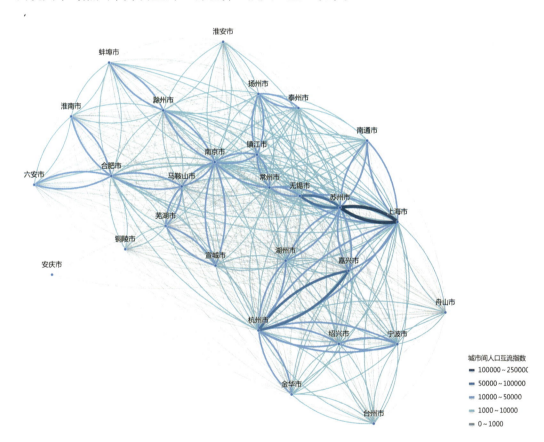

图 1-11　2019 年长三角都市连绵区内部城市间人口流动网络

（数据来源：手机信令数据）

2. 珠三角都市连绵区

珠三角都市连绵区创新资源集聚，对外开放水平高，战略性新兴产业势能强劲。珠三角都市连绵区地处我国沿海开放前沿，拥有一批在全国乃至全球具有重要影响力的科研院所、高新技术企业和国家大科学工程，科技研发、转化能力突出，万人发明专利拥有量位列第一且遥遥领先。依托吞吐量位居世界前列的重要港口和航空枢纽，珠三角都市连绵区对外开放水平最高，具有国际影响力和竞争力。

珠三角都市连绵区联系网络显著加密，形成双中心结构。根据 2019 年企业工商登记数据，珠三角都市连绵区城市间资金互投总额约为 11962.3 亿元，主要以中心城市广州市、深圳市对都市连绵区内其他城市的资金投出为主，其中深圳市与都市连绵区内其他城市间资金互投总额稍高于广州市与都市连绵区内其他城市间的资金互投总额（见图 1-12）。珠三角都市连绵区内人口联系强度强于经济联系强度，与 2018 年评价结果相比，广州市、深圳市、佛山市、东莞市、惠州市城市间形成人口联系紧密的核心区域（见图 1-13）。除广州市、深圳市两中心城市间经济、人口联系紧密外，广州市与佛山市、深圳市与东莞市皆发展成为强经济 - 强人口的紧密联系。

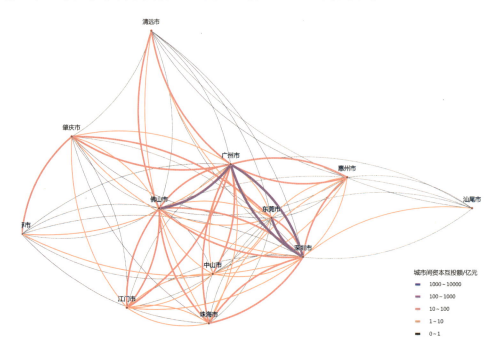

图 1-12　2019 年珠三角都市连绵区内部城市间资金互投网络

（数据来源：企业工商登记数据库）

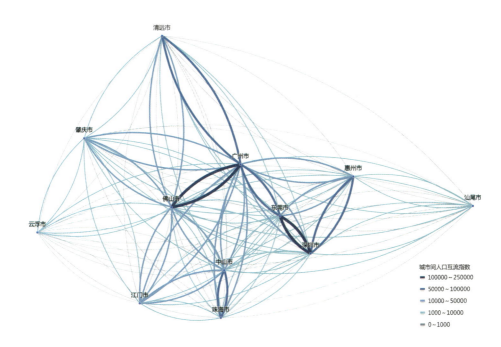

城市间人口互流指数
— 100000 ~ 250000
— 50000 ~ 100000
— 10000 ~ 50000
— 1000 ~ 10000
— 0 ~ 1000

图 1-13　2019 年珠三角都市连绵区内部城市间人口流动网络

（数据来源：手机信令数据）

3. 首都都市圈

首都都市圈经济发展不平衡，矛盾突出，综合发展质量提升需多中心释放发展势能。 首都都市圈在我国空间格局和经济体系中有着至关重要的作用，依托首都都市圈建设推进京津冀协同发展，进一步形成以首都为核心的世界级城市群主干架构是主要发展目标。但整体来看，由于经济发展不平衡矛盾突出，首都都市圈综合发展质量较长三角、珠三角都市连绵区存在差距，资源集聚度较高，基础医疗资源供给、教育资源供给不均衡性明显，非首都功能疏解和区域产业链统筹布局仍是未来一段时间努力的重点。

首都都市圈人口联系强于经济联系，内部城市间联系网络能级尚有不足。 与珠三角都市连绵区、长三角都市连绵区相比，首都都市圈城市间经济联系网络化程度存在较大差距。首都都市圈内城市间资金互投总额约为 14396.2 亿元，北京市与都市圈内其他城市间资金互投总额约为 12131 亿元，占都市圈城市间资金互投总额的 84%，另一中心城市天津市与都市圈内其他城市的资金互投量则相对较小（见图 1-14）。人口联系度较经济联系度稍强，但主要以中心城市北京市、天津市与周边城市的人口联系为主（见图 1-15）。总体来看，首都都市圈经济、人口联系网络结构较 2018 年有明显提升，都市连绵发展态势初显。

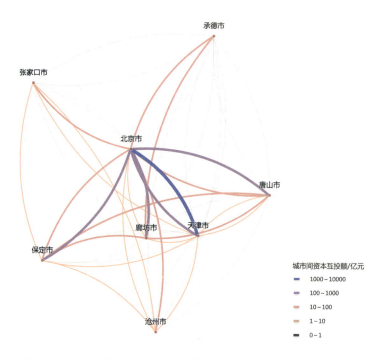

图 1-14　2019 年首都都市圈内部城市间资金互投网络
（数据来源：企业工商登记数据库）

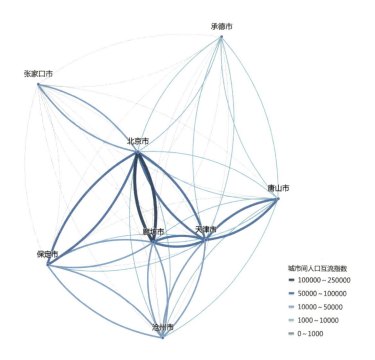

图 1-15　2019 年首都都市圈内部城市间人口流动网络
（数据来源：手机信令数据）

第一节　中心城市能级提升和辐射带动作用发挥

一、以中心城市为核心优化城镇化空间布局

1. 中心城市发展面临空间布局优化选择

区域经济增长理论包括均衡增长理论和非均衡增长理论。古典主义和新古典主义的区域增长理论均以空间均质假设为核心前提。前者认为要素可以无差别地在地区间零成本流动，产品生产和消费、劳动力的居住和就业地选择等这些影响空间结构演化的因素是以运输费用作为核心约束的；而后者则认为在完全竞争情况下，地区间要素流动的边际报酬递减，区域能够依靠自发的要素流动调节回到理想的状态，其非均衡性会趋于收敛。但现实当中，区域空间的一个显著特征是非均质的分布，原料地、市场、运输距离、生产成本、集聚效应、外部性等因素均会对企业和劳动力的选择产生影响。

极化理论的出现是基于对新古典区域经济增长理论的批判，代表性理论包括佩鲁的增长极理论、赫尔希曼的区域极化-扩散理论、缪尔达尔的循环累积因果理论、弗里德曼的核心-边缘理论等。极化理论并未提出一套严谨的理论演绎体系，而是基于归纳解释，强调区域内因自身资源禀赋差异而存在先天的优势地区和其他地区，即在空间上形成核心和边缘地区；区域间既存在促进要素向优势地区不断集聚的极化效应或者说回流效应，强化区域发展的不均衡性，也存在促进要素外溢的涓滴效应或者说扩散效应。随后，新经济地理学讨论规模报酬递增、不完全竞争假设条件下城市组合区域中的集聚和城市层级体系自发组织过程，强调本地市场效应、区域异质性、集聚外部性

和运输成本降低带来的影响，即便没有过多先天优势的条件，通过提高专业化水平也能提高要素集聚强度。集聚带来的规模经济，又将通过共享、匹配、学习三个机制[①]来促进经济增长[1]。由于存在知识生产和外溢，地区间劳动力不是均质的，大城市的企业和劳动力质量随城市规模的增长而提高。当城市间联系成本下降到足够低时，区域的极化程度将缩小，整个区域将呈现高水平均衡发展态势。

专栏2-1 极化理论的代表性理论

增长极理论认为，区域空间是趋于极化的，企业的集聚能够向后传导。城市内部的增长先在一些部门强化，然后扩大到其他部门，进而推动经济进一步增长。规模效应、创新溢出、主导产业对其他产业的带动是其作用机制。该理论强调一个城市内部的系统关联和强化机制，最终使区域的空间结构呈现中心集聚特征。

区域极化-扩散理论认为，区域发展的前期应依靠非均衡增长刺激经济和要素流动，发挥极化效应（polarization effects）；到后期经济体会自发表现出缓慢的外溢，即涓滴效应（trickling down effects）。区域本身的条件具有差异，非均衡增长是区域发展规律。

循环累积因果理论指出，区域市场对于不平衡的作用趋于强化，优势地区会持续获得更快发展速度。区域发展存在回流效应（backwash effects）和扩散效应（spread effects）双重作用，但回流的作用往往大于扩散效应，部分具备初始优势的地区会不断积累有利因素，进一步强化和加剧区域间的不平衡，导致地区发展马太效应出现，形成循环累积因果（cumulative causation model）。因此，有必要对区域发展进行政策干预，政府应在经济发展初期重视优势地区的发展，以获得较高的投资回报和快速的经济增长；当经济增长达到一定程度后，强化区域的扩散效应，谨防累积循环因果带来的差异扩大情景出现。

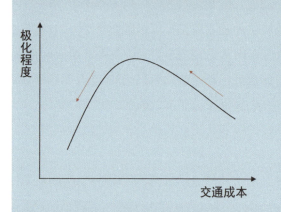

核心-边缘模型中交通成本与区域极化程度的"倒U形"关系

核心-边缘理论将区域按照核心、边缘的二分法进行系统划分。核心指的是经济发展优势显著、创新能力强的发达地区，也是城市化水平较高的地区，边缘地区受核心的支配。

---

① 共享指的是基础设施、设备设施、供应商以及工人的共享；匹配指的是在劳动力市场和供应商市场具备一定规模和多样性的时候，两者之间可形成更好的匹配度；学习指的是各种正式和非正式的知识的交流，对快速变化的行业的重要影响。

区域空间非均衡发展相关理论可以从学理上解释，中心城市作为经济和人口的主要承载空间形式，是符合客观经济规律的；相关统计数据也显示，城市发展具有规模效应，城市规模越大，其人均 GDP、地均 GDP 等产出效率指标越高（见表 2-1）。经济活动和科技创新高度集聚的现实进一步凸显了中心城市的地位和作用。但同时，随着城市人口规模的不断扩大，极容易出现"大城市病"，土地资源、基础设施、公共服务、生态环境面临较大挑战，教育和医疗资源高度集聚造成公共服务压力较大，交通拥堵、住房短缺等问题突出，会给城市治理带来较高的成本与较大的压力。都市圈作为以中心城市为核心的"1 小时交通圈"空间范围概念，其建设发展是中心城市人口、资源、要素高度集聚，超过中心城市自身的空间承载能力，或在效率转化层面达到边界效应时，城镇化空间优化的必然，是为了在不放缓其增长速度的同时，优化其产业结构和空间布局。

表 2-1　我国各层级城市数量、人口经济规模和产出效率等指标表

	地级市个数 / 个	城市人口/万人	占全国城镇人口比例 /%	GDP/ 亿元	占全国 GDP比例 /%	人均 GDP/ 元	地均 GDP/（亿元 /km²）
超大城市	6	9709.73	11.68	149254	16.55	134483	9.7439
特大城市	9	6039.31	7.27	101585	11.27	112642	7.6861
大城市Ⅰ	13	5051.20	6.08	102551	11.37	102544	6.5490
大城市Ⅱ	63	10707.55	12.89	226702	25.14	70959	5.8673
中等城市	111	8033.05	9.66	205004	22.73	54860	4.4683
小城市Ⅰ	110	3363.45	4.05	90080	9.99	44132	3.7850

（数据来源：2019 年中国城市统计年鉴数据）

2. 中心城市的能级提升和辐射带动作用同时并存

中心城市的发展能级指的是中心城市在区域、国家乃至世界范围内集中生产要素以及创造新要素和产品（服务）的能力，是中心城市能量、活力、竞争力和影响力的集中体现。中心城市是整个都市圈的发展极核。都市圈经济社会发展引擎的作用，需要通过中心城市的引领带动来实现。城市群和都市圈链接融入全球经济网络的水平主要由中心城市的城市地位和竞争力所决定。此外，新一轮工业革命背景下，技术突破风起云涌，中心城市的科技创新策源地作用日益增强，是带动区域创新发展的极核。具体而言，中心城市的发展能级主要取决于经济集聚能力、创新引领能力、开放联通水平、文化交往水平和宏观治理能力等方面（见图 2-1）。

辐射带动作用是指中心城市凭借其较强的经济、文化、科技、人力资源优势，通过向周边技术转让和创新扩散、产业转移和关联、信息传播和交流、资本输出和优化

配置，带动周边地区经济社会发展。中心城市作为区域发展的增长极和资源聚集地，应引领、辐射、服务区域高质量发展，同步解决中心城市"想发展无空间"和周边大中小城市和城镇"有空间难发展"的双重难题。中心城市的辐射带动作用主要取决于设施联通共享水平、产业关联合作水平、要素市场一体化程度和区域协调发展机制等因素（见图 2-2）。其中，区域协调发展机制是中心城市发挥辐射带动作用的制度保障，应包括区域重大项目建设机制建立、区域协调联动机制完善和区域合作约束机制建立等。

图 2-1　中心城市发展能级主要决定因素

（资料来源：清华大学中国新型城镇化研究院《提高中心城市发展能级和辐射带动作用的政策举措研究》相关成果）

图 2-2　中心城市辐射带动作用决定因素

（资料来源：清华大学中国新型城镇化研究院《提高中心城市发展能级和辐射带动作用的政策举措研究》相关成果）

中心城市发展能级和辐射带动作用是辩证统一的关系，是极化效应与扩散效应的动态演化，提升中心城市发展能级是有效发挥其辐射带动作用的先决条件和必要条件。城市发展首先是形成内部集聚和规模经济，把蛋糕做大，这是产生外部影响的前提，进而建立多尺度的空间流动，与其他城市联系越强，城市枢纽作用中心性就越大。在城市迅速成长过程中，中心城市的集聚功能占主导地位，当中心城市发展到一定阶段，经济要素为追求更高的边际收益，逐渐向外流出时，辐射效应将占主导地位。因此，集聚经济和规模经济得以发挥，城市发展能级就提高；空间流动和城市联系得以增强，城市的辐射带动作用也得以增强。世界城市群的发展历程表明，中心城市与周围区域之间的关系是集聚与辐射并存的良性互动过程，即先将资源集聚到中心城市形成增长极，中心城市发展后又对其他区域产生辐射带动作用，形成高质量发展的动力源。只有当中心城市发展能级较高时，其辐射带动作用才能得到有效发挥。

集聚和辐射可以同时存在于城市发展过程的同一阶段，二者并行不悖、互相促进，只是对于城市和区域经济发展的贡献大小会有强弱和主次之分。并非中心城市发展能级足够高时才能发挥辐射带动作用，中心城市发展能级提升和发挥辐射带动作用是可以同时发生的。中心城市辐射带动作用的大小与其聚集能力成正比，城市的聚集程度越高，城市自身的实力越强，对外辐射能力也就越强。另一方面，辐射是为了更进一步加强集聚的能力。由于城市市场的有限性，会导致产品服务和各经济要素对外流出，这时，城市的实力进一步加强，反过来也能加强城市的集聚。

需要特别指出的是，在对中心城市发展能级和辐射带动作用开展研究的过程中，需慎用"城市首位度"概念。首位城市和城市首位度由马克·杰斐逊于1939年首次提出，目标是反映城镇体系中城市发展要素在最大城市的聚集程度。但开展首位度相关研究，其前提是在一个较为独立完整的城镇体系中进行[2]，忽视所在国家或区域自然地理条件和经济社会因素的影响而简单比较不同中心城市的首位度，容易夸大首位度指标的实际意义。当前，在城镇化进程中，"城市首位度"的概念被异化并普遍接受，即计算在一个地区范围内，首位城市的经济总量与地区经济总量的比值，常以百分数表示。比值越大，说明该城市的带动能力越强，并进一步形成"经济增长和区域平衡发展两者间存在矛盾，经济的'过度集聚'导致地区间收入差距"的误判。应加强对中心城市能级提升和辐射带动作用辩证关系的理解，对区域发展动因、结构体系和协同质量开展实事求是的分析。

3. 中心城市发展策略选择应与发展阶段相适应

都市圈发展阶段识别判定是都市圈发展中科学处理中心城市与周边地区发展关系

问题的前提。一些学者通过研究欧洲、美国、日本等国家和地区的都市经济圈发展历程，将其归纳为"强核—外溢—布网—整合—耦合"等五个发展阶段[3]。《中国都市圈发展报告 2018》中也将都市圈划分为成熟型、发展型、培育型都市圈三种类型。不同发展阶段的都市圈及其中心城市，存在不同的发展驱动力，面临不同的瓶颈问题和职责使命，因此，应以提高中心城市发展能级和辐射带动作用为总体目标，遵循"中心引领、差异发展、特色彰显、区域协调"的基本要求，按照问题导向、目标导向和结果导向，坚持全球引领与底线保障相结合、"扩优势显特色"与"补短板强弱项"相结合、能级提升和辐射带动相结合，统筹考虑选择中心城市的集聚与疏散策略。

对于已经是超大特大城市，且城市病等问题已逐步凸显的中心城市，应坚持"瘦身健体"的基本原则，树立区域发展观，做"职能的减法"和"空间的减法"，逐步转向以存量土地结构调整为主，依托都市圈和城市群内大中小城市协同发展来实现"健体"，实现中心城区创新高端发展、区域产业分工协作、交通联系便捷畅通、公共服务均衡共享，引领我国国际竞争力提升和促进区域协调发展。

对于仍处于自身集聚发展"成长发育"阶段的中心城市，则应坚持"强身健体"基本原则，加快大城市人口和产业集聚，加大公共服务和基础设施投入，完善城市功能，塑造发展特色，切实增强城镇化承载引领能力和区域辐射带动能力。

二、中心城市的战略地位和发展状况

1. 中心城市和城市群成为承载发展要素的主要空间形式

当前，我国经济发展的空间结构正在发生深刻变化，经济和人口向大城市及城市群集聚的趋势明显，中心城市核心引擎作用受到全方位重视，在都市圈、城市群乃至更大范围内发挥中心城市辐射带动作用成为共识。中心城市和城市群正在成为承载发展要素的主要空间形式。国家逐步明确了中心城市在经济社会发展重点的引擎地位，一系列重大会议和决策均提出要增强中心城市的综合承载能力。中央财经委员会第五次会议强调，要加快构建高质量发展的动力系统，增强中心城市和城市群等经济发展优势区域的经济和人口承载能力。党的十九届四中全会审议通过的《中共中央关于坚持和完善中国特色社会主义制度、推进国家治理体系和治理能力现代化若干重大问题的决定》提出，提高中心城市和城市群综合承载和资源优化配置能力。2020 年中央经济工作会议明确提出了提高中心城市和城市群综合承载能力的战略任务。

2. 中心城市发展能级与影响力稳步提升

随着经济社会的快速发展，我国中心城市在全球城市体系中的地位稳步提升，数量逐年增加。根据全球化与世界城市研究小组（GaWC）每年发布的《世界城市排名》，从 2000 年到 2018 年，我国上榜的城市数量逐渐增加，从 2000 年的 6 个增加到 2018 年的 44 个，多数城市的排位逐渐上升，竞争力持续上升。北京、上海、广州、深圳等城市迅速进入全球一线梯队，已经在全球城市体系中发挥着举足轻重的作用。成都、杭州、天津、南京、武汉、重庆等城市则跃迁至全球二线城市行列。

主要中心城市的发展能级与全国经济地理格局总体匹配。从经济集聚、创新引领、开放联通、文化交往等维度综合评价我国主要的中心城市，结果表明其发展能级与我国经济地理格局总体匹配（见图 2-3）。从空间分布来看，中心城市的整体分布东多西少、东强西弱，沿海集聚内陆分散。其中，东部城市发展能级最高，8 个位于长三角、珠三角、京津冀三大沿海城市群的中心城市地位突出，呈现集聚分布；重庆、成都引领西部地区；武汉在长江中游地区地位突出；东北、西南、西北地区中心城市发展能级较低，呈散点分布；重庆、成都、武汉、郑州、西安等国家中心城市与北上广深仍有较大差距。

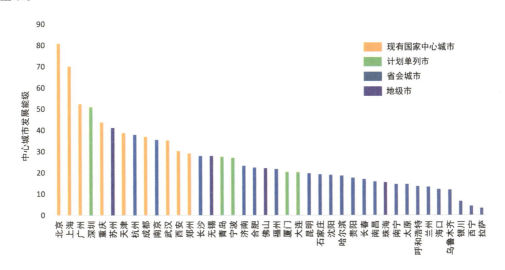

图 2-3　我国中心城市发展能级综合评价排名

（资料来源：清华大学中国新型城镇化研究院《提高中心城市发展能级和辐射带动作用的政策举措研究》相关成果）

分维度来看，我国高等级中心城市的经济、科技创新、开放枢纽、文化交往、宏观治理等职能多元复合。北京、上海、广州的经济、创新、开放、文化、治理职能多元，且等级最高，具有较大的全球影响力；深圳在经济和创新职能等级最高，在开放联通、文化交往方面具有全国影响力；重庆、天津、杭州、成都、南京、武汉等城市在五大职能方面具有全国影响力，但弱于一线城市（见图 2-4~图 2-7）。具体而言，经济职能主要由一线和新一线城市承担，经济格局东强西弱。其中，北京、上海的总部经济优势和金融中心优势突出；深圳、广州开放发展，经济实力突出；重庆、杭州、苏州、天津、成都等新一线城市的汇集资金能力较强，经济增长快速。创新职能呈梯度分布，与经济实力相适应，整体表现出强省会的特征。开放联通职能主要由经济特区、沿海开放城市和内陆高地承担，形成对内对外开放联通的枢纽城市。文化交往职能主要由部分历史名城承担：北京是元明清以来中华文化的荟萃之地，上海是我国对外交往的门户，重庆是我国西南地区的文化重地，西安是我国西北地区的历史古都，这几座城市是我国重要的文化中心，也是国际文化交往的中心城市。

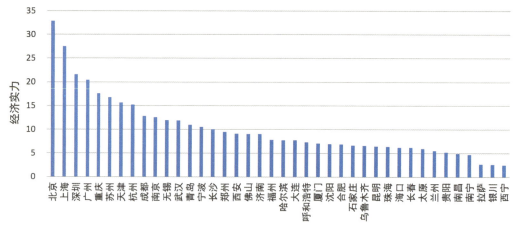

图 2-4　我国中心城市经济实力排名

（资料来源：清华大学中国新型城镇化研究院《提高中心城市发展能级和辐射带动作用的政策举措研究》相关成果）

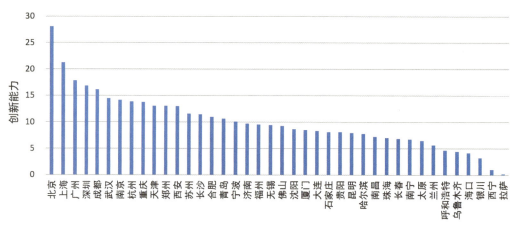

图 2-5　我国中心城市创新能力排名

（资料来源：清华大学中国新型城镇化研究院《提高中心城市发展能级和辐射带动作用的政策举措研究》相关成果）

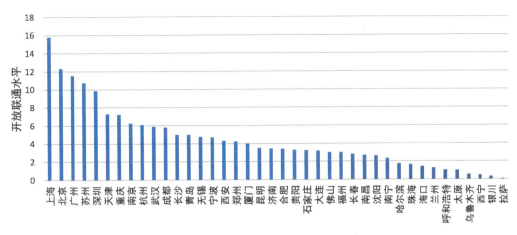

图 2-6 我国中心城市开放联通水平排名

（资料来源：清华大学中国新型城镇化研究院《提高中心城市发展能级和辐射带动作用的政策举措研究》相关成果）

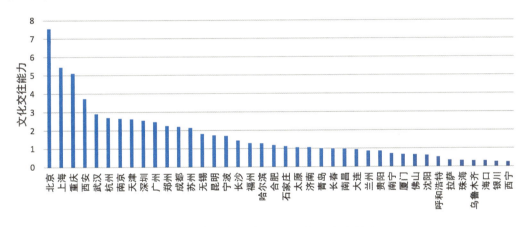

图 2-7 我国中心城市文化交往能力排名

（资料来源：清华大学中国新型城镇化研究院《提高中心城市发展能级和辐射带动作用的政策举措研究》相关成果）

3. 中心城市辐射带动作用具有梯度差异和维度错位

中心城市的辐射带动作用与其自身能级水平和都市圈发育程度有关，具有明显梯度差异（见表 2-2）。成熟城市群和都市圈的中心城市，包括上海、广州、深圳、杭州、南京、北京等，不仅在区域范围内的经济协作程度高，与外围城市之间人口流动频繁、人口联系强度高、交通联系强、辐射带动力强，而且具有跨区域辐射带动能力，与全国广泛地进行着人口、资本和创新联系，在高速铁路等新技术实现明显时空压缩效应的前提下，进一步主导了全国人口、资本、创新的网络化联系格局，并积极融入全球网络。此外，这些城市群和都市圈一体化发展已有一定基础，次级中心城市也正逐步发挥带动作用，如上海都市圈、北京都市圈、深圳都市圈等。单就中心城市对都市圈内其他城市的平均投资量和与都市圈内其他城市人口联系强度而言，均处于全国领先水平，但因其同时存在广泛的跨区域全国性强经济和人口联系，因此在体现相对贡献度的"都市圈中心城市贡献度"指标测算中排名不高，仅处于第三梯队。与此相对，这些都市圈在"都市圈联系强度"指标测算中名列前茅，区域经济、人口、交通网络化发展的联系强度、均衡程度较好，都市圈呈现紧密协同发展的趋势。

相比之下，发展型都市圈的中心城市经济、人口、交通活力相对弱于一线城市，其在都市圈范围内与外围城市的人口、交通联系仍较为紧密，但与外围城市的产业协作程度不高，辐射带动作用较弱。培育型都市圈的中心城市，如南宁、兰州、西宁、呼和浩特、银川、大连等，仍处于要素集聚阶段，其经济、人口首位度较高，但与外围城市的经济、人口、交通联系规模较小，辐射带动作用不强。

表 2-2 中心城市对外联系情况

	中心城市在都市圈内平均投资量排名	中心城市对全国平均投资量排名	中心城市与都市圈内平均人口联系强度排名	中心城市与全国平均人口联系强度排名
北京都市圈	1	1	2	2
上海都市圈	2	3	3	4
天津都市圈	3	6	5	6
杭州都市圈	4	8	12	9
深圳都市圈	5	4	7	7
广州都市圈	6	10	4	3
宁波都市圈	7	20	28	27
合肥都市圈	8	15	29	21
济南都市圈	9	2	1	1
太原都市圈	10	24	9	15
西安都市圈	11	16	6	8
福州都市圈	12	25	16	25
南京都市圈	13	9	21	11
厦门都市圈	14	21	14	26
长沙都市圈	15	22	18	12
郑州都市圈	16	26	10	5
贵阳都市圈	17	13	15	19
青岛都市圈	18	17	8	20
南昌都市圈	19	23	31	31
沈阳都市圈	20	14	17	10
石家庄都市圈	21	19	20	14
成都都市圈	22	11	19	16
武汉都市圈	23	7	25	13

	中心城市在都市圈内平均投资量排名	中心城市对全国平均投资量排名	中心城市与都市圈内平均人口联系强度排名	中心城市与全国平均人口联系强度排名
兰州都市圈	24	28	34	30
昆明都市圈	25	31	27	22
乌鲁木齐都市圈	26	29	11	24
哈尔滨都市圈	27	18	22	23
南宁都市圈	28	30	33	28
银川都市圈	29	33	23	34
呼和浩特都市圈	30	27	26	29
西宁都市圈	31	34	24	33
大连都市圈	32	5	32	32
长春都市圈	33	32	13	17
重庆都市圈	34	12	30	18

（资料来源：根据评价结果自绘）

此外，不同都市圈，其中心城市与外围其他城市的经济、人口、交通联系存在一定错位现象，如福州市与莆田市、杭州市与南通市等经济辐射带动作用强于人口联系度，广州市与东莞市、杭州市与嘉兴市、天津市与唐山市等经济辐射带动能力与强人口联系相比明显不足，而部分多中心都市圈中心城市之间存在明显的强经济联系，但人口联系则相对较弱。在《中国都市圈发展报告2018》中，都市圈中心城市与外围城市人口—经济联系强度耦合分析的结果至今仍未有改善，除了北京、上海、天津、广州、深圳、杭州等都市圈外，大多数都市圈仍处于明显的割裂式发展状态，近半都市圈体现为弱人口—弱经济类型。

三、中心城市面临的关键问题

1. 国际竞争力和影响力有待提升

尽管我国主要中心城市的综合实力近年有了长足的进步，人口、经济实力突出，但总体而言中心城市的全球融入水平、国际化程度仍然较低。我国北上广深等几个发展水平处于国内领先地位的中心城市，与世界大城市相比，创新投入和高端服务能力，特别是金融控制能力仍有待进一步增强。

从对外开放水平来看，包括北京、上海、杭州在内的主要中心城市国际联通度局限于亚太地区，全球融入度和国际化程度仍有较大提升空间（见图2-8）；西安、南京、武汉等中心城市的亚洲航线占其国际航线的70%~80%，集中在东南亚、日韩；西宁、银川、兰州、乌鲁木齐等"一带一路"沿线中心城市开放水平、对外联通水平不高，国际化的开放地位仍有待提高。

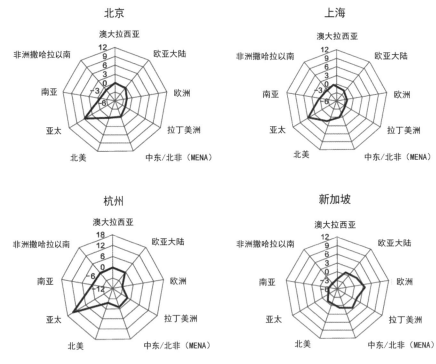

图 2-8　北京、上海、杭州、新加坡区域联通度雷达图[4]

（资料来源：全球化与世界城市研究小组（GaWC）2018 年《世界城市排名》）

2. 中心城市可持续发展能力有待提升

中心城市在快速发展的过程中，常常面临效率优先的资源集聚与环境承载力之间的矛盾。部分中心城市的经济活动和人口高度集聚，对土地资源、生态环境、基础设施、公共服务等方面均构成较大挑战。优质教育和医疗资源高度集中在中心城区，结构不合理、分布不均衡的问题突出，公共服务压力较大。

一些中心城市已经出现较为严重的"大城市病"，交通拥堵、住房短缺等民生问题尤为突出。在地图数据测算的 2019 年度高峰拥堵延时指数中，处于拥堵状态（结果大于 1.8）的城市为哈尔滨、重庆、长春、北京、济南、呼和浩特等中心城市，其中西安市一天有超四成的时间路网处于高延时状态，夜间拥堵尤为突出[5]。2019 年中心城市房价收入比均值（13.26）超出全国性商品房房价收入比（8.8）4.46，最高值为深圳的 35.2，北京、上海、广州、深圳等一线城市与厦门、福州、杭州、珠海、天津等大部分二线城市房价收入比都已经超过临界点 9[6]，中心城市房价与居民收入之间矛盾突出。

部分中心城市发展空间与区域中心地位不相匹配。36 个中心城市中，有 8 个市辖区面积不足 2000km²，有 9 个市辖区面积占行政区面积比例低于 20%（见图 2-9）。深圳、厦门、上海、南京、广州、郑州等城市发展空间不足，综合承载能力受限，行政区划设置有待优化。

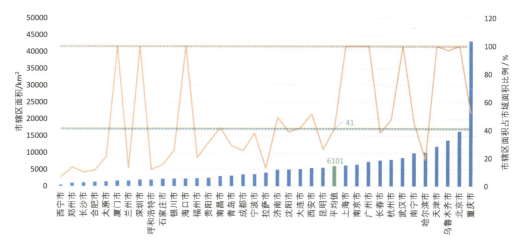

图 2-9　36 个中心城市市辖区面积及占市域面积比例

（数据来源：《2018 年中国城市建设统计年鉴》）

3. 中心城市发展能级差距较大

我国中心城市的发展能级在区域板块之间有显著差别。从经济集聚能力来看，超过 50% 的全国 500 强企业分布于东部中心城市，仅北京、上海、广州、深圳 4 市即占总数的 35%，而中部、西部、东北三大区域中心城市总计仅占总数的约 20%，经济吸引力仍较弱。部分中西部中心城市规模以上工业企业数量少，工业发展规模小，如南宁、兰州、西宁、乌鲁木齐等中心城市规模以上工业企业数量不足苏州的 1/10；且部分中心城市三产占比不高，高技术产业、服务业等发展水平不高，如石家庄、南昌、合肥等市的三产占比均小于 50%，与高等级中心城市相比仍有较大差距。

四大区域板块中心城市发展能级分领域得分显示，东部中心城市发展能级较高，经济实力、创新能力、开放联通、文化交往等各项职能均处于全国领先；中部中心城市发展能级高于西部和东北，与东部差距最大的是开放联通职能；西部地区银川、兰州、西宁等中心城市发展能级不高，城市对外开放起步较晚，整体对外开放水平相对落后于东部沿海地区，交通、商贸的开放联通职能较弱（见图 2-10）。

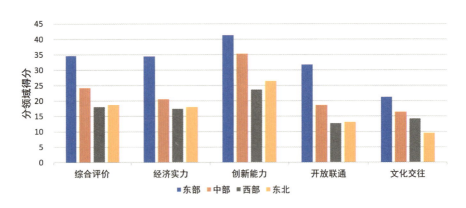

图 2-10　四大板块中心城市发展能级比较

（资料来源：清华大学中国新型城镇化研究院《提高中心城市发展能级和辐射带动作用的政策举措研究》相关成果）

仅考察国家中心城市，重庆、成都、武汉、郑州、西安等城市与北京、上海、广州、深圳等一线城市也有较大差距，职能分工和发展能级亟待优化提升。重庆经济实力和文化交往职能较强而创新能力相对较弱，成都创新能力较强而开放联通和文化交往相对较弱，武汉创新能力和文化交往职能较强而经济实力相对较弱，郑州具有地理优势而开放联通职能未发挥，西安是西部重要中心城市，但其在全国范围内的经济实力和开放联通仍处于相对劣势（见图 2-11）。

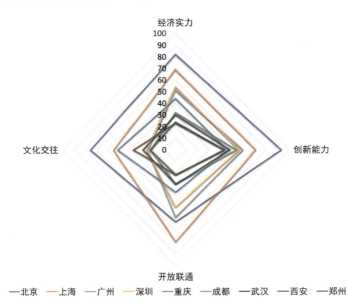

图 2-11　我国主要中心城市发展能级比较

（资料来源：清华大学中国新型城镇化研究院《提高中心城市发展能级和辐射带动作用的政策举措研究》相关成果）

4. 中心城市辐射带动作用仍然较弱

与都市圈其他城市的人口和经济联系紧密程度低，是我国中心城市发挥辐射带动作用，推动都市圈整体发展面临的重要问题。从人口流动，尤其是通勤人口占比来看，根据日本的都市圈外围区县选择标准——"15 岁以上居民中 1.5% 及以上比例去中心城市就学或工作"来考察，具备跨市域人口辐射力的中心城市不足 2/3，且其辐射范围远小于 1 小时交通圈所识别出的空间范围。在经济方面，超过 70% 的都市圈中心城市与外围城市经济互相投资规模占中心城市经济互相投资总规模的比例不到 15%。

四、中心城市引领都市圈发展的主要实践

1. 主要中心城市立足都市圈谋划发展新格局

南京是我国最早开始探索以都市圈为载体促进区域协同发展并编制都市圈规划的中心城市，此外北京、哈尔滨、广州、武汉等也都开展过一系列探索工作。国家发展改革委《关于培育发展现代化都市圈的指导意见》发布后，包括合肥、南昌、银川、福州、成都、西安在内的很多中心城市都相继明确了"扩展朋友圈，立足都市圈优化城镇化发展新格局"的思路。其核心思路在于发挥市场在资源配置中的决定性作用，坚持中心城市的龙头引领和辐射带动作用，以都市圈与城市群为主要空间载体，以区域复合交通网络体系为基础，促进中心城市与周边中小城市的要素自由流动、产业分工协作、公共服务设施共建共享以及生态环境资源共保。具体实践将在后面几节详细论述。

在区域重大生产力优化布局的基础上，主要中心城市的战略定位更加清晰，集中优势资源在创新驱动和高端服务等方面发力，发展面向未来的战略性新兴产业，包括新一代信息技术、人工智能、物联网、量子信息技术、虚拟现实、清洁能源、机器人技术、生物技术等，为抢占第四次工业革命前沿而谋篇布局。如合肥市汽车及零部件产业、装备制造业、家用电器制造业、食品及农副产品加工业、平板显示及电子信息、光伏及新能源产业等六大主导产业发展持续提速，2017 年获批成为综合性国家科学中心，"创新"名片令人瞩目。

专栏 2-2　合肥市积极建设综合性国家科学中心

2017 年 1 月国家发展改革委和科技部联合批复了合肥综合性国家科学中心建设方案。安徽合肥与上海张江、北京怀柔、粤港澳大湾区比肩，在全国创新大格局中占据了重要地位，成为代表国家参与全球科技竞争与合作的重要力量。

在建设综合性国家科学中心过程中，合肥从体制保障、要素保障、服务保障等三个

方面，积极探索构建地方政府参与基础研究和应用基础研究的政策体系。

在体制保障方面，合肥市建立了"领导小组—专设机构—专项工作推进组"的市级组织架构，成立了量子创新院暨中科大高新园区建设公司、大科学装置集中区建设公司，以及量子创新院、离子医学中心等专项工作组，为科学中心建设提供有力抓手。

在要素保障方面，（1）人才：取消政府的科技成果鉴定，以市场论英雄，为科研人员松绑，科研人员可享受超7成的成果转化收益。先后出台合肥"科学中心人才20条"、合肥"人才新政8条"等人才政策，在签证居留、期股权激励、个税优减、生活配套等方面给予最高规格的保障。打造合肥国际人才城，建立科学中心容错机制，形成"鼓励创新、宽容失败"的包容环境。（2）土地：优先保障合肥科学中心重大项目建设用地需求，已为量子创新院、聚变堆主机关键系统综合研究设施等重大项目落实建设用地，为合肥先进光源预留建设用地，规划建设大科学装置集中区，为后续项目建设预留充足建设用地。（3）资金：合肥市就科学中心重点项目建设已累计投入资金约120亿元，并为后续项目建设预留充足资金。同时，探索建立专项资金绩效考核评价体系，进一步提升资金申报效率和使用效益。作为全国首批科技金融试点，为发挥财政资金撬动效应，合肥在全国率先出台"1＋3＋4＋N"政策体系，特色有三：一是覆盖面广，包括处于孵化期、成长期、壮大期等不同阶段的科技企业；二是动态调整、"量身制定"实施细则，如支持中国声谷建设出台若干政策；三是方式新，探索专项资金"借转补"、创新贷、产业基金入股、电子服务券及多方分担风险的科技保险小额贷等支持方式。

在服务保障方面，全国首次探索将大科学装置设施主体和配套园区工程分开审批，由省级对聚变堆主机关键系统园区立项审批，国家发展改革委将主体工程项目建议书、科研报告审批流程合并，审批时间缩短一年。建设合肥综合性国家科学中心信息化管理平台，提升科学中心项目信息化管理水平。通过组织项目调度会、拟定建设任务分解表、倒排项目工期等方式，高效完成了聚变堆项目开工调度、先进光源选址地块地址勘查及环境评价等任务。

此外，合肥市积极探索院地合作新模式和成果转化新体系。一方面，大力集聚高水平高校院所，合作共建一批高质量合作平台，通过市校合作共建、股份制公司运营、市校合作开发区承接等模式，与中国科学技术大学、清华大学、北京航空航天大学、哈尔滨工业大学等21家高校院所共建了26个创新平台，加速推进科技成果转移转化和新兴产业集聚发展。另一方面，通过搭建成果转移转化平台、组建产业基金、出台产业支持政策等一系列措施，大力促进原创成果转移转化，助推战略性新兴产业快速发展。组织实施科技重大专项，形成储备一批、突破一批、转化一批的梯次推进模式，形成"源头创新—技术开发—成果转化—创新创业—新兴产业"全链条式创新体系。

2. 特大超大城市的功能疏解与瘦身健体

以北京和上海为典型代表的特大、超大城市，为进一步优化提升城市功能、解决大城市病，开展了一系列以功能疏解与瘦身健体为目标的相关工作。首先，针对疏解目标制定详细负面清单，明确疏解对象，推动为全球服务的功能进一步向中心城区集聚，保障和服务相关中心功能，实现城市的功能重组。其次，优化空间结构，加强区域联动，综合运用行政和市场手段推动中心城区非核心功能向周边转移，在都市圈、城市群内引导形成卫星城、副中心。此外，以城市群、都市圈为重点，加快城际交通基础设施建设，推动形成以轨道交通、高速公路为骨架的多层次快速交通网，为中心城区功能疏解提供必要基础保障。通过中心城区优质医疗教育等公共服务资源共享，缩小都市圈、城市群内各城镇的公共服务水平差距。

专栏 2-3　北京功能疏解、瘦身健体的相关经验及启示

高规格规划引领，明确非首都功能和三大率先突破领域。2015 年 4 月中央政治局审议通过的《京津冀协同发展规划纲要》（简称《纲要》），明确将一般性制造业、区域性物流基地和批发市场、部分教育医疗等公共服务功能以及部分行政性、事业性服务机构作为非首都功能，提出要加快疏解非首都功能，并明确了要在京津冀交通一体化、生态环境保护、产业升级转移等重点领域率先取得突破。《北京城市总体规划（2016—2035 年）》进一步明确了疏解非首都功能的空间安排。

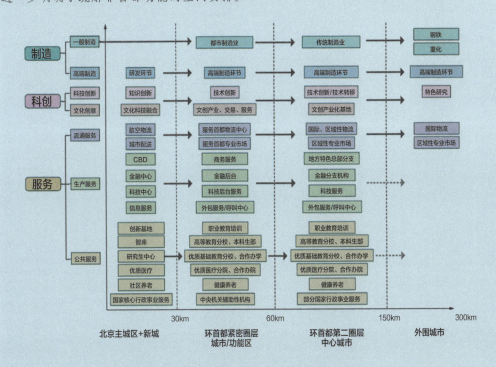

北京功能疏解的区域空间组织规划图

（资料来源：北京清华同衡规划设计研究院，《保定市城市空间发展战略规划方案》，（2016））

以禁限目录为依据加强中心城区管控，以"疏解整治促提升"专项行动加速"腾笼换鸟"。北京市制定了史上最严格的新增产业禁限目录，禁限目录在严控非首都功能增量、调整优化产业结构等方面发挥了积极作用，引导了新增市场主体向城市发展新区集聚。2017 年，北京开展"疏解整治促提升"专项行动（2017—2020 年），明确疏解一般制造业和"散乱污"企业治理、疏解区域性专业市场和部分公共服务功能等十大重点任务，三年多来实现了功能、产业和人口的疏解。疏解非首都功能为推动更高水平发展置换出了宝贵空间，疏解腾退空间主要用于服务保障首都核心功能、改善老百姓的生活条件、加强生态环境建设，增加公共服务设施以及适量置换成人少的"高精尖"业态，目前已经取得初步成效。

加强三省市区域协调，建设"一体两翼"和重大疏解承接平台。 高水平规划建设北京城市副中心和雄安新区两个新城，形成北京新的"两翼"。一方面，有序推动市属行政事业单位整体或部分向城市副中心转移，疏解中心城区压力；另一方面，以雄安新区重点承接北京疏解出的行政事业单位、总部企业、金融机构、高等院校、科研院所等。截至 2019 年 6 月，雄安新区新成立 3069 家企业，大多来自北京。京津优质资源对接了雄安新区 55 所学校和 48 家医疗机构。河北省按照"三区一基地"功能定位，建设雄安新区北京非首都功能疏解集中承载地，精心培育京冀曹妃甸协同发展示范区、津冀芦台·汉沽协同发展示范区等 43 个重点承接平台，全省共承接京津转入基本单位 9773 个，"4+*N*"产业合作平台加速形成聚集效应。

以交通基础设施建设为先导，推动一体化发展。 京津冀协同发展战略提出以来，三地加快建设交通基础设施，北京大兴国际机场、京雄城际铁路北京段、京张高铁陆续建成运营，地铁、市域铁路、城际铁路体系不断完善，综合立体交通网初步建成，为北京非核心功能疏解提供了交通保障。

专栏 2-4　上海功能疏解、瘦身健体的相关经验及启示

明确非核心功能疏解策略，制定"三个一批"实施路径。 上海市按照"研发在上海，生产在外面；头脑在上海，身体在外面；关键制造在上海，一般产业链在周边"的策略，逐步将不符合上海城市的部分功能和产业向周边地区及内地有机疏解，减少经济增长对重化工业、房地产业、劳动加工密集型产业和投资的依赖。推动非核心功能疏解中具体路径是推进"三个一批"："强化一批"，主要是强化支撑城市核心功能的相关产业，重点强化金融服务、航运服务、科技服务、会计咨询等专业服务，文化创意等生产性服务业、国际医疗、国际教育、国际旅游等生活性服务业，以及生物医药、海洋科技、新能源新材料、智能制造等高端制造产业；"淘汰一批"，主要是淘汰不符合控制"四条底线"要求的"四高两低"产业、低端批发市场和一般加工贸易；"控制一批"，主要是控制暂时还不能疏解的非核心功能产业，重点是控制集装箱吞吐量、大卖场和购物中心、物流配送中心、普通医疗和教育机构。

坚持底线思维，明确正负面调整清单，优化调整产业结构向价值链高端位移。 按照城市发展的目标，上海市制定支撑全球城市发展的鼓励产业目录（正面清单）、地区性产业能耗和污染排放标准及限制性产业目录（负面清单），强化产业规划引导，并通过"禁、关、控、转、调、提"等措施，推动城市产业向价值链高端位移。《上海产业结构调整负面清单（2018 版）》涉及电力、化工、电子、钢铁、有色、建材、医药、机械、轻工、纺织、印刷、船舶、电信等 15 个行业，共 541 项内容（淘汰类 337 项、限制类 204 项），作为

相关单位开展结构调整、提升能源利用效率、实施差别电价政策、淘汰落后产能的主要依据。

拓展城市腹地分层疏解，实现大城市与小城镇共赢。推动中心城区非核心功能向市域疏解，上海城市非核心功能向长三角区域疏解。在上海都市圈范围内，重点促进与苏州、嘉兴、无锡、南通、宁波、舟山等周边城市同城化发展，将以服务长三角、服务全国为重点的教育、医疗功能，中高端制造功能的生产环节、区域性商贸市场、仓储物流功能等转移到这些地区。在长三角城市群其他范围内，以上海为核心，依托区域交通运输网络，分层次疏解上海城市非核心功能，如在长三角地区建立和完善上海的农产品、专业市场、健康养老、旅游、社会服务等方面的功能补给，疏解部分劳动密集型的一般制造业等。

建立多层次快速交通体系，立足都市圈并进一步辐射城市群。以上海为中心，长三角地区持续构建了以高速铁路、城际铁路、高速公路和城市轨道交通为骨干、多种方式综合支撑的区域城际交通网络，与多个城市实现60~90min可达，便捷换乘且频次较高，极大地促进了区域联系和上海功能疏解。

3. 积极培育都市圈和城市群内的次中心城市

都市圈和城市群的崛起，除了中心城市的核心引领之外，也需要若干次中心作为特色功能支撑。在尊重人口、经济等要素持续向优势地区集聚的战略判断基础上，采取中心城市与周边地区协同合作的战术路径至关重要。包括杭州、南京、郑州、成都在内的都市圈，均在其发展规划中明确提出积极培育次中心（副中心）城市，在破解中心城市"一家独大""大城市病"的同时，促进城市功能互补和产业分工协调，推动大中小城市的协调发展和区域竞争新优势的形成。如杭州都市圈规划提出构建"一主五副"格局，以杭州为主核，培育湖州、嘉兴、绍兴、衢州、黄山5个副中心城市，分别在高新制造、产业承接和文化旅游方面进一步强化特色，抱团发展。成都都市圈明确提出成德眉资同城化发展，围绕成德临港经济、成资临空经济、成眉高新技术等构建重点产业生态圈，加强错位耦合和区域协同，打造有机融合的区域经济共同体。

专栏2-5　郑州大都市区确定四个次级中心

继2017年年初国家发展改革委发布《中原城市群规划》之后，2017年6月《河南省建设中原城市群实施方案》印发，明确开封、焦作、新乡、许昌都为郑州大都市区的次级中心。

其中，开封市在交通、产业、生态、公共服务等领域，强化与郑州的互联互通互融，重点发展文化旅游、装备制造等产业，深入开展产城融合试点示范，建设新型工业化城市和国际文化旅游名城；新乡市加快推进区域创新中心建设，做强生物医药、装备制造、健康旅游等产业，建设先进制造业基地和健康休闲基地；焦作市加快转型发展，重点培育壮大装备制造、新能源汽车、文化旅游、食品工业等产业，建设新型工业城市、国际文化旅游名城和健康养生基地；许昌市加强与航空港区对接，重点壮大智能电网装备、新材料、新能源汽车等产业，建设先进制造业基地和区域现代物流中心。除了四个次级中心外，《实施方案》也明确提出将把巩义市、武陟县、原阳县、新乡县、尉氏县、长葛市、平原城乡一体化示范区等培育成郑州大都市区的新兴增长中心。

2021 年 4 月，河南省中原城市群建设工作领导小组正式印发《郑州都市圈交通一体化发展规划（2020—2035 年）》，到 2025 年年初步形成都市圈一体化综合交通体系，基本实现都市圈 1 小时通勤、中原城市群 2 小时通达，将规划范围扩展至郑州、开封、新乡、焦作、许昌 5 市市域，明确提出"中心城市与次中心城市之间建成 2 条以上轨道交通、5 条以上高快路组成的复合型交通走廊"，进一步筑牢了都市圈协同发展网络的基础支撑。

4. 部分中心城市稳妥推动行政区划优化调整

稳定的行政区与动态扩张的经济区永远存在矛盾，在我国快速城镇化发展的背景下，适当和稳妥的行政区划调整可以重新优化配置地域性资源要素，减少不必要的区域消磨，扩大市场运作空间、整合政府间关系以促进公共效率的提升。中心城市在提升能级的过程中，有时需要借助行政区划调整手段，实现中心城市扩容，获得更多产业与人口承载空间，为实现都市圈高质量发展营造良好的体制环境、打造有效的空间载体和支撑 [7]。当前，行政区划调整主要体现为撤县设市、撤地设市、撤县设区、市辖区调整等几种类型。

在条件成熟的情况下，部分中心城市优先有序推动县（市）改区，以优化城市空间结构，提高空间治理效率，统筹原县市的发展建设，理顺城市规划管理体制，推动城市基础设施和公共服务的延伸。杭州市通过县市改区，发展空间得以拓展，发展动力进一步增强，空间布局进一步优化。余杭区吸引阿里巴巴入驻未来科技城，萧山区布局了钱江世纪城等重大战略功能区，富阳区也被纳入杭州钱塘湾金融计划中。

此外，也有部分中心城市在推动行政区与经济区一致化的进程中，在分析论证和社会稳定风险评估的基础上，将周边联系密切、协调需求强烈的县市划入中心城市管辖。原由资阳市代管的简阳市于 2016 年划归成都市代管，大大加快了成都天府国际机场的建设进程，与成都的一体化进程加速。简阳市作为天府新区新的增长极，交通区位优势得到充分发挥，近年发展势头良好。此外，还有些中心城市在推动打破行政边界限制上开展了有益探索，如建设特别合作区、飞地经济等模式，为后续行政区划调整创造条件、奠定基础。

第二节 交通基础设施网络建设大力推进

一、以交通体系建设为骨架构建都市圈空间格局

1. 交通体系建设推进都市圈空间结构演化

在都市圈不断发展和成熟的阶段，交通基础网络的建设促进了都市圈空间结构的变化，中心城市、次中心城市、郊区等空间形态因综合性、动态性交通体系的完善和通行效率的提升而不断拓展，逐渐形成了"1 小时交通圈""2 小时交通圈"等圈层空间结构，不断推动都市圈在空间上形成联系更加紧密的区域。如首都都市圈周边的固安、廊坊，深圳都市圈周边的东莞、惠州。纵观国际经验，巴黎大都市区、伦敦都市圈、纽约大都市圈、东京都市圈等都建设了上千甚至数万公里的链接城市与周边卫星城的交通系统，在都市圈空间结构构建中发挥了重要作用，成为都市圈协同网络建设不可或缺的一部分。同时，交通体系也推动着中心城市通勤圈外扩。都市圈是一日生活圈，对日常通勤化、便捷化的要求高，以市郊、市域轨道交通为主，中心城市连接周边城镇组团形成通勤化、快速度、大运量的交通系统，为都市圈空间结构发展提供了重要支撑。根据 2020 年全国轨道交通总运营线网规模统计，长三角城市群 11 市开通运营线路 64 条，运营线路长度 2247km；京津冀城市群 3 市开通运营线路 35 条，运营线路总长度 1097km；珠三角 5 市开通运营线路 31 条，运营线路总长度 1029km；成渝城市群 2 城开通运营线路 23 条，运营线路总长度 995km；这 4 个我国先发城市群轨道交通运营线路总长度占全国总运营线路的 67.4%[8]。高铁、城际、市域（郊）、地铁四网融合的推进，推动了区域一体化、站城融合、多层次立体交通网络形成，极大促进了区域紧密联系空间结构演化。

2. 紧密交通网络加强都市圈城市间要素流动

实现城市间要素流通互通是建设一体化都市圈的前提，而紧密的交通网络就是推进要素流动互通的基础。强化都市圈交通网络建设不仅有利于进一步完善中心城市的内部交通建设，更增强了城市间交通网络联结。交通网络的不断完善和交通体系的高效便捷，使得都市圈内各种人流、物流、资金流、信息流等相互交织在一起，有助于城市间、企业间的经济往来，并提高了都市圈内节点城市的吸引力。城市规模的日益扩大，人口和产业不断外溢，市域（郊）铁路解决了部分职住分离的居民在中心城区与卫星城镇之间的往来通勤问题，增进了城市间人口流动联系。2019 年我国市域铁路线路总长度 701.1km，较 2018 年线路总长度增长 43.9km。根据手机信令数据，2019 年

全国都市圈中心城市对都市圈内其他城市人口往来联系平均数为 37639 人次，较 2018 年增长 14.6%。

3. 交通网络建设与产业布局互促互进

随着都市圈产业的业态发展和结构调整，原布局于公路沿线、高铁港附近的产业逐渐向产业链、产业集群和更高水平的经济业态转换升级，新的运输需求促使都市圈层面不断改善交通基础设施水平。高质量交通网络构建不仅要满足居民外出等生活需求，还要满足商业运输、物流运输等经济需求[9]，创造相关产业的新发展机遇。如国家五部门联合发布的《关于促进市域（郊）铁路发展的指导意见》明确提出市域（郊）铁路要连接 5 万人口以上的城镇，意在通过市域（郊）铁路引领和带动城市新区和外围城镇组团开发建设，鼓励综合开发铁路场站周边土地[10]。围绕主要交通枢纽及周边联系紧密区域，实现一体化综合开发，建设集交通枢纽、住宅、文化、生活等多功能为一体的站城融合发展，提升土地使用价值和开发收益，产生协同效益。都市圈交通网络建设对都市圈产业布局调整和产业协同推进有极大的促进作用。

二、交通互联互通的关键问题

1. 市域（郊）铁路发展相对滞后

《关于推动都市圈市域（郊）铁路加快发展的意见》提出都市圈是介于城市群与城市之间的空间形态，服务都市圈的轨道交通应以市域（郊）铁路为主。而我国市域交通通道以国家区域型铁路线网模式为主，都市圈市域（郊）铁路水平低，难以支撑中心城区与郊区和周边城市的交通出行，当前全球城市轨道交通与市域（郊）铁路运营里程之比约 1:3，而中国仅为 1:0.25[11]。都市圈市域（郊）铁路发展不足存在以下几点原因。

一是管理体系有待完善。从现有规划体系来看，市域（郊）铁路发展暂无系统性规划，与相关交通运输规划、国土空间规划等尚未形成紧密衔接，规划引领不充分困扰着行业发展。市域（郊）铁路发展机制不明确，缺乏明确的监管主体，运营管理中责任划分不明确、不统一问题凸显。缺少引导性支持政策体系，资金筹措渠道狭窄，项目财政委重投艰[9]。

二是运营体系不顺畅。市域（郊）铁路需要地方政府与企业进行协商，目前尚未建立起较为规范的合作机制，在资金投入、运营补贴、资源共享方面存在分歧，上方权责不明晰，服务改进协商困难。

三是服务体系有待提升。当前市域（郊）铁路服务水平仍有较大提升空间，运输服务组织架构有待优化，在公交化运营、换乘便利、交通体系兼容等方面需从上层进行协调统筹。如在深圳北站由地铁线路换乘市域（郊）列车需进行轨道系统二次安检，极大地增加了通勤客流时间成本。

2. 交通互联互通功能有待加强

区域交通体系建设的一体化统筹机制有待完善。多层级交通体系对都市圈互联互通水平提升的针对性需要深入研究。目前，都市圈区域交通系统一体化事务协商未形成制度化、常态化，现行区域交通调控一体化措施扔存在执行阻碍，区域交通治理政策联动性差，标准规范不一致，运营管理环节不畅通，精细化协作仍不足。综合交通枢纽的服务协同水平低，地方化色彩浓厚，航空、港口等大型设施枢纽的功能定位竞争大于合作，如首都机场客流超饱和，而天津滨海国际机场、石家庄正定机场却"吃不饱"[12]。极具互联互通优势的市域（郊）铁路在实际运营和建设中对跨城衔接、跨线运营的考虑较少，限制市域（郊）铁路实现城市间互联互通功能的最大发挥。

3. 交通网络与城镇格局不协调

目前，交通设施网络化与人口产业集聚发展之间矛盾突出，交通设施网络构建与土地开发、城市建设等息息相关，却处于相对分离割裂的建设发展情形，大型区域交通设施对于区域产业发展、人口布局的先行引导能力较弱，对社会经济带动的作用发挥不足。部分交通规划建设与用地开发不匹配，利用既有铁路改建开行市域列车，线路周边多为非建设用地，站场周边可实现开发的配套土地资源有限，对客流增长带动及周边发展引导能力不足。如上海金山铁路，除去首尾金山站、上海南站，其他车站客流仅为总客流的25%，金山铁路新桥站服务常住人口17万人，日均进出新桥站流量仅约3500人次[13]。同时，部分车站站点未能引导周边城镇产业与交通同步发展，与城镇化空间布局格局不相符合，小城镇无法承担过剩交通运力也进一步制约着交通网络发展。同时，通勤圈持续外扩，就业岗位的中心集聚和人口外围增长将进一步加剧都市圈职住分离，影响生产效率和生活质量，也制约着都市圈的整体发展。

三、交通网络建设促进都市圈发展的主要实践

城镇化水平的提升与都市圈规模的扩张，推动着区域交通网络体系建设不断趋向完善。在城市交通基础设施网络的规模建设阶段，城市交通网络呈现出连通化、密集化和延伸化的特点，交通网络更多面向满足城市化需求展开建设。伴随着都市圈内部基础交通网络建设日趋饱和，城市交通网络发展逐步进入规划管理和运营优化的新阶

段。近几年来，都市圈总体发展迅速，都市圈交通基础设施建设开始面临更加多样化和复杂化的网络化布局。"十三五"规划提出后，都市圈逐渐开始构建集城轨、城际铁路于一体的区域轨道交通网络，逐步进入以地铁、市域快轨、有轨电车为主，其他制式相辅相成的多制式协调发展新格局。"十四五"规划中更明确提出，未来要构建高铁干线、城际铁路、市域铁路、中心城市轨道"四网融合"的城市综合交通枢纽体系，平衡各类交通方式的规模、功能、布局和建设时序，促进各种运输方式协同发展，提高都市圈基础设施的连接贯通性。2021 年 2 月 24 日，中共中央、国务院印发《国家综合立体交通网规划纲要》，从城市群、都市圈、城乡几个角度明确交通一体化发展重点，提出都市圈交通一体化需重关注建设中心城区连接卫星城、新城的大容量、快速化轨道交通网络，推进公交化运营，完善道路交通衔接，打造 1 小时"门到门"通勤圈。整体来看，都市圈交通基础设施网络建设历经增量开发的规模建设阶段、存量更新的运营优化阶段、路网一体化的融合发展阶段，再到明确各区域层级交通一体化发展重点阶段。在未来，智慧城轨更将持续赋能交通智慧化建设，优化都市圈内外交通设施网络治理体系。

1. 市域（郊）铁路建设

与城际铁路不同，市域（郊）铁路主要服务于都市圈内中心城市与周边城镇的往来联系，旅客的主要出行目的在于工作、学习等，具有较为显著的规律性和通勤性。随着都市圈发展战略推进，市域（郊）铁路受到重视，出台了一系列相关政策文件，《国家发展改革委关于培育发展现代化都市圈的指导意见》《关于推动都市圈市域（郊）铁路加快发展的意见》《交通运输领域中央与地方财政事权和支出责任划分改革方案》《交通强国建设纲要》等文件皆提到加快建设市域（郊）铁路，涵盖设施建设、投融资模式、运营管理等多个方面。

2017 年 6 月，国家发展改革委联合多个部门推出市域（郊）铁路第一批示范项目，目前首批示范项目基本完成，如副中心线（北京西站至通州站）、宁波至余姚、温州S1 线等，在设施改造、合作模式、收益分配等方面可提供有益借鉴。根据不完全统计，截至 2019 年底，成都、温州、北京、上海、南京和广州等城市新建了 8 条市域（郊）铁路，另外至少有 10 条利用既有铁路开行或改造既有铁路资源建设市域（郊）铁路的项目投入运营。2020 年我国在建市域快轨 652.7km，占在建轨道交通线路的 9.6%，较 2019 年增加 2.5 个百分点 [7]。虽然我国近几年在市域（郊）铁路建设方面大跨步发展，但是市域（郊）铁路与发达国家都市圈相比仍有较大差距，2018 年美国的都市圈拥有 12722km 的通勤铁路，而 2020 年我国轨道交通运营线路 7969.7km，市域快轨

819.6km，占比仅 10.28%[7]，都市圈市域（郊）铁路发展空间巨大。

专栏 2-6　成都都市圈——对既有铁路进行公交化运营改造

2018 年 9 月 29 日，成都平原经济区 8 市（成都市、德阳市、绵阳市、眉山市、资阳市、遂宁市、雅安市、乐山市）与中国铁路成都局集团有限公司签订《关于加快成都平原经济区协同发展推进铁路公交化运营合作框架协议》。2018 年 11 月 13 日，中国国家铁路集团有限公司与四川省人民政府联合批复《成都市域铁路公交化运营改造工程建议书》，同意成都市对既有铁路进行公交化改造。一是对成灌（彭）铁路既有车站进行公交化改造，包括车站售检票系统及进出闸机，新增或改造车站站台安全屏蔽门，实现动车、地铁无缝同台换乘。二是新购置新兴编组动车组投运，提升公交化运营服务水平，日均开行对数由 32 对加密至 59 对，高峰时段发车间隔不到 10 分钟。公交化运营的市域（郊）铁路缩短了中心城区与卫星城镇的通勤时长，同时在运输组织模式上创新开行大站直达列车和站站停列车等分类运行模式。犀浦站实现成灌铁路与成都地铁的双向同台换乘，有效提升运输服务质量。同时，成灌铁路的建设也带动了汶川地震后都江堰、青城山等地的旅游业发展，灾后经济社会促进作用明显。

---

2. 城际列车建设

城际列车（又称城际专列，inter-city rail service），指的是一般情况下运行里程较短、基本不超过 200km，行程耗时不多、通常在 2 小时以内，经过城市很少，一般往返于相邻重要城市或城市群之间的客运列车。随着近年来我国电力动车组的批量生产和广泛使用，城际动车组列车已成为城际列车的新主力军，车次一般冠以字母"C"开头，亦有少量车次冠以字母"D"或"G"开头的普通动车组或高速动车组实际依然充当城际列车的角色。从服务主要服务对象上来看，市域（郊）铁路是推动都市圈中心城市与周围区县紧密联系的主力军，城际铁路则是在更大区域范围内，强化城市间紧密联系的重要交通组织方式。基于此，我国长三角、珠三角、京津冀等相对成熟的城市群区域较早地开展城际铁路规划建设，如广深城际、广佛城际、京津城际。此外，部分都市圈依托大区域城市群规划等，也规划建设了城际列车，如郑州焦作城际、青岛烟台城际、西安渭南城际、湘潭城际等。部分地区通过加密城市间动车开行对数，实现城际列车同效作用，如南宁与贵港，沈阳与辽阳、鞍山、铁岭皆能够实现日均动车间隔小于 30 分钟。2021 年，各地区在"十四五"的新阶段，也纷纷将建设城际铁路、加强区域紧密联系提上日程。广西壮族自治区 2020 年将修建城际铁路，打造大南昌都市圈列入基建投资重大项目中。2021 年年初，珠三角七市城际铁路项目建设会议以广州市牵头推进都市圈城际铁路建设，计划开展广佛江珠、广清等 10 个项目。城际铁路将强化更大范围内的要素流动，推动都市圈区域组织网络进一步完善。

专栏 2-7　南京都市圈——以城际铁路建设推进跨省域城市融合

2020 年南京都市圈党政联席会议推进建设"轨道上的南京都市圈",明确宁马、宁滁城际等多个合作事项。2020 年 12 月宁马、宁滁城际工程首次环评公示,项目开始加速推进建设。宁马城际既是首个跨省城市轨道交通线路,也是一条直通南京城区的城际轨道线路,线路进南京后将与南京地铁 1 号线、8 号线、18 号线换乘,最大限度地满足了两地快速通达的需求,有效推动宁马同城化,增强南京对省域外邻近城市的辐射带动能力。宁滁城际西起滁州高铁站,贯穿城南新区和外围多个开发区,对尚无市域轨道交通的滁州来说,不仅能够借此融入南京都市圈,承接南京资源辐射,也打破了城市内部交通瓶颈的限制。

专栏 2-8　杭州都市圈——黄金旅游高铁线路推进区域融合

黄山积极加入杭州都市圈,与杭州共同推进杭黄高铁线路建设。2018 年 12 月,杭黄高铁线通车。该线路全长 287km,连通了温婉西湖和秀丽黄山,以及沿线的西溪湿地、千岛湖、黄山、绩溪龙川景区、皖南古村落西递宏村、古徽州文化旅游区等 57 个国家级风景区,最大化利用了杭黄高铁枢纽站域及铁路沿线各项资源。杭黄高铁线路不仅是一条高速铁路,还是一条名副其实的"黄金旅游线",更是一条促进区域协调发展的黄金发展线。它带来的不仅是车速,更有人流、物流、信息流、资金流,乐享高铁红利,成就了杭州沿线区县(市)发展的最大"窗口期"。杭黄高铁线路标志着新安江上下游的黄杭两地从"共饮一江水"迈向"共享一个圈"。

3. 高等级路网建设

目前,我国都市圈基本形成了以公路为交通网络主体、以小汽车自驾为主要出行方式的交通模式。"高等级骨干 + 基础覆盖"的路网以快速通达、区域全面覆盖为导向,能够串联城区、功能区、重要交通枢纽等关键节点。基于道路测绘数据,对全国都市圈的高等级道路[①]进行分析。

根据数据分析,近两年我国高等级道路增量变化显著。总体来看,武汉都市圈、天津都市圈、北京都市圈高等级道路密度一直处于领先态势,武汉都市圈 2020 年高等级路网密度达 0.36km/km²,赶超天津都市圈位居第一。从增量来看,合肥都市圈、南京都市圈、长沙都市圈、沈阳都市圈、南宁都市圈等高等级路网增量显著提升,特别是合肥都市圈、南京都市圈、长沙都市圈在 2020 年全国都市圈高等级路网密度排名中跃进至第二梯队(见图 2-12)。

---

① 高等级道路指包括高速路、快速路、国道、省道在内的四类道路。

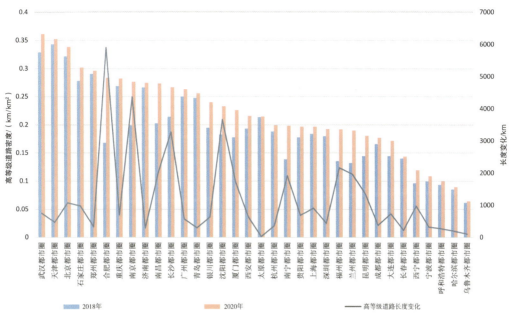

图 2-12　全国都市圈高等级道路变化情况（2018—2020 年）

（数据来源：2018 年、2020 年道路测绘数据）

4. 其他交通网络设施建设

伴随着中心城市与周边城市联系的密切化和常态化，跨城公交成为连接毗邻城镇的主要交通工具。以往跨城公交一直存在归口管理不明确、跨城交通卡不通刷、运营衔接难等问题，但在近几年的逐步探索中，部分问题有所解决。同时，跨城公交线路的加强也有效促进了都市圈中心城市与周围郊区、县镇的联系，打通公交出行"最后一公里"。如为加快构建西咸一体化格局，连接咸阳市、西安市及西咸新区的城市公交和近郊客运班线已增至 23 条。江苏省全面支持毗邻城市（镇）开行城际公交，南京已开通 8 条跨省城际公交。值得一提的是，为强化都市圈内城市间的往来联系，厦门都市圈的漳州市至厦门市轮渡加密至 30 分钟一班，成为名副其实的"海上公交"。

在公交服务管理方面，根据《交通一卡通运营服务管理办法（试行）》要求，全国交通"一卡通"互联互通工作加快推进开展，便民惠民服务水平提升，全国互联互通公交卡发行以及信息连通机制全面推进，打破了运输部同各省市交通运输主管部门、"一卡通"运营机构的信息壁垒。截至 2019 年 12 月，全国共有 275 个地级以上城市发行"交通联合"卡，并可在市区全部公交线路使用。

在打破城市间断头路方面，近几年的《新型城镇化建设和城乡融合发展重点任务》中皆有提及相关内容，各省市纷纷积极落实"断头路"畅通工程和"瓶颈路"拓宽工程，并实行全面摸排滚动工作制度，保障都市圈边界地区互联互通。

> **专栏 2-9 成都都市圈——公共交通实现"一卡通刷，优惠互享"**
>
> 2019 年 12 月，成德眉资四市公共交通"一卡通"正式启动，正式实现"一卡通刷，优惠共享"，成都都市圈的公共交通同城化水平达到京津冀、广佛、长三角等区域互通互惠水平。四市市民持天府通系列卡可在四市通刷公交、地铁并享受同等优惠政策。四市公共交通互通互惠工程自 2019 年开始启动，1 月在成资首发试点，至 2019 年 11 月，成资互通卡累计服务人次 1220 万次。"一卡通"正式上线加快了成德眉资同城化发展的步伐，增强了四市之间的紧密联系，在此基础上将向城际客运、城际动车、停车收费等领域拓展。

第三节 产业协作发展趋向互补互助

一、以产业协同为基础促进都市圈核心竞争力提升

1. 以合作为基础的产业调整优化都市圈产业结构

都市圈内各城市以合作为基础的区域产业结构调整具有明显的共生特征，表现在都市圈内各城市可以通过资源共享提高城市经济发展水平，区域间产业联系越来越紧密，专业化分工合作越来越精细，大大降低了产品的生产成本和交易成本，提高了生产效率，外部经济性逐渐凸显。同时，伴随着产业间上下游分工合作的不断深入，城市间互促技术革新以满足内在需求，提升了区域整体经济竞争力[14]，也可以通过资源互补提高城市产业专业化程度，推动产业结构改变，有序提升区域竞争水平，避免区域发展不平衡问题[15]。城市间产业合作共生关系的建立有效推动了都市圈产业结构优化。一方面是横向城际协同网络建设，依据产业集群理论形成产业协同发展机制，形成内部成本优势和外部竞争优势。另一方面是纵向产业协同网络建设，各城市明确自身的地位、分工和作用，实现产业链延伸各环节的有机联动、密切合作，提升区域专业化产业实力[16,17]。目前我国都市圈内部产业协作尚处于产业间分工阶段，产业分工协作精细化水平欠佳，但也有部分成熟型都市圈开始从产业间分工走向产业内部分工阶段，在更大区域探索产业合作，如长三角都市连绵区、珠三角都市连绵区等。更大区域内的产业分工协作实际上是多层级紧密区域产业协作的共生互促，这也将是我国都市圈未来实现产业更加精细化合作的发展进程，以长三角都市连绵区为例，其内部包含了上海都市圈、南京都市圈、杭州都市圈、合肥都市圈，以都市圈为单位的产业分工多为产业间分工协作，而都市圈内部各中心城市与其他城市间已迈入产业内部分工合作为主的阶段，虽然都市圈之间大类行业结构相似，但在明确产业协作基础上都市圈的产业结构优化、产业链延伸在区域内部协调下有着明显的提升（见表 2-3）。

表 2-3 2012—2018 年长三角重点城市间制造业分工指数变化情况 [18]①

%

城市名	上海	杭州	南京	合肥
上海	—	-3.5*	11.4	-8.2
杭州	-3.5	—	2.2	3.4
宁波	-9.3*	6.6*	-9.3	4.6
温州	-7.8	-8.5	-9.4	1.5
嘉兴	-7.8*	3.2*	-11.3	4.3
湖州	-2.1*	-5.5*	2.9	9.0
绍兴	-7.8	-1.8	-4.8	5.1
金华	-4.2	-2.1*	2.3	5.0
舟山	-17.1*	-5.5	-10.9	-9.1
台州	-26.0	0.9	-9.5	4.3
南京	11.4	2.2	—	-5.3
无锡	-11.7*	-21.1	-4.9	-9.1
常州	-13.6*	-8.2	-1.2*	6.2
苏州	-4.8*	-24.7*	3.9	-31.9
南通	-8.6*	-2.8	1.1	4.6
盐城	-7.6	-2.2	-3.4	4.1
扬州	-13.9	-1.1	-7.6*	-2.5
镇江	-11.3	-0.5	-10.7*	7.8
泰州	-13.5	-13.6	-0.9	19.7
合肥	-8.2	3.4	-5.3	—
芜湖	-9.2	2.3	-10.3*	2.6
马鞍山	-11.7	-13.2	-6.3*	-3.1
铜陵	3.3	5.6	5.5	4.1*
安庆	7.9	14.8	7.7	18.7*
滁州	-7.0	-13.4	-12.4*	19.1*
池州	4.3	-1.0	-0.1	22.7
宣城	-16.0	-13.4	-8.6	-5.2

（资料来源：引自潘彪，黄征学《新发展格局下长三角地区制造业高质量发展的路径——基于产业分工合作的视角》）

2. 产业分工协作促进都市圈经济增长

都市圈由区域内一系列相邻或相近的城市组成，各城市自身资源禀赋、区位条件、市场规模及结构的差异性，为产业分工协作提供基础条件。产业分工协作不仅能够推

---

① 分工指数根据文献相关公示计算，数值越小表明两个城市间专业分工水平下降，数值越大表明两个城市间专业分工水平上升。表中 * 表示所对应城市处于都市圈内。该表格数据表明上海、杭州和南京为核心的都市圈，核心城市与周边城市分工指数下降，进入产业内分工阶段；而合肥都市圈分工指数上升，仍以产业间分工为主。

动城市自身产业结构演化，还可推动城市间形成有效合力以应对经济全球化及加剧的市场竞争环境，促进都市圈经济快速和可持续发展。一是强化产业链构建。产业链不同环节对生产要素组合要求不同，通过匹配最佳生产要素地区与合适产业链环节，发挥区域比较优势，才能构建都市圈具有竞争力的产业链。二是分工合作理念深化了产业协作程度。城市间逐渐抛弃了博弈角逐和地方市场分割的传统发展思路，积极寻求区域产业合作，实现区域经济共赢。三是提升整体资源要素利用效率。产业主体是各类企业，企业从事各类经济活动提升对土地、矿产、人力等资源利用效率，扩展都市圈经济发展空间[15,16]。

3. 创新驱动产业协同是都市圈发展新要求

都市圈产业结构调整是一个动态过程，现阶段对都市圈发展动力的可持续性更是提出了新要求，其核心动力不再是企业家主导的资本驱动，科学家主导的创新驱动变得更为重要[19]。以创新为驱动的产业转型和升级具有重构产业价值链的效用。一方面"产—学"互通强化产业与高校的根植性，充分利用高校地理邻近、用地多样的优势，促进都市圈邻近地域以创新引导产业升级。另一方面，创新研发成果向企业转化对生产环节的技术创新具有极大的正向影响[20]，创新成果能否支撑都市圈外围地域的产业升级形成区域性的产业结构补充，是影响未来都市圈产业结构紧密发展的关键。同时，单体城市创新驱动力量有限，而都市圈恰是能够实现要素流动、创新动能共享的区域载体，通过体制机制创新实现区域创新成果共享、转化，打造区域产业链，实现在创新驱动下都市圈一体化和分工协作更加紧密。

4. 都市圈空间集聚和辐射效应促进产业协作体系建立

从空间网络结构来看，随着基础设施和经济联系的加强，城市间逐渐形成了相互交错、联系紧密的网络空间结构，大大加强了都市圈城市间人流、物流、信息流、资金流等要素流动，成为促进区域产业协作的一种无形驱动力。从城市发展角度来看，中心城市周边形成了多个次中心城市和小城镇，依托交通干线实现的更便捷紧密的区域联系使中心城市的辐射圈层逐渐外延，使更多交界区域获得产业新动能和发展红利，孕育了以承接产业发展为核心的县级区域，是补齐区域发展短板的最佳载体[21]。

二、产业协作的关键问题

1. 利益博弈阻碍区域产业合作

产业协同发展的目标是在利益一致的基础上，实现产业发展的效率、质量共同提升，都市圈合理有序的产业空间结构有赖于区域分工协作。虽然近年来大多都市圈都成立了联席会议、经济协调会等区域层面的协调沟通机制，一定程度上促进了城市间的产业合作，弱化了城市间的市场分割，但是区域地方政府间的产业合作始终未取得突破性进展。由于都市圈内各城市间资源禀赋、政治地位、经济水平等方面存在差异，导致城市间发展水平差距悬殊，相互间利益博弈矛盾突出，在沟通中存在"大门打开，小门未开"，具体落实推进在基层还存在许多障碍 [22]。此外，行政和经济管理制度在一定程度上制约了区域合作和开放，都市圈内部产业结构与区域发展不适应，各方虽然在长期整体利益上具有一致性，但由于局部利益和具体目标取向不同，产业协同难以推进。

2. 城市间产业竞争大于合作

现行的税收、投资等政策及政绩考核都以行政区划为基础，各城市产业规划缺乏衔接，各行政区有自己的产业规划及配套的相关制度，政府在资源配置中角色容易出现错位、缺位，影响产业协同发展。各城市立足本地经济发展需要，从而忽视自身在都市圈层面的功能布局，没有从更高层次、更大空间范围规划本地产业发展方向，对自身发展优势认识不够清晰，多个都市圈城市在重点产业、优先发展产业、培育发展产业有趋同现象。区域内城市间产业竞争关系大于合作关系，不仅造成重复建设、资源浪费，也阻碍了都市圈产业协同发展。

3. 产业园区合作平台仍需体制突破

产业体系协作落实到具体的载体和空间上，主要以各类协作产业园区为平台载体。通过对都市圈内各类产业园区整合提升，将发展潜力较大、创新能力较强的产业园区平台进一步做大做强，提升发展能级；将层次不高的产业园区进行整合归并，进一步提升实力，是强化都市圈城市间产业合作、深化科研创新驱动的重要方式。当前在产业园区协作上，共建产业园区、产业园飞地、园外园等协作模式已经出现，但在体制创新上仍需要更大的探索突破，将产业协作发展、创新合作落到实处，真正促进都市圈产业间的协作协同。

4. 创新能力差异化突出，创新资源共享不足

都市圈内部创新能力分化明显，不平衡问题突出，中心城市贡献了主要创新发展动能，集聚了最优创新资源，而都市圈非中心城市创新动能则尚显不足，人才资源流失尤为显著。根据 2019 年发明专利授权量数据，中心城市发明专利授权量占都市圈发明专利授权量的 55.7%，特别是在发展型、培育型都市圈中，中心城市发明专利授权量占比更大（见图 2-13）。都市圈内创新协同体制机制不够完善，2019 年全国都市圈内城

市间发明专利合作授权量仅为总量的 8.9%。创新要素流动不充分，协同创新园区、区域创新走廊、共建园区等区域协同创新平台建设较少，创新体系封闭，对创新合作模式的探索较保守，现仍以"中心研发＋周边制造"为主。此外，区域间对创新资源的激烈争夺也成为创新驱动产业协同的桎梏。

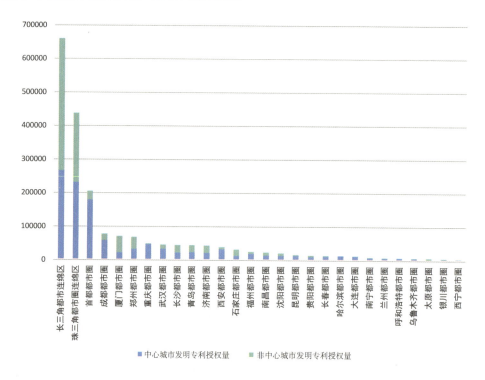

图 2-13　2019 年都市圈中心城市与非中心城市发明专利授权量情况

（数据来源：2020 年城市统计年鉴）

三、产业协作促进都市圈发展的主要实践

1. 政府引导：共建产业集群，促进产业链分工协作

在优化都市圈产业结构、协同布局产业生态圈方面，越来越多的都市圈在共建产业集群、中心城市企业引入、产业链分工协作等方面有所实践，产业协同共建实现更多项目落地。坚持政府引导协调，诸多都市圈就重点产业发展及产业链构建编制出台重点产业链协作发展的推进方案及政策意见。如武汉都市圈、深圳都市圈、南京都市圈等将中心城市产业有序向周边市镇转移，形成协同化产业布局；厦门都市圈、郑州都市圈、西安都市圈在共建产业园区、共建创新走廊方面有了更成熟的建设方案和管理机制；广佛同城在共建合作示范园区、共建融合试验区方面积累了较多先行先试的经验，为更高层面的产业协同作出示范。

专栏 2-10　政府引导下我国主要都市圈产业协作进展

深圳都市圈

2019 年 8 月《中共中央国务院关于支持深圳建设中国特色社会主义先行示范区的意见》出台，强调推进深莞惠联动发展，促进珠江口东西两岸融合互动。东莞地处广深两大中心城市之间，得益于良好的产业结构及经济基础，人流、资金流、物流互通有无，与深圳形成了明显的产业分工与协调，深圳市与东莞市联动形成具有全球竞争力的电子信息和互联网产业集群，以"深圳创新＋东莞制造"推进产业协作进入良性循环。同时，作为深圳产业互联的选择地之一，东莞的人口吸引力持续攀升，人口素质和人才规模伴随着东莞的产业机构调整发生积极变化。

西安都市圈

西安市与咸阳市产业合作是西安都市圈建设重点内容，对于促进西安、西咸新区产业同构、错位互补格局形成具有重要意义。两市共同编制完成《西安市汽车产业链发展推进方案》《关于推进汽车产业发展若干政策意见》，为咸阳市下游配套企业提供政策支持。两市多次召集西电集团、隆基绿能、陕鼓集团等 30 余家单位召开座谈会，加强都市圈范围内配套。两市签订《西安咸阳旅游产业战略联盟合作协议》，实现旅游优势互补、提档升级。

珠三角都市连绵区

珠三角都市连绵区充分发挥中心城市在产业、资金、人才等方面的辐射带动作用，促进多地共建产业园区，至 2018 年年末，基本实现沿海经济带东西两翼、北部生态发展区和珠三角地区江门、肇庆、惠州等地市产业园全覆盖，推动珠三角区域产业一体化发展。至 2018 年年末，累计吸引 375 个超亿元工业项目落户共建园区。

目前，珠三角区域以广佛高质量发展融合试验区、广清经济特别合作区、广佛肇（怀集）经济合作区为三足鼎立的园区共建格局，为产业协同发展提供承载空间。共建园区间产业合作由产业功能疏解正向产业转型升级、生产优化布局转变。以广清经济特别合作区为例，园区开始注重引进优质企业，对企业的投资规模、环保成效提出更高要求，同时重点引进与园区相配套的产业，与已入驻企业形成配套。广清产业园清城园区产业发展向现代智能家居、汽车零配件、新材料、高新现代农业生物技术和食品美妆等 5 个方向集聚；佛冈园区则重点发展高端装备制造业、新能源及生物制药等。

2. 市场主导：多方力量参与，建立多层沟通协调机制

以产业协同发展为目标，在市场机制的引导下，更多的企业参与产业一体化构建进程，通过成立联盟、协会、商会等形式，共同建立合作园区、合作平台，促进都市圈产业协作。在市场主导下，更多社会力量的参与，在城市间建立了多渠道的沟通协调机制，各自优势得以发挥，发展收益得以共享，一定程度上消除了制度障碍和壁垒。如 2020 年 6 月，长三角各城市共同成立了长三角企业家联盟，并建立长三角企业参与一体化战略的服务平台。联盟由长三角地区重点产业、支柱产业的龙头企业和相关行业商会协会的主要负责人组成，突出市场化运作，探索成立产业委员会，围绕长三角地区鼓励发展的重点产业，把"一市三省"相同或相近的行业协会商会、行业龙头企业等联合起来，共同推动长三角产业协同发展，实现跨地域、跨所有制联合。

第四节　公共服务同城化与均等化程度有所提升

一、以公共服务同城化与均等化为抓手促进都市圈高质量发展

公共服务是政府直接或间接为公众提供并为所有人共享的服务和设施，涵盖教育、医疗、文化、体育、保障等各个领域。作为公共物品，公共服务分配的公平公正性是衡量居民生活质量的重要标准。作为我国社会发展的重要目标，基本公共服务均等化的实现是社会主义国家实现人人共享社会成果的必然选择。基本公共服务兼具服务特征与物品特征，与公共产品具有相似的概念内核，其本质是一种类似于社会救济、义务教育等形式的兜底性服务。都市圈基本公共服务均等化和一体化则是以"保底标准"为底线，允许存有一定的、合理的差异性，强调绝不能轻易落入"平均化"的窠臼，而应满足每个公民无论在哪个地区都能获得大致均等的基本公共服务。实现公共服务一体化和均等化是一个系统工程，其本质是土地、住房、基础教育、医疗资源在都市圈内互补的分享过程。通过大中小城市公共服务均等化和一体化，逐步推动城乡公共服务均等化和一体化，最终实现区域内整体公共服务的均等化和一体化。

都市圈作为社会经济高度一体化的区域，区域公共服务一体化和均等化将是区域内人口自由流动的关键考量因素，因此公共服务一体化和均等化应是都市圈协调发展的重要目标和重要载体。随着我国城镇化进入下半程，对美好生活的追求和向往对人口迁移流动的影响在日益扩大，公共服务水平高低也是居民感知城市发展的最直接体现，公共服务的供给规模和质量已成为决定区域价值的核心因素。因此，在都市圈协同发展进程中，需要同步合理配置以教育、医疗、文化等为代表的公共服务设施，补齐基础公共服务建设短板，满足各类人群需求，有利于推动中心城市功能向外扩散，推动都市圈人口导入、产业重构及区域整体发展水平提升。另一方面，人口的空间流动、产业的空间变迁是重塑都市圈空间的关键力量，而打破公共服务保障跨行政区域壁垒、合理配置公共服务设施体系，能够有效保障居民享受合法权益，避免因地区差异而阻碍居民享受相对均等化的公共服务设施，是建设宜居、宜业、宜学、宜养都市圈的根本前提。

二、公共服务同城化的关键性问题

1. 都市圈各城市发展水平和财力差距过大

受我国现行财政体制的制约，公共服务的供给大多是由地方财政资源的投入和分配决定的。一是，由于公共服务占政府公共财政支出比例一般较低，供给过程中普遍存在供给不足和供给不均问题，影响都市圈基本公共服务均等化水平。二是，在供给不足情况下，政府某种行为会导致都市圈内供给不均，进一步加剧都市圈基本公共服务非均等化差异。三是，都市圈内各城市经济发展水平和财政支出能力存在差距，中心城市的极化效应将直接影响基本公共服务供给的数量和质量，进一步阻碍都市圈整体基本公共服务的均等化进程。以成都都市圈为例，成德眉资四市基础教育水平相近，万名学生专任教师数差异较小，但医疗服务水平差异较大，成都市万人拥有执业医师达 38 人，眉山市则仅为 15.3 人，不及成都的一半。

2. 都市圈公共服务供给市场化不足

长期以来，我国基础公众服务供应还是以地方政府为主导力量的垄断型供给模式，地方政府负责公共服务的投入、建设、分配，集决策者、提供者和监督者于一身，并未突破各城市间行政区划的壁垒。一是，这种单一供给模式忽略了民众现实的需要，无法满足民众对基础公众服务的实际需求，造成上级决策与基层执行、集中供给与多元化需求的矛盾，导致基本公共服务总体不足与局部浪费并存的局面。同时，随着社会经济的发展，城市居民必然会产生不同的公共服务需求层次和公众偏好差异，单一供给无法满足多元化需求。二是，该模式排斥其他社会组织和市场力量的介入，导致公共服务供给缺乏良性竞争机制，降低供给效率和质量；而以价格机制为核心的市场也不能使公共服务的生产和供给达到最优，在提供公共服务上会出现市场失灵。三是，城市间各自为政的基本公共服务供给模式制约着基本公共服务的跨行政地区转移，从而增加了名师、名医、人才等公共服务资源要素的流动成本，加剧了不同城市间基本公共服务的非均等化，制约都市圈经济一体化均衡发展。

3. 都市圈公共服务均等化缺少有效协调机制

当前我国都市圈推动公共服务均等化工作中普遍缺乏统一的规划和标准，尚未建立区域公共服务的总体布局和推进目标。一是，都市圈内公共服务的共建共享机制难以形成有效的衔接和流转，缺乏相应的配套措施和体制机制。公共服务合作机制还未达成深度共识，在医疗检查结果互认、异地就医结算、社保转接、多点执业、应急协调、联防联控等方面尚存在区域行政壁垒，亟须推进建立深度合作机制[16]。二是，区域公共服务均等化的绩效评估体系缺乏相应的激励和约束机制,并未将区域基本公共服务均等化纳入政府绩效考核体系。三是,公众对政府公共服务的评价体系中缺失有效的行政问责制、听证制度等。公众对公共服务评价能力比较低,公共服务评价的方法与技能匮乏。

4.都市圈公共服务同城化制度与法律缺失

在我国体制下,公共服务主要由地方政府供给,各地政府公共服务自成体系,供给标准不统一,缺乏保障区域间各政府供给标准统一协调的机制。同时,基本公共服务均等化需要高度法制化的保障,以西方发达国家为例,其公共服务均等化法律制度比较完善。反观我国都市圈,普遍存在制度缺失与立法不足的现象,各地区尚未出台相关基本公共服务均等化的立法或约束性的法律体系,仅有少数地区出台少量政策性引导文件。各地政府在公共服务提供中,机会主义行为倾向比较明显,也使得地区之间公共服务难以衔接与匹配[23]。

三、公共服务均等化促进都市圈高质量发展的主要实践

都市圈公共服务均等化是都市圈协同发展的基础保障,目前我国主要都市圈在教育资源、医疗服务、社会保障均等化等方面已经积累了一定经验并展开了一系列有益探索。

1.教育资源同城化与均等化

在教育方面,本研究中识别34个都市圈中,已有14个都市圈采取城市间合作办学的方式推动都市圈内教育资源的均等化。依托中心城市优质教育资源,立足协同扩大优质教育资源供给,促进资源优势互补和有序流动,积极推动都市圈教育领域合作。逐步完善都市圈教育常态化合作交流机制,促进区域教育合作、师资交流。依托"互联网+教育"数字化、网络化、智能化新技术手段推动都市圈教育资源共享。鼓励开展城市间伙伴学校合作办学、设立异地分校区、成立跨城市教育联盟等多种形式的探索,推动都市圈教育资源均等化供给。

专栏 2-11　我国主要都市圈教育资源均等化进展

常态化合作机制

2020年,南京市与马鞍山市、滁州市分别签订为期三年的教育一体化合作协议,共同推进南京都市圈教育一体化高质量发展。约定定期召开教育行政主要负责人联席会议,重点交流教育改革发展经验;建立教育资源共享机制,建立教育信息互通共享平台;推进

中小学校交流研讨；推动职业教育合作办学，建立中、高等职业教育合作办学运行机制；建立校长挂职、教师交流、青少年交流互访机制等。

新技术手段促进教育资源共享

新冠疫情期间，南京教育系统充分发挥"名师空中课堂·金陵微校"等在线教育平台作用，积极开展在线教学工作。在为南京学生提供免费优质在线教育服务的基础上，主动联系都市圈相关城市，将录制好的网络教学资源免费供都市圈相关城市学习使用。

教育资源合作

厦门市双十中学、外国语学校等分别在漳州市台商投资区、泉州市石狮等开办分校。漳州市允许交界地区乡镇居民子女义务教育阶段根据实际情况跨区域就近入学。

陕西省政府、教育厅加快陕西省区域教育均衡发展，探索跨区域办学新路径，通过一对一帮扶深化教育改革、提升教育质量。西安小学与延安市宝塔区杜甫川小学合作办学，西安高新一中与榆林高新完全中学结对为伙伴学校。

2. 医疗服务同城化与均等化

医疗方面，34个都市圈中有27个建立了跨城市共建医疗机构、医联体、医疗联盟等，稳步推动医疗服务在都市圈内均等化。长三角、首都都市圈初步尝试异地门诊费用直接结算，深入实施跨城市医联体建设。长三角地区已实现医保"一卡通"，保障门诊和住院费用跨省直接结算，同时在长三角一体化示范区内已实现免备案跨区域就医医保结算，无须备案即可直接刷医保卡结算。南京都市圈逐步完善都市圈医疗协作体系，依托智慧医疗平台，通过"互联网+"模式，在医疗资源协作方面进行创新探索。

专栏 2-12　南京都市圈医疗服务均等化进展

医联体建设

南京都市圈广泛开展医疗领域合作，积极推动优质医疗资源共享，加快建设都市圈医联体。南京市主要三甲医院通过组建医疗集团、医联体、专科联盟等形式，在都市圈内广泛开展技术合作与学术交流。以南京鼓楼医院为例，与都市圈内10多家医院建立了疼痛、生殖、泌尿、血管等9个专科联盟，并通过建设卒中、胸痛、房颤、心衰、大血管、危重症孕产妇以及创伤中心，与南京都市圈近30家医院建立了合作关系。

"互联网+"智慧医疗平台

南京都市圈依托智慧医疗平台，实现都市圈挂号服务一体化、医学检验检查报告的异地查询、远程医疗服务系统三大功能。

1）挂号服务一体化

建成"南京都市圈统一预约挂号服务平台"，都市圈城市的市民通过电话预约或使用手机、电脑登录网上服务平台，就可以选择在都市圈8个城市（金坛及溧阳正在对接中）

的 163 家医院 11484 个医学专科进行预约挂号服务。目前预约挂号服务量累计达 2300 万人次。

2）医学检验检查报告的异地查询

建成南京都市圈医学检验报告查询系统。南京、镇江、扬州、芜湖等 4 个城市的医院已向南京市卫生信息平台累计上传各类医学医检报告近 2 亿份。市民通过登录南京 12320、健康南京等网站，可随时查询相关医学检验检查结果。在方便查询的同时，也减轻了患者重复检查的负担。

3）远程医疗服务系统

南京市依托鼓楼医院、省人民医院、市第一医院分别建成了远程会诊、远程影像、远程心电、远程临检等 4 大远程医疗中心。按照"一个主业务中心、多个分业务中心"的远程医疗协同模式，在都市圈城市分两批共建成 11 个远程会诊中心，6 个临检诊断中心、8 个影像诊断中心和 8 个心电诊断中心，都市圈 7 个城市设立了业务中心，为一些疑难重症患者开展远程会诊。

3. 其他领域同城化与均等化

在政务服务方面，长三角地区"三省一市"通过协同布局新一代信息技术，普遍推进政务服务"最多跑一次""不见面审批""一网通办"以及数据共享等改革，大大提升了地区智能化治理水平与群众满意度。在公积金方面，江浙沪皖四地实现公积金购房提取业务标准统一。在便捷出行方面，公共"一卡通"城市通用落实，全国 245 个地级市联合发行"公交联合卡"。

专栏 2-13　长三角"一网通办"政务服务地图

2021 年 5 月 27 日，长三角"一网通办"政务服务地图正式上线，区域内居民迎来更多"同城服务"。长三角"一网通办"政务服务地图汇聚了沪苏浙皖"三省一市"各类政务服务场所、服务事项、数据资源，同时覆盖区域 6.9 万余个线下大厅。四地用户通过各自政务服务 App（随申办、江苏政务服务、浙里办、皖事通）进入这一数字地图后，系统就能精准识别办事需求，智能推荐最佳办理方式。同时，由于链接了地理信息公共服务平台，该系统还能直观展现窗口地理位置、受理事项、服务时间等信息，方便企业和群众查询信息、就近办理，让跨省业务办理更轻松。四地还签署了《长三角地区电子证照互认应用合作共识》，具体内容包括：创新电子证照亮证解码融合，用户通过各自的政务服务 App，能够实现电子身份证入住宾馆，电子驾驶证、行驶证、交通运输证等路面扫码核验；搭建统一照片库，区域内居民可以一次拍照、多次复用。此外，四地还统一了公积金购房提取业务标准，推动跨省户口迁移、医保关系转移接续，实现异地就医门诊费用直接结算等。截至目前，长三角四地共实现 116 项事项跨省通办，全程网办办件 464 万余件；设立 567 个通办窗口，实现 41 个城市（地级市）全覆盖；实现身份证、驾驶证等在内的 30 类高频电子证照共享应用，其中电子亮证 1184 万次、证照共享 4.3 万次。

第五节　生态环境共保机制稳步完善

一、以生态环境协同治理为支撑，巩固都市圈发展基础本底

生态环境协同治理是都市圈治理的重要组成部分，良好的生态环境是都市圈经济社会高速发展、参与国际竞争的基础本底。但都市圈作为人地关系紧密且活动频繁的区域，其生态系统布局与高强度人工活动存在一定的矛盾。同时，行政区划的刚性约束和利益分割与区域生态环境的整体性保护之间矛盾尚存。在两对矛盾的双重作用下，当前我国跨区域生态环境问题频发，需要借助都市圈层面协调共治实现生态空间的有效治理。

1. 生态环境协同治理有利于保障区域生态安全

生态安全是都市圈经济社会发展的核心基础，都市圈生态环境也具有很强的整体性。都市圈生态环境协同治理的目的在于，维持和保障承载都市圈高强度经济社会活动的生态系统处于稳定、可持续状态，避免生态环境遭受威胁和破坏。在都市圈内，通过跨区域生态环境协调治理，能够有效防范区域生态危机，科学识别、规避、消除生态风险，调解经济社会发展活动与自然环境之间的矛盾与冲突，保障区域生态系统保持平衡稳定状态，促进区域生态健康可持续发展。

2. 生态环境协同治理有利于促进区域公平

生态公平是社会公平的重要组成部分，也是生态文明观的价值体现。通过都市圈生态环境协同治理，厘清不同主体的生态责任，理顺多方利益关系，建立有效的生态补偿机制，将为构建都市圈生态公平格局奠定坚实基础。在环境治理方面，推动区域达成共识，建立协同治理机制，明确治理责任，避免因权责不清导致区域生态环境恶化或对区域合作产生负面影响。在利益共享方面，通过建立有效的生态补偿机制，对都市圈内生态服务供给者、发展牺牲者提供经济形式为主的补偿，促进生态服务生产与消费的良性循环，保障区域生态服务功能的持续供给，实现区域生态公平[24]。

3. 生态环境协同治理有利于协调保护与发展的矛盾

生态环境问题已经逐渐成为制约都市圈协调发展的重要因素。通过都市圈层面生态环境协同治理，借助建立完善的法律政策体系和财税体系，优化区域产业结构等手段，有效打破行政区域、部门管制界限和地方保护主义，突破利益藩篱，强化环境治理的整体性[25]。同时，引入企业、社会公众等多元主体参与环境治理，构建有序、可持续、相互协调的环境治理架构[26]，实现都市圈生态环境可持续发展。

二、生态环境协同治理的关键性问题

1. 协同机制仍有不足

当前都市圈跨区域环境协同治理在大气、水环境治理等领域均取得了长足的进步，多数都市圈已建立了水资源、大气资源共保共治等相应体制机制。但受行政区划和管辖权限的制约，协同治理仍普遍存在"各管一段、各自为政"的碎片化管理状态，难以突破行政单元的限制。当下主要依靠会商、通报等软性协同模式，缺少强有力的协同管控合力[27]。当前我国都市圈跨区域联合执法监督力度仍显不足，应将跨区域生态治理作为整体来进行评价、考核，并争取在联合执法、共同监督、考核评价等方面形成更完善的机制。同时，在跨区域污水、固废治理的基础设施建设等方面，仍缺少更加明确的投资、实施、运营等协同机制。

2. 生态补偿机制缺失

都市圈生态环境具有高度的整体性，在一体化发展的框架下，受各城市自身环境地理因素、经济因素差异的影响，必然存在"生态供给者"和"生态消费者"的区别，而建立合理有效的生态补充机制是解决区域利益冲突的重要手段之一。但当下我国实践中仍缺少都市圈层面的生态补偿机制。虽然依据公开政策文件分析，本研究识别的34个都市圈中有28个均在省、市层面出台了健全生态补偿机制的相关政策文件，但相关机制实施成效甚微。可见，我国尚未在生态补偿标准、补充方式等关键领域探索出成熟完善的体制机制，无法有效处理"生态供给者"和"生态消费者"利益争端，"生态供给者"为谋求发展可能被迫面临以破坏环境换取发展机会的窘境。

3. 社会参与程度低

为实现都市圈生态环境协同治理的目标，并非单纯依靠政府强制力就能实现，更需要多元主体的参与。当前都市圈生态环境治理仍以政府主导、自上而下的封闭治理模式为主，市场、公众等多元社会主体的参与广度、深度均不足。一是，尚未发挥市场主体作用，应进一步明确市场责任、环境违法行为处理方式。二是，缺少社会组织参与跨区域生态治理的路径渠道，难以发挥第三方机构在生态环境治理中的作用；三是，缺少公民参与生态环境监督制度设计，应探索建立居民参与生态环境保护公益诉讼机制，建立居民参与督查和评估的机制[28]。

三、生态环境协同治理促进都市圈绿色发展的主要实践

都市圈生态环境协同治理是都市圈协同发展的重要组成部分，我国主要都市圈规

划和建设贯彻绿色发展理念，在生态环境共保共治、创新生态产品生态价值、构建横向生态补偿机制等方面进行了一些有益的探索。

1. 生态环境共保共治机制逐步完善

随着都市圈实践的推进，大多都市圈在生态环境共保共治领域取得了长足进展。以成都都市圈、银川都市圈、南昌都市圈为代表，当前 34 个都市圈中有 22 个均制定了城市群层面或都市圈层面的跨区域环保联合执法监管机制。特别是长三角生态绿色一体化发展示范区，提出到 2022 年基本形成"三统一"制度体系，即生态环境标准统一、环境监测统一和环境监管执法统一，着力突破行政隶属、行政边界限制，探索实施跨区域生态环境一体化管理模式机制。

专栏 2-14　长三角生态绿色一体化发展示范区生态环境管理"三统一"制度

长三角生态绿色一体化发展示范区印发《长三角生态绿色一体化发展示范区生态环境管理"三统一"制度建设行动方案》。行动方案明确到 2022 年基本形成"三统一"制度体系，主要内容包括生态环境标准统一、环境监测统一和环境监管执法统一的工作目标、主要任务及制度保障，并明确了三方面 56 项具体工作清单。

标准统一

以"一套标准"规范示范区生态环境保护工作，重点推进"三个同步"。一是同步落实示范区重点行业全面实施大气特别排放限值。二是同步推进标准阶段性研究发布。三是同步研究标准制定修订工作流程，建立符合示范区特点、便于操作的标准制定修订统一发布模式。

监测统一

完善以"一张网"统一生态环境科学监测和评估，重点建设"三个体系"，包括完善生态环境质量监测评估体系、强化污染源监测监控体系、建设环境预警应急监测体系。

执法统一

强化用"一把尺"实施生态环境有效监管，组建一支生态环境联合执法队，实现跨界执法协作互认，形成示范区执法人员异地执法工作机制；建立一套执法规程，统一示范区执法事项、执法程序和裁量标准，建立健全案件证据互认、处罚结果互认机制。

---

2. 探索创新都市圈生态补偿机制

生态补偿机制是都市圈生态环境协同治理的重要保障，近几年部分都市圈在生态产品市场化改革、环境权益交易等领域进行了探索。福州都市圈创新都市圈生态产品价值实现机制，推动林业金融创新，建立环境权益交易体系。杭州都市圈内杭州、黄山两市依托新安江—千岛湖生态补偿试验区，探索建立排污权等初始分配与跨区域交易制度，完善上下游资金、产业、人才等市场化、多元化生态补偿。

专栏 2-15　福州都市圈探索生态产品价值实现机制

闽江是福建省母亲河，流域面积占全省面积的一半以上，闽江流域山水林田湖草生态修复工程列入国家第二批试点工程。工程实施以来，福州都市圈中的福州、南平、宁德三地市共同探索建立上、下游生态补偿、利益共享机制，闽江流域自然生态显著改善。截至 2019 年 10 月底，全省完成投资 83.79 亿元，占总投资的 70%；国家下达的 3 类 17 项指标中，8 项指标提前达到国家考核要求，闽江流域生态环境质量持续改善，资源环境承载能力显著提高。

探索生态产品价值实现机制，林业金融创新走在全国前列，完善推广福林贷、惠林卡等"闽林通"系列林业金融产品。累计发放贷款 63.37 亿元，受益农户 5.7 万户。在全省环境高风险领域推行环境污染责任保险制度，全省累计投保环责险企业 1707 家（次），累计提供环境风险保障金额 28.21 亿元。建立环境权益交易体系，在全省所有工业排污企业全面推行排污权交易，累计成交额突破 12 亿元，近六成的交易额发生在企业与企业之间，位居全国首位。

第六节　区域协同治理体制机制的改革创新持续深化

一、以区域协同治理为龙头破除要素流动行政壁垒

都市圈是城市地域空间形态的高级形态，其发展的内生动力包括市场寻求要素优化配置、地方寻求更广泛合作下的经济社会发展、居民寻求更便利化和多元化的生活、国家寻求更合理的空间发展等，而在我国"行政区经济"制度的背景下，"僵化"的行政区与逐步扩张的经济区存在直接冲突，并制约着区域要素自由流动。因此，通过区域协同治理，可以明确区域协调机制和利益分配机制，统一市场标准，构建统一要素市场，逐步探索行政区与经济区适度分离的改革举措。

1. 建立区域协调机制是都市圈协同治理的基础

我国政府的管辖权限由行政区划分，但都市圈作为多个城市构成的区域空间形态必然包含多个行政管辖主体，如何避免不同行政主体间的"碎片化"，有效调解跨区域事务争端，是都市圈协同发展的关键，因此建立一套行之有效的区域协调机制，形成区域发展合力，将是都市圈协同治理的基础。在区域主义理论的指导下，纵观国内外都市圈区域协调机制经验，主要有建立区域政府、组建政府联席会、编制区域规划等模式[29]。例如，伦敦都市圈建立大伦敦政府作为区域协同法定政府机构；华盛顿大都

市区以大都市区委员会形式促进区域协调合作；日本首都圈依托完备的首都圈规划编制实施体系建立都市圈治理架构。我国近些年实践主要集中于构建区域协调机构和编制都市圈规划两方面。以长三角区域一体化为代表，在主要领导座谈会决策的框架下，由省级领导联席会负责协调统筹，并建立实体化机构具体执行，形成决策—协调—执行的三级协作机制。

2. 完善利益共享、成本共担机制是都市圈协同治理的保障

都市圈作为区域一体化发展的基本形态，其成员之间的共同利益交集是其发展的原动力。同时，都市圈发展建设仍需要一定量资金投入（跨区域组织运作、跨区域基础设施建设、跨区域生态保护等），建立合理有效的成本共担机制也是促进区域公平发展的重要手段之一。因此，从促进区域共同利益入手，建立健全旨在推动都市圈成员积极参与的利益分配和成本共担机制，研制有效的治理工具和政策，才能从根本上维护都市圈区域治理的合理性、有效性和长期性[30]。国际区域协调中主要采取设立区域发展基金、推动跨区域财税共享等手段实现利益共享、成本共担。我国都市圈实践中也存在成立一体化投资平台、建立区域生态补偿机制的相关探索。

3. 促进要素流动、构建一体化市场是都市圈协同治理的最终目标

都市圈的形成主要源于劳动力、企业等经济力量在空间上的扩张，区域间要素的流动强度也是考量和识别都市圈的重要指标之一。都市圈内部商品、劳动力、资本等要素的自由流动是其经济发展的基础，但受限于要素跨行政区流动存在的各种显性和隐性障碍，都市圈内部各类要素难以实现自由流动[31]。因此构建都市圈一体化市场，破除要素流动障碍，是推动都市圈经济社会更好更快发展的关键。其一，需要推动都市圈营商环境一体化，统一市场准入标准，实现企业登记与许可管理一体化；其二，推动都市圈市场监管一体化，统一市场监管标准，实现区域征信信息互通和区域市场监管执法联动；其三，构建区域一体化要素市场，发挥市场在要素配置中的作用，推动要素跨区域自由流动。

二、区域协同治理的关键性问题

1. 行政区与经济区矛盾突出，缺少区域层面协调机制

我国在计划经济向市场经济转轨过程中逐步形成"行政区经济"模式，但随着社会经济发展，经济区通过不断整合资源优化要素配置，逐步超出单一行政区范围向周边城市辐射，由此催生了稳定的行政区与动态扩张的经济区之间的矛盾。经济区的扩

张正是都市圈发展的内生动力，但我国政府分配资源的能力受级别和管辖范围（行政区划）和事权制约，地方政府作为相对独立的利益主体相互之间仍存在竞争机制，因此在都市圈协同治理中存在较为明显的"越位""缺位"与"错位"问题[28]。而在此背景下，地方政府之间的协同机制主要依靠自上而下的协调，而非自发的沟通合作。此外，受极化作用影响，中心城市对周边城市的发展优势将进一步扩大，这种不均衡式发展也在客观上制约了都市圈协同积极性。而当前我国都市圈协同治理中仍存在缺少顶层协调机制，各成员政府责权不清，协调机制、利益分享机制、法规政策不健全等问题，制约了都市圈形成协同发展合力。目前，本书识别的 34 个都市圈中仅有 15 个建立了稳定的都市圈协同发展协商机制、议事机制、工作机制等；仅 10 个都市圈组建了常设都市圈协调机构，仅长三角一体化示范区和成都都市圈建立了实体化运作的协调机构。

2. 要素市场一体化仍受到行政壁垒的显著制约

一是行政区划造成的市场壁垒依然存在，我国长期以行政区为单元组织生产和销售，商品流通市场中隐性壁垒多，商品销售市场准入机制尚未全方位统一；二是要素市场一体化涉及更多利益关系，部分都市圈产业同构现象严重，一体化建设推动的阻力大、难度高，在人才流动、金融市场分工、产权合作、信息共享等领域均存在客观障碍；三是缺少统一市场监管协调，仍存在各地监管标准不一致、市场联合监管范围偏窄、联合执法有障碍等问题，区域监管的协调性并不高。

3. 多元主体参与不足

治理区别于管理，需要更加注重多元主体的参与，包括市场、社会机构、公众等。但当前我国都市圈协同治理中市场与社会主体参与不足，治理主体仍局限于政府及不同政府组成合作组织[32]。一是没有充分发挥市场在都市圈经济社会发展中对各类要素配置的主体作用，缺少鼓励社会资本参与都市圈建设投资的体制机制等；二是缺少社会机构参与都市圈协同的机制，没有充分发挥智库、研究机构等社会机构对都市圈协同发展的指导作用，以及对都市圈治理理念的传播作用；三是缺少公众参与都市圈治理的有效渠道，难以发挥公众对都市圈发展的监督和约束作用。

三、区域协同治理促进都市圈协调发展的主要实践

都市圈体制机制一体化建设是都市圈各项重点建设任务落地的重要制度保障，也是都市圈打破行政壁垒促进要素流动的先手棋。我国主要都市圈除了在协商合作机制、

规划协调机制、政策协同机制积累一定成熟经验外，还在探索利益共享机制、深化要素市场配置等方面开展了大量有益实践。

1. 常态化协调机制稳步建立

建立常态化协调机制是都市圈持续健康发展的基础，当前我国主要都市圈绝大多数已依托省级政府牵头的党政联席会、都市圈发展领导小组等建立起都市圈协调机制，部分都市圈成立了实体化协调机构，具体负责制定都市圈发展规划，统筹协调都市圈发展重大基础设施、产业协作等项目落地，处理跨区矛盾利益争端等工作。例如，长三角区域一体化建立三级政府协调机制并成立长三角区域合作办公室（见图2-14），成都都市圈建立成德眉资同城化发展领导小组会和办公室等。

专栏 2-16　长三角区域一体化政府协商机制规格和功能渐进升级

1992年，"城市经济协作办主任联席会议"在地方政府的酝酿下自发设立。1997年，该机制升格为由各市市长参加的长江三角洲城市经济协调会，成员包括上海、南京、杭州、宁波、无锡、苏州等14个市及新设的泰州市，每两年举办一次市长会议。首届会议通过了《长江三角洲城市经济协调会章程》，对长三角城市经济协调会的基本宗旨、基本原则、基本任务、组织结构、活动形式等进行了系统的阐述和具体的规定，构建了长三角城市合作的基本框架。会议还就旅游、商贸合作进行了专题讨论，确立了以专题研究推动区域合作的模式。2001年沪苏浙三省市常务副省（市）长参加的"沪苏浙经济合作与发展座谈会"召开，直至2004年两省一市"长三角地区主要领导座谈会"的召开标志着长三角区域一体化发展机制上升到省级层面。同时经济协调会制度也在不断完善。2003年台州市进入长三角城市经济协调会，2004年将两年一次的正式会议改为一年一次，2006年经济协调会通过了经济协调会办公室工作会议制度、城市合作专题制度、财务管理制度以及经济协调会办公室新闻发布制度等，标志着长三角经济协调会在制度建设方面逐渐趋向完善。2008年安徽省出席长三角地区主要领导座谈会，长三角区域合作范围拓展至安徽省，经济协调会的成员范围也逐步向安徽省拓展。目前，长三角城市经济协调会运作机制日益规范，形成和完善了市长联席会议制度、办公室工作会议制度、专委会暂行办理办法、城市合作专题工作制度等，明确区域合作平台的议事流程。

长三角区域一体化发展成为国家战略后，2019年3月，长三角区域合作办公室成立，协同治理机制进一步升级。长三角区域合作办公室，由江苏省、浙江省、安徽省和上海市抽调人员组建而成，作为上下协同、四方联动的枢纽平台，负责制定长三角重点合作领域行动计划，依据行动计划抓好任务分解落实，发挥综合协调和督促落实等方面作用。出台《长三角地区一体化发展三年行动计划（2018—2020年）》，从机制层面保障了一体化发展的协调性和一致性。"三省一市"人大常委会开展立法对接，在法律层面上共同支撑和保障长三角区域一体化发展，进一步补充和完善了长三角区域一体化发展机制。

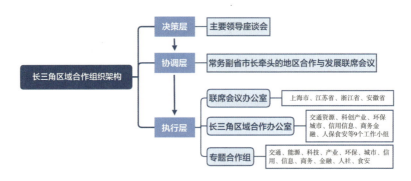

图 2-14　长三角区域合作组织架构

（资料来源：根据相关资料自绘）

2. 都市圈规划体系逐步完善

规划先行，统筹协调都市圈经济社会有序发展，当前我国主要都市圈已开始稳步推进建立以都市圈发展规划为龙头的都市圈规划体系，部分主要都市圈已完成发展规划编制，并上报国家发展改革委。2021 年 2 月 8 日，国家发展改革委发布关于同意《南京都市圈发展规划》的复函，南京都市圈成为第一个获得国家层面批复的都市圈发展规划，也印证了国家层面对都市圈发展的关注。成都都市圈在编制发展规划的同时稳步推进都市圈国土空间规划的编制工作，正在稳步建立以发展规划为引领、以国土空间规划为基础、以各类专项规划为辅助的都市圈规划体系。

3. 探索建立都市圈成本分担、利益共享机制

为保障区域协调发展稳步推进，都市圈成本分担和利益共享机制的建立与完善至关重要。长三角、珠三角等地区率先开展探索建立跨区域产业转移、重大基础设施建设、园区合作的成本分担和利益共享机制，完善重大经济指标协调划分的政府内部考核制度，探索建立区域互利共赢的税收利益分享机制和征管协调机制，探索建立区域投资、税收等利益争端处理机制。

专栏 2-17　南京都市圈开发区的产业转型和整体产业发展格局优化 [33]

2007 年以来，南京都市圈内逐步合作建成多家跨行政区的产业合作园区，包含政府与企业、园区与园区等多种合作模式、多种产业类型，如宁滁合作产业园、苏滁现代产业园、宁淮现代产业集聚区、南京经济技术开发区涟水工业园、江宁经济技术开发区淮阴工业园等，有力地推动了都市圈地区产业分工合作。例如，苏滁现代产业园借鉴苏州工业园区建设的成功经验，充分利用国家以及安徽省给予的各项优惠政策，在规划建设、产业培育、科技创新、招商引资、运营管理等方面取得全面进展。马鞍山博望区积极承接南京产业转移，发展与南京配套的相关产业，打造新能源汽车核心零部件产业园；句

容市宝华镇利用邻近南京仙林大学城优势，积极开展与南京大学、南京林业大学、南京工业职业技术学院等院校合作建设创新创业示范园。

同时，长三角绿色生态一体化示范区内，为理顺利益分配关系，探索建立了跨区域投入共担、利益共享的财税分享管理制度：推进税收征管一体化，实现地方办税服务平台数据交互，探索异地办税、区域通办；研究对新设企业形成的税收增量属地方收入部分实行跨地区分享，分享比例按确定期限根据因素变化进行调整；建立沪苏浙财政协同投入机制，按比例注入开发建设资本金，统筹用于区内建设。

4. 持续加强都市圈要素市场一体化建设

破除要素流动壁垒、建立一体化要素市场是都市圈经济发展的基础，国内都市圈在要素市场一体化领域开展持续探索。在市场监管一体化方面，长三角区域建立征信联动机制，包括跨区域守信激励和失信惩戒联动机制以及信用信息共享机制等，通过区域信用共管、信用信息互通，规范市场秩序、提升长三角整体诚信形象。在要素流动方面，长三角地区建立专利交易以及知识产权保护机制，通过设立专利技术交易平台，促进科技研发成果的高效转化和利用，充分发挥出长三角科技创新优势；同时，长三角生态绿色一体化发展示范区已实现专业技术人员执业资格、职称、继续教育学时等互认，破除人才流动限制。在商事制度改革方面，粤港澳大湾区取得显著突破，广东省对港澳地区实施更短的负面清单，实现港澳企业商事登记"一网通办"。近三年，广东省新引进港澳资企业 5 万多家，实际利用港澳资金达 3400 多亿元，深圳湾口岸货检通道、横琴口岸都实现 24 小时通关，体制机制的"软联通"正在加快落地。

专栏 2-18　依托河套深港科技创新合作区推动深港制度协同

河套深港科技创新合作区位于福田区南部，是深港两地地理上的中心点，坐拥皇岗、福田两个口岸，福田保税区一号通道跨境直联互通，具有"一河两岸""一区两园"的特殊优势以及独特条件。总面积近 4km² 的河套深港科技创新合作区是关于深圳和香港"全面制度规则衔接"的试验起步区。合作区突破了体制机制的束缚，推动深圳香港规则加速融合。目前已实现科研设备、科研人员在合作区内快速出入境；实现香港科研机构办事"信用＋秒批"，国内第一家由港澳投资的税务师事务所成立。未来放宽港澳涉税专业人士的执业限制等措施的推出，将吸引更多香港税务师到深圳工作。

5. 发挥一体化示范区先行先试作用，在重点领域探索突破

选取重点地区建设一体化发展示范区，对一体化发展重大领域开展先行先试，在

重点领域取得率先突破。以长三角生态绿色一体化示范区为例，相关规划 ① 重点聚焦在规划管理、生态保护、土地管理、要素流动、财税分享、公共服务政策等方面，探索可复制推广的制度安排。规划管理方面，建立统一编制、联合报批、共同实施的国土空间规划体系，搭建统一的基于地理信息系统（GIS）数据库的规划管理信息平台，推进一体化示范区各种规划成果统筹衔接、管理信息互通共享。生态共保共治方面，建立统一的饮用水水源保护和主要水体生态管控制度，建立跨区域生态项目共同投入机制。土地管理方面，探索跨区域统筹土地指标管理机制和项目跨区域一体化管理服务机制。要素便捷流动方面，推行人才资质互认共享，建立土地使用权、排污权、用能权、产权、技术等要素跨区域交易平台。财税分享方面，实施税收征管一体化和办税服务平台数据交互，共同出资设立一体化示范区投资开发基金，研究对新设企业形成的税收增量属地方收入部分实行跨地区分享。公共服务共建共享方面，探索部分基本公共服务项目财政支出跨区域结转机制，实施统一的基本医疗保险政策，构建跨区域医疗联合体，完善医保异地结算机制，开展异地就医急诊、门诊医疗费用直接结算试点等。

参考文献

[1] DURANTON G, PUGA D. Micro - Foundations of Urban Agglomeration Economies[J]. Handbook of Regional and Urban Economics，2004，4.

[2] 沈迟 . 走出"首位度"的误区 [J]. 城市规划，1999(2): 38.

[3] 宋迎昌 . 国外都市经济圈发展的启示和借鉴 [J]. 前线，2005(11): 51-53.

[4] 全球化与世界城市研究小组（GaWC）. 世界城市排名 2018[EB/OL].(2018-11-14）[2021-7-26]. https://www.lboro.ac.uk/gawc/world2018t.html.

[5] 高德地图 .2019 年 Q3 中国主要城市交通分析报告 [EB/OL].(2019-10-28）[2021-7-30].https://report.amap.com/.

[6] 倪鹏飞 . 中国城市竞争力报告 No.17: 住房，关系国与家 [M]. 北京: 中国社会科学院出版社，2018.

[7] 孙平 . 科学谋划都市圈行政区划　为区域协调发展提供有效支撑 [N]. 中国社会报，2019-05-13(2).

[8] 中国城市轨道交通协会 . 城市轨道交通 2020 年度统计分析和报告 [EB/OL].(2021-04-10) [2021-7-22]. https://www.camet.org.cn/tjxx/7647.

[9] 陈斌 . 都市圈圈层演化及其与交通发展的互动关系研究——以南京都市圈为例 [D]. 南京: 南京林业大学，2018.

[10] 李连成 . 现代化都市圈与市域（郊）铁路 [M]. 北京: 中国市场出版社，2020.

[11] 潘昭宇 . 都市圈轨道交通规划建设关键问题研究 [J]. 都市快轨交通，2020，33(6): 7-14.

---

①　《长江三角洲区域一体化发展规划纲要》尝试从项目协同向区域一体化制度创新迈进，在不改变现行行政隶属关系条件下打破行政边界，在上海市青浦区、江苏省苏州市吴江区、浙江省嘉兴市嘉善县（以下简称"两区一县"）等三省市交界地区高水平建设长三角生态绿色一体化发展示范区。

[12] 赵鹏军.破解京津冀交通一体化难题的七个抓手[J].前线，2021(1): 63-66.

[13] 陈望桂.市域（郊）铁路发展现状问题探讨与对策[J].铁道建筑技术，2021(6): 182-185.

[14] 翟斌.创新型都市圈产业结构优化研究——以长三角为例[D].南京：东南大学，2016.

[15] 李立国.基于产业专业化视角的京津冀区域协调发展实证研究[D].石家庄：河北经贸大学，2020.

[16] 罗守贵，李文强.都市圈内部城市间的互动与产业发展[M].上海：格致出版社，2012.

[17] 廉军伟.都市圈协同发展理论与实践[M].杭州：浙江工商大学出版社，2016.

[18] 潘彪，黄征学.新发展格局下长三角地区制造业高质量发展的路径——基于产业分工合作的视角[J].上海商学院报，2011（6）: 78-89.

[19] 高煜，张京祥.后新冠时代的都市圈发展与治理创新[J].城市发展研究，2020，27(12): 79-88.

[20] 姚潇颖，卫平，李建.产学研合作模式及其影响因素的异质性研究——基于中国战略新兴产业的微观调查数据[J].科研管理，2017，38(8): 1-10.

[21] 华夏幸福产业研究院.中国都市圈极限通勤研究[M].北京：清华大学出版社，2019.

[22] 邓文华.粤港澳大湾区产业协同发展的问题与对策研究[J].物流工程与管理，2020，42(5): 147-148+128.

[23] 鲁继通.京津冀基本公共服务均等化：症结障碍与对策措施[J].地方财政研究，2015(9): 70-75.

[24] 欧阳志云，郑华，岳平.建立我国生态补偿机制的思路与措施[J].生态学报，2013，33(3): 686-692.

[25] 党秀云，郭钰.跨区域生态环境合作治理：现实困境与创新路径[J].人文杂志，2020(3): 105-111.

[26] 张丽.区域一体化发展背景下跨区域环境治理的地方政府协同路径[J].经济管理文摘，2020(20): 57-58.

[27] 黄琴，杨芬，戴婧，等.南京都市圈环境风险管控协作机制研究[J].环境监控与预警，2021，13(1): 14-19.

[28] 陆林.构建多元主体协同治理的制度体系[N].安徽日报，2018-07-31(6).

[29] 洪世键.基于新区域主义的我国大都市区管治转型探讨[J].国际城市规划，2010，25(2): 85-90.

[30] 陶希东.欧盟跨国治理经验及对中国大都市圈治理的启示[J].创新，2021，15(1): 47-55.

[31] 唐为.要素市场一体化与城市群经济的发展——基于微观企业数据的分析[J].经济学（季刊），2021，21(1): 1-22.

[31] 胡剑双，孙经纬.国家-区域尺度重组视角下的长三角区域治理新框架探析[J].城市规划学刊，2020(5): 55-61.

[33] 杨柳青，季菲菲，陈雯.区域合作视角下南京都市圈规划的实践成效及反思[J].上海城市规划，2019(2): 49-55.

第三章 新冠疫情下的都市圈发展思考与应对

第一节　新冠疫情扩散研究的空间视角

新冠疫情在 2020 年初爆发，在疫情防控过程中，对于人口流向以及病毒扩散速度和扩散路径的追踪分析，也使得都市圈发展问题一度成为具有争议性的话题。

通过复盘整个疫情的爆发过程，发现疫情传播呈现与地理邻近性和社会经济联系高度相关特征。新冠肺炎病情具有一定的潜伏期和隐蔽性，加之疫情发生初期病例数量少，公众和相关部门对其认知有限，严重性和危险性预估不足，疫情传播在初期具有明显的隐蔽性扩散特征。2020 年的春运始于 1 月 10 日（农历腊月十六），而武汉是在 13 天后的 1 月 23 日（农历腊月廿九）凌晨才开始实施严格的封城措施，此时交通运输部预测的节前客流高峰已过去大半，返乡热潮接近尾声。随后，疫情在全国范围爆发，每日新增确诊病例在 2 月 4 日达到高峰（2 月 12 日湖北省增加临床诊断病例分类致确诊人数大幅增加，视为特殊情况），此时全国疫情基本形成以湖北省、长三角、珠三角、京津冀和成渝为严重地区的空间格局 [1]。其中，湖北省是全国疫情最为严重的地区，在空间分布上呈现明显的以武汉为中心向周围扩散的形态。鄂州和黄冈市是继武汉之后最先出现确诊病例的城市，随后是孝感、仙桃、荆州、荆门、宜昌、十堰等市，至 1 月 27 日神农架出现确诊病例，湖北省境内所有城市均被覆盖。

全国各省、自治区和直辖市新增病例、累计病例的相关统计体现出，疫情的空间扩散是一个随时间和空间推移而不断发展的过程，通过数量规模、空间格局、时间演化等方面的变化，形成一定地理空间模式，在一定程度上体现出从"场所空间"转变至"流空间"视角下人类活动的空间组织结构（见图 3-1）。中国科学院地理科学与资源研究所的相关研究将疫情的空间扩散特征进一步概括为邻近扩散、迁移扩散、等级扩散和廊道扩散四种模式（见图 3-2）[1]。高等级中心的枢纽作用发挥、密切的社会经济联系"流网络"、完善的交通运输网络带来的时空收敛效应等，是形成和加速这些扩散的重要因素，同时它们也是现代化都市圈发展的重点任务。加之疫情期间线上办公方式的普及一定程度上减少了人员集聚的必要性，因此，疫情爆发后出现了是否还应坚持以城市群、都市圈为主体形态推进城镇化建设的讨论。

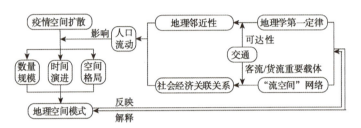

图 3-1　疫情空间扩展的研究框架

（资料来源：文献 [1]）

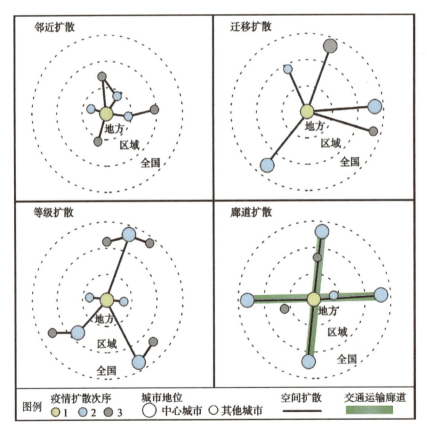

图 3-2　疫情空间扩散模式

（资料来源：文献 [1]）

第二节　疫情扩散引发对高密度聚集的反思

一、聚集性传播与医疗资源挤兑——密度之过？

据新闻报道，疫情爆发后，武汉封城之前，共计 500 万人流出武汉，其中封城前夜有 29.9 万人离开，但仍有 900 万人留在城内。与统计数据的 883.7 万户籍人口和 1108.1 万常住人口相比，新闻报道中的数字显示武汉城市实际常住人口密度可能更高。这一庞大的人口数量随着被认定为新冠疫情可能的传播源而受到关注和质疑。疫情初期，武汉市所有的医院人满为患，出现了明显的医疗资源挤兑现象，新闻中不断出现武汉城区高层住宅林立的小区内新冠肺炎确诊人数不断攀升的报道，以及病毒可以通过电梯密闭空间、下水管道等途径实现垂直传播的可能性，让人们对城市和对人口密度进一步产生恐慌。

人类历史上每次的大流行病（pandemic），城市均成为其风暴中心与灾难中心。近十年来，全球性重大疫情的爆发与全球快速城镇化过程紧密相连，疫情往往爆发于城镇化进程最快的地区，城市人口快速增加、高密集聚居和生产生活广泛联系等因素均为流行性疾病的大规模传播创造了机会。就新冠疫情而言，根据联合国人居署的报告，世界上 95% 以上的病毒感染病例分布在全球近 1500 个城市的城市区域 [2]。此外，随疫情而来的城市医疗资源的挤兑、城市正常生产生活和经营活动的影响，社会弱势群体的救助与保障问题，都在大城市和都市圈地区更为严重。每一次公共卫生事件的爆发，都伴随着对城镇化进程的重新思考。

专栏 3-1　人类历史上历次大流行病中城市所受影响 [3]

公元前 431 年到公元 541 年，古希腊雅典卫城、罗马帝国首都特里尔、东罗马帝国首都君士坦丁堡，先后分别成为斑丘伤寒、天花和淋巴腺鼠疫大流行风暴中心，有约 25% 的雅典城邦居民和约 40% 的罗马帝国首都居民死于非命。13—14 世纪，欧洲城市与城堡成为"黑死病"（鼠疫）的风暴中心，仅在 1347—1352 年就有 25% 左右的欧洲居民受害而亡。1918—2010 年，流感在全球盛行。其中，1918—1920 年，因"西班牙流感"，英国死亡 25 万人，法国死亡 40 万人，美国死亡 67.5 万人以上。1957—1958 年，因"亚洲流感"，全球死亡 10 万人以上。1968—1969 年，中国香港患"香港流感"者高达 50 万人。2009—2010 年，全球因"猪流感"死亡至少 15 万人以上。进入 21 世纪，冠状病毒开始大流行：2002 年冬—2003 年春，"非典"肆虐亚洲，2012 年在沙特再现；2019 年年底到现在，"新冠"在全球泛滥。

二、加速扩散——流动之过？

武汉是中部地区乃至全国重要的区域交通枢纽。国家卫健委流动人口服务中心根据 2017 年流动人口动态监测调查数据和 2020 年春节前互联网地图用户的数据，分析总结了武汉市流出人口的区域分布情况：流出人口以省内流动为主，占比为 60%~70%，孝感、黄冈两市位居前两位，流出人口比例均超过 10%（见图 3-3）；跨省流出人口约 5 成流向上海、北京、广东、海南、江苏等 5 省和直辖市，东部地区和北上广深等一线城市为武汉市流出人口的主要聚集地。从后续疫情的发展情况来看，武汉都市圈是国内疫情最为严重的地区，除本轮疫情的爆发地、中心城市武汉外，孝感、黄冈两市确诊案例最多。武汉市流出人口的分布与疫情集中爆发期各地疫情的严重程度具有显著相关性，多篇学术论文的模型分析也对此结论进行了验证。

除武汉都市圈及其所在的长江中游城市群外，首都都市圈及京津冀城市群，上海都市圈及长三角城市群，广州都市圈、深圳都市圈及粤港澳大湾区，成都都市圈、重庆都市圈及成渝城市群等均是新冠肺炎累计确诊病例数较高、增长数量大、分布较集中的地区。其中心城市虽然距离武汉地理距离较远，但由于航空、高铁和高速公路等快速交通网络的连接，城市之间的经济联系和人员流动更加密切，加剧了新冠疫情的传播，并进一步扩散到了其所在都市圈和城市群。这是城市时代公共卫生事件爆发会出现的必然局面，但并不是一个失控的局面。充分认知、遵循规律、科学判断和决策、快速响应和执行同样是城市和都市圈地区的优势所在。

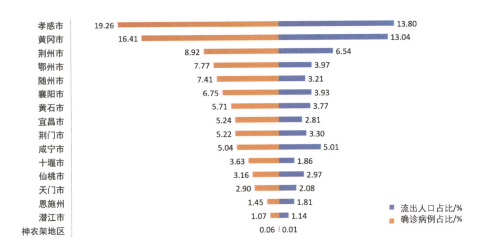

图 3-3　2020 年春节前武汉市人口流出与新冠肺炎确诊病例情况①

（数据来源：互联网人口迁徙数据、国家卫生健康委[4]）

---

① 人口流出占比为从武汉流出到该城市的人口与从武汉流出总人口的百分比。短期人口迁移数据为 1 月 10 日至 24 日，确诊病例数据截至 2020 年 2 月 17 日 24 时。

三、医疗资源不均衡——高首位度之过？

疫情爆发初期，疫情中心所在的武汉及其周边城市医疗资源挤兑和医用防护物资供应不足等问题是新闻媒体聚焦的重点，尤其是疫情同样严重的孝感、黄冈等城市，作为人口数超过 500 万的超大城市，医院爆满，城市最好的医院人手设备配置不健全等现象，暴露了武汉都市圈内部医疗条件不均衡的问题。湖北省有三级医院 130 个，其中三级甲等医院 70 个。武汉市有三级医院 61 个，其中三级甲等医院 27 个，约占全省的 40%。无论每百万人三级医院数量，还是每百万人三甲医院数量，武汉都远高于全国和湖北省。相比之下，黄冈、咸宁、孝感、襄阳、恩施、随州、宜昌等城市三甲医院数量不足，亟待提升（见表 3-1）。黄冈、咸宁、孝感三市紧邻武汉，在本地优质医疗资源短缺的情况下，三市很多居民前往武汉看病，反过来导致本市医院水平难以提高。华中科技大学沈昊驹团队对湖北省医疗卫生资源配置公平性情况的研究也显示，湖北省医疗卫生资源在地理上的配置明显不均衡，医疗卫生资源尤其是优质资源集中于武汉（见表 3-2）[5]。

表 3-1 湖北省各地区医疗卫生资源按人口分布情况（2018 年）①

地区	机构		医护人员			床位
	总数 / 家	三级医院	卫生技术人员 / 人	执业（助理）医师 / 人	注册护士 / 人	床位总数 / 张
武汉	0.348	3.39	8.65	5.98	4.26	7.61
黄石	0.450	0.81	6.80	2.13	3.27	6.06
十堰	0.815	2.07	7.39	2.57	3.33	7.66
宜昌	0.731	1.46	6.88	2.45	3.20	6.12
襄阳	0.573	0.53	4.86	1.72	1.50	3.20
鄂州	0.459	0.94	5.74	1.92	2.68	5.01
荆门	1.156	0.35	5.97	2.36	2.61	9.22
孝感	0.860	0.21	4.57	1.68	1.87	4.08
黄冈	0.675	0.32	5.15	2.01	2.17	5.24
荆州	0.587	1.05	5.12	1.92	2.15	4.68
咸宁	0.514	0.40	6.52	2.60	2.75	5.24
恩施	0.688	0.90	5.84	2.09	2.43	6.82
随州	0.709	0.46	3.98	1.96	1.57	2.51
仙桃	0.026	1.73	3.87	2.28	1.75	3.87
潜江	0.742	1.04	7.56	2.91	3.34	4.31

---

① 三级医院显示的分别是每百万人和每千平方千米配置的数量，其他资源显示的分别是每千人和每平方千米配置的数量。

续表

地区	机构		医护人员			床位
	总数 / 家	三级医院	卫生技术人员 / 人	执业（助理）医师 / 人	注册护士 / 人	床位总数 / 张
天门	0.713	0	4.20	2.14	1.64	3.58
神农架	1.068	0	5.22	2.34	29.82	5.60

（资料来源：文献 [5]）

表 3-2　湖北省各地区医疗卫生资源按面积分布情况（2018 年）①

地区	机构		医护人员			床位
	总数 / 家	三级医院	卫生技术人员 / 人	执业（助理）医师 / 人	注册护士 / 人	床位总数 / 张
武汉	0.435	4.24	10.80	7.47	5.32	9.50
黄石	0.241	0.44	3.64	1.14	1.75	3.25
十堰	0.116	0.30	1.06	0.37	0.48	1.09
宜昌	0.143	0.28	1.34	0.48	0.62	1.19
襄阳	0.163	0.15	1.38	0.49	0.43	0.91
鄂州	0.304	0.63	3.81	1.28	1.78	3.32
荆门	0.270	0.08	1.39	0.55	0.61	2.15
孝感	0.047	0.11	2.50	0.92	1.02	2.23
黄冈	0.243	0.11	1.85	0.72	0.78	1.89
荆州	0.238	0.43	2.08	0.78	0.87	1.90
咸宁	0.128	0.10	1.63	0.65	0.69	1.31
恩施	0.577	0.76	4.89	1.75	2.04	5.71
随州	0.161	0.10	0.90	0.45	0.36	0.57
仙桃	0.012	0.79	1.76	1.04	0.79	1.76
潜江	0.355	0.50	3.61	1.39	1.60	2.06
天门	0.351	0	2.07	1.05	0.81	1.76
神农架	0.025	0	0.12	0.06	0.70	0.13

（资料来源：文献 [5]）

这一现象在全国范围都存在，与基本医疗资源相比，优质医疗资源的首位度集聚现象尤为突出（见图 3-4）。根据中国社会科学院城市与竞争力研究中心课题组构建"城市医疗硬件环境竞争力指数"，北京、上海、天津、广州、武汉、成都、太原、重庆、杭州、西安位居前十名。行政级别越高的城市其三甲医院数均值越高，省会城市三甲医院数量可达非省会城市的 7~9 倍（见表 3-3）。新冠肺炎疫情，除了暴露了我国公共

---

① 　三级医院显示的分别是每百万人和每千平方千米配置的数量，其他资源显示的分别是每千人和每平方千米配置的数量。

卫生防疫系统的不健全不完善外，确实也暴露了我国都市圈、城市群内不同城市和地区医疗卫生水平的差距。

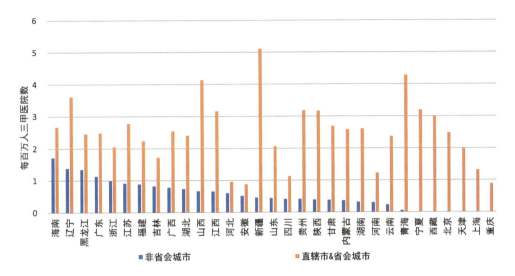

图 3-4　各省省会及非省会城市每百万人三甲医院数对比

（资料来源：提高中心城市发展能级和辐射带动能力的政策举措研究项目组）

表 3-3　按行政级别划分的三甲医院数统计

行政级别	城市数量	三甲医院数均值	三甲医院数变异系数
直辖市	4	0.736	0.400
副省级与计划单列市	15	0.331	0.373
地级省会城市	16	0.227	0.408
地级市	251	0.043	0.929

（资料来源：中国社会科学院城市与竞争力研究中心数据库）

四、客观评判和冷静反思

新冠疫情发生之后，针对疫情的传播和扩散现象，公众和一些学者，基于上述关于城市密度、城市间高流动性等的顾虑，提出重新反思甚至是告别大城市和都市圈的发展路径。但这结论正确与否，需要客观的评判和冷静的反思。

简单批判高密度、高流动发展路径是不客观的。《2009 年世界发展报告：重塑世界经济地理》指出，城市发展带来的人口密度上升是快速增长必需的要素之一，是城市效率和规模经济的体现。全世界约 1.5% 的陆地面积创造了 50% 以上的经济总量，在人口规模增长和城市化水平进一步提升的推动下，城市密度将进一步大幅提高，流动性也会进一步增强。高密度、高流动城市和都市圈地区与传染病爆发没有直接的联系。

根据天津中医药大学王玉兴教授的研究，从秦汉时期到清朝末年，古代中国人平均每 6.1 年就要面对一次重大疫情，清朝时甚至达到每 2.3 年一次 [6]。相比古代的城市，我国当代城市的密度高出若干个数量级，人口、物质及其他要素流动密度和强度更是不可同日而语，但是传染病爆发的频率比古代要低得多，这主要得益于医疗条件和环境卫生条件的大幅提升。

真正影响疫情传播的应是社交距离意义上的人口密度，只要控制社交距离，就可防止疫情传播，这样也不会失去正常状况下城市平均人口密度和流动性对经济活动的积极促进作用。经济发展和疾病风险是人口集聚和流动的两面性，短期的社交距离阻断能快速遏制疾病传播，但不能因此降低城市的人口规模、人口密度、人口流动性从而丢掉长期经济发展的基础。事实上，如果没有高密度城市和都市圈地区的资源聚集效应，一个地方医疗水平的提升和公共应急能力都会遭遇明显的天花板。规模经济能为居民提供更多数量、更优质、更便利的基础设施和公共服务资源，更合理的隔离手段，更完善的管理体系等。

但是，推进都市圈内部资源和基础设施分布的相对均衡，却是必要的。医疗资源的投入和医疗体系的布局应在整个都市圈范围内统筹考虑，而不仅仅局限于中心城市。这既可以在紧急事件发生时，应对压力过于集中在大城市的难题，也可以保障在大城市遇到危机时，不至于过于牵连次中心城市，从而在都市圈内部形成缓冲空间。

第三节　疫情防控与都市圈跨区域联防联控举措

在疫情防控阻击战关键时期，国家卫健委牵头成立上下联动、跨部门协作的肺炎疫情联防联控工作机制，打破单个城市主体、单个部门和单个地域的管控限制，引导各地从区域整体协调协同角度共同抗击疫情 [7]，都市圈地区成为区域疫情防控的主力战场。各都市圈通过在加强疫情信息互通共享、联合推进物资供给畅通、保障跨域通勤流动安全等方面多点发力，积极探索中心城市与周边城市协作联动机制创新，在全国各地建立起跨区域的联防联控协同体制机制，在阻止疫情的进一步扩散和尽快恢复经济社会稳定等方面起到重要作用。

一、迅速建立区域疫情联防联控体制机制

在过去数十年间，对于区域联防联控体制机制的探索大多集中于环境污染治理角度，以新冠疫情为代表的区域治理黑天鹅事件，为都市圈层面区域协同治理带来新的联防联控挑战。面对疫情，全国各地通过建立跨区域疫情联防联控指挥机构、制定疫

情联防联控联席会议制度等方式，探索制定跨区域、跨部门、跨城市的协同联动工作机制，发挥都市圈空间协同治理优势，实现区域疫情联防联控的高效互助。

新冠疫情爆发后，长三角"三省一市"迅速推出一系列疫情联防联控举措，一体化防控取得了显著成效。2020年1月29日，长三角一体化示范区率先在域内的主要道路卡口实现"站点合并，一站两检"，避免了因行政区划造成的重复设卡检测问题，大幅提升疫情防控管理效率。2月7日，长三角"三省一市"联合召开新型冠状病毒感染的肺炎疫情联防联控视频会议，审议通过了长三角地区新型冠状病毒感染的肺炎疫情联防联控近期合作事项，建立起"确诊和疑似病例密切接触者信息快速沟通、健康观察解除告知单互认、重大防疫管控举措相互通报和省际协调事项交办单、重要防疫物资互济互帮、供应保障和恢复生产人员物资通行便利"和"医疗诊治方案共享和危重病人会诊、应对长三角公共安全事件和应急管理工作"等"5+2"协同联动工作机制，并明确由三省一市常务副省（市）长牵头负责常态沟通协调。2月20日，示范区通过"一证互认"措施保障两区一县跨域通勤人员和物资运输车辆的往来管控。2月21日，嘉善县第一人民医院通过上海白玉兰远程会诊平台，请上海儿科专家对一名发热的4岁患儿进行了远程会诊，给出了明确的诊疗方案，避免了异地奔波，减小了交叉感染风险。这些案例都与示范区建立的联防联控机制息息相关，这些机制是一体化示范区在长三角防疫联防联控大框架下的探索和实践[8]。

京津冀三省市构建了政府层面协调、各专业部门对接和协同办统筹的协调机制，共同提出并细化了京津冀疫情信息互通制度、引导人员有序流动制度、生产生活保障物资通行便利制度、区域产业链配套企业和重点项目复工复产制度等10方面的制度措施，编制了需要各地相互支持的事项清单，涉及人员流动引导、物资保障、交通防疫和企业复工等共38条。此外，三省市卫健委也共同建立了疫情防控沟通、信息共享、疫情防控会商、疫情协查管控、诊疗方案共享和危重病人会诊五项协作机制[9]。

二、实时共享区域疫情相关信息，筑牢线上"防疫网"

疫情期间，以大数据、人工智能为代表的数字化技术构筑起跨区域疫情互联互通线上平台，为疫情防控攻坚提供了重要的治理利器，助力城市加速迈向数字化治理新时代。数据赋能都市圈疫情治理实现了跨区域疫情信息实时共享，在建立跨区域的健康警报网络、加强重点防控人群活动轨迹信息交换比对、联合开展疫情研判和风险评估预警、联合开展疫情防控协同治理等方面发挥了关键作用。

长三角一体化示范区内加强信息实时共享，特别是确诊或疑似病例密切接触者信息，加强防控人员排查登记信息、活动轨迹信息的及时推送、交换和比对，加强疫情防控重要举措出台的通报，实行分类分级联防联控，联合开展疫情研判和风险评估。三地相关部门运用共同的"长三角示范区发布"微信公众号平台，定期发布疫情防控、复工复产等防控宣传、权威信息和政策解读，方便三地居民和企业及时了解疫情、加强防控。粤港澳三地沿用非典后建立的传染病联防联控联席会议制度和《突发公共卫生事件合作协议》，在疫情爆发后积极主动进行沟通、协商和交流。针对疫情防控期间"三返"（返工返学返岗）形势，以及满足重点区域、重点场所分级分类管控需要，为了方便广大市民及待入杭人员正常出行，杭州市余杭区首先研发并在都市圈应用"杭州健康码"，借助"全人群覆盖＋全流程掌办＋全领域联防"等特点优势大幅提升防疫精准度和人员流动核查效率，后成为在全国范围推广的战疫举措创新典范。

三、切实保障区域内防疫和生活物资联动和供给

都市圈在一定程度上集聚了特定区域内的资源，共享性资源的整合升级是都市圈发展的重要任务之一。面对重大公共安全事件，以都市圈为基础搭建跨区域资源调度平台，能够加强都市圈与跨区域省份及中心城市的信息互通与资源联动，便于统筹调配区域医疗防护救助资源，为联合抗击疫情提供物资互助互济保障。

2020年2月16日，湖北省人民政府发布《关于进一步强化新冠肺炎疫情防控的通告》，提出全省重点医护物资生产企业的所有产品由省人民政府统一调配，并全力支持重点医护物资生产企业扩大产能，支持有条件的企业技改转产，加强对疫情防控一线工作人员的医护物资保障。上海市商务委牵头制定长三角联防联控重要防疫物资互济互帮工作方案，建立"三省一市"情况通报机制，编制长三角重要防疫物资产能清单。沈阳市协调辽宁凯斯达防护用品有限公司、沈阳浩宁商贸有限公司分别将35%、44%的口罩产品分配给辽阳、抚顺、沈抚新区等周边城市，缓解周边地区医疗物资紧张状况。疫情发生后，为应对"一罩难求"等防控物资严重短缺问题，广州都市圈内的广州市与佛山市签订《广佛同心共抗疫情合作备忘录》，迅速形成更为紧密的关系框架和应急机制，推动广药集团、广汽集团等与佛山必得福、佛山南新等企业开展合作，打通两市核心防控物资生产供应链，有效保障了地区疫情防控物资持续充分供给。此外，在生活物资保障方面，德阳、眉山等城市积极支持成都市农产品供应，2020年1月20日至2月23日向成都市投放新鲜猪肉2712吨。漳州市发放通行许可证，实现农产品在市内运输不开箱检查、不收费，确保厦门、泉州农产品供应。苏锡常都市圈苏州、无锡、常州联合南通、泰州五市要求公路交通网络、应急运输绿色通道、必要生产生活物资运输通道"三不断"，确保一方核准的车辆在全域便利通行[10]。

四、稳妥推进区域内和跨区域的人口流动

受跨区域交通便捷化和跨区域交流高频化的影响，都市圈和城市群地区内存在多城市人口经济高度紧密联结的关系，是疫情传播扩散的高风险地区和疫情防控阻击战的主战场。人员的跨域流动需求给疫情防控带来全方位的挑战，而以都市圈为媒介开展城际联防联治，能够对跨域人口流动规模、都市圈职住空间分布、城际疫情信息的互联互通等方面进行更为精准的把控[11]。疫情期间，在都市圈联防联治的治理思路引导下，区域防控经历了从单一城市或地区"围堵、封闭"转向城际跨域"跟踪、监测"的过程，能够在有效控制疫情传播的前提下保障人口跨域流动基本需求。

为了畅通应急物资运输，南京都市圈通过微信公众号为应急物资运输车辆"不见面"办理绿色通道通行证，至 2020 年 2 月 25 日累计发放 3344 张。长春都市圈对疫情防控物资运输开辟绿色通道，并自 2020 年 2 月 20 日起全面取消市际、县际、乡际、村际卡口检测点。

都市圈还通过检疫结果互认措施为区域间必要的人口流动提供便捷。北京市联合三河、固安等环京六县区，通过单位开具证明信、个人填报体温监测卡、居住小区出入证"一信一卡一证"方式便利跨界通勤，推动环京地区通勤人员 14 天隔离政策统一互认。上海市金山区与浙江省平湖市、嘉善县在互访的基础上，联合推出个人承诺书、企业承诺书、通行证"两书一证"互认通行机制，有效解决省界人员和车辆道口通行有关瓶颈问题。上海市嘉定区与江苏省昆山市、太仓市联合发放"工作通勤证"，持证人员测量体温即可通行，员工跨省通勤不再需要被反复隔离，也不再需要重复填写个人信息。针对车流高峰时段入沪车辆较多、通过时间需要 1 小时的情况，上海市在曹安公路安亭检查站机动车检疫通道中开辟高峰时段持有"工作通勤证"车辆专用通道。杭州都市圈率先推出"健康码"，大幅提升防疫精准度和复工核查效率，杭州市钱塘新区与海宁市长安镇往来人员互认通行证。

针对大量跨界通勤需求，各都市圈也在充分论证的基础上制定了符合实情也较为稳妥的应对措施。在做好防护工作的基础上，北京市自 2020 年 2 月 3 日起恢复通往三河市燕郊镇的 818 路公交运营，每天 78 个班次。南京都市圈内，南京市根据疫情形势变化和复工复产需求，恢复开行至宣城市等 6 条城际班线，南京市江北新区与滁州市来安县建立"定企业、定人员、定车辆、定时间、定线路"的管理模式，为 1000 多名跨省通勤工人开辟绿色通道[10]。

第四节　疫情常态化下都市圈助力复工复产和经济复苏

疫情防控的关键点在于最大限度减少人员跨区域流动，这极大地限制了日常生产经营活动的正常开展。利用都市圈内城际协作保障区域人口稳妥流动，是既避免人员大范围跨域流动，又尽可能保障生产活动有序开展的相机抉择，对于加快协调推进复工复产、保障区域经济稳步复苏有着战略性意义。习近平总书记在统筹推进新冠肺炎疫情防控和经济社会发展工作部署会议上提出，"要落实分区分级精准防控策略，打通人流、物流堵点，放开货运物流限制，确保员工回得来、原料供得上、产品出得去。产业链环环相扣，一个环节阻滞，上下游企业都无法运转。区域之间要加强上下游产销对接，推动产业链各环节协同复工复产。"

以成渝地区双城经济圈疫情复工措施为例，两省市政府通力合作实现疫情联防联控，多措并举推动重大项目及工业企业复工复产，保障返岗用工稳定高效对接。2020年2月21日，重庆市发展改革委赴成都与四川省发展改革委会商对接川渝疫情联防联控工作，形成了《关于川渝协同加强新冠肺炎疫情联防联控工作机制的有关建议》；3月1日，川渝联合签署《协同加强新冠疫情联防联控工作备忘录》，从疫情信息动态互通共享、人员流动互认互通、两地务工人员安全有序返岗服务协作、应急生活物资互帮互济、共保物资运输车辆通行、合并撤除交界处防疫检查卡口、社会治安联合管理、完善两地卫生应急联防联控长效机制等八个方面，全面建立新冠肺炎疫情联防联控工作机制[12]。截至3月3日，两地实现规模以上工业企业平均复产复工率97%以上，比多数城市复工时间提前一周以上。疫情联防联控工作机制的建立和一揽子保障措施的出台，为复工复产创造了条件，高效有序地推动川渝两地复工复产迅速顺利展开，进一步畅通人流、物流，接续产业链、供应链、资金链，在较短时间内把疫情对经济社会发展的影响降到最低，有助于加快促进地区经济复苏回暖，推动成渝地区双城经济圈建设。

2020年的GDP数据显示，在疫情冲击和全球经济持续低迷的背景下，主要中心城市及其所引领的都市圈的快速复苏成为疫情常态化下我国经济迅速重回稳定发展轨道的重要动力所在（见表3-4）。2020年中国逾九成城市增速为正，万亿城市扩容至23个，新增泉州、济南、合肥、南通、西安、福州6城，经济总量合计占全国的38%左右。GDP的百强城市也基本都分布在19家国家级城市群和相应的都市圈范围内。通过我国主要中心城市2020年4个季度及全年经济增速与全国平均水平的对比，也可以直观感受到在疫情常态化下，中心城市及其所引领的都市圈地区对我国经济复苏的贡献度。

表 3-4　我国主要中心城市 2020 年四个季度及全年经济增速与全国平均水平的对比以及 GDP 总量占全国比例

%

	2020 年第一季度 GDP 增速	2020 年第二季度 GDP 增速	2020 年第三季度 GDP 增速	2020 年第四季度 GDP 增速	2020 全年 GDP 增速	2020 年 GDP 占全国比例
全国	−25.68	21.03	6.42	11.82	2.99	100.00
北京	−24.81	17.17	9.27	8.26	2.07	3.55
上海	−26.61	20.92	4.68	14.61	1.43	3.81
广州	−9.22	9.77	13.38	15.92	5.88	2.46
深圳	−29.77	18.37	4.44	10.21	2.76	2.72
天津	−27.37	19.50	10.22	5.34	−0.15	1.39
石家庄	−2.68	16.70	−3.07	−2.75	2.15	0.58
太原	−21.56	13.06	14.45	13.12	3.10	0.41
呼和浩特	26.73	12.36	12.43	−17.61	0.33	0.28
沈阳	−26.55	24.85	9.07	10.65	1.57	0.65
大连	17.61	12.72	12.26	6.50	0.41	0.69
长春	−2.91	52.62	−7.38	9.19	12.43	0.65
哈尔滨	19.49	27.53	19.04	26.88	−1.25	0.51
南京	−13.70	3.62	18.55	5.69	5.62	1.46
苏州	−28.49	41.73	−2.80	15.59	4.86	1.99
杭州	−30.50	18.66	4.23	8.61	4.77	1.59
宁波	−35.41	22.71	8.33	11.34	3.53	1.22
合肥	−46.16	34.76	8.89	3.65	6.76	0.99
福州	−54.45	37.13	−4.88	35.93	6.68	0.99
厦门	−45.14	23.68	10.00	−8.39	6.49	0.63
南昌	−19.30	18.23	6.19	6.08	2.67	0.57
济南	−10.09	23.47	8.63	6.39	7.39	1.00
青岛	27.00	20.16	7.14	13.52	5.61	1.22
郑州	−30.21	21.06	−1.47	22.12	3.57	1.18
长沙	−8.89	15.68	1.78	12.51	4.91	1.20
重庆	−24.70	24.75	4.42	12.29	5.92	2.46
成都	−22.55	15.80	2.80	5.73	4.14	1.74
西安	−28.92	18.31	0.84	17.79	7.50	0.99
兰州	−21.57	21.40	−19.37	32.91	1.74	0.28

（数据来源：WIND 数据）

第五节　疫情影响下的城市与都市圈发展展望

一、正视大城市发展的作用与问题

1. 中国已经进入城市型为主导的社会

当前，中国的城镇化率已经超过 60%，城市已成为中国参与国际竞争的战略支点、产业新旧动能转换的主基地、人的代际提升和人力资源素质提升的保障、公共服务水平提高的发源地和辐射源、最有消费潜力的中等收入群体扩大的保障、城乡融合的驱动轮、生态文明和绿色化发展道路的突破口，这七个方面标志着中国已正式进入城市型社会。推进从乡村社会向城市社会的转变，需要转变思维，更要坚定立场。

2. 大城市发展有其战略意义和基本规律

发挥大城市参与全球竞争和保持国土安全均衡的战略支点作用是大国城市化的基本特征。如果和美国、欧盟这种国土尺度相近的地域经济体比较，中国的中心城市还远远不够。综合国际权威公认的全球化与世界城市研究小组（GaWC）《世界城市排名》Beta 级以上的城市以及相关国家战略和政策报告，美国有超过 50 个、欧盟有超过 40 个高等级中心城市，并呈现显著的多中心分布格局，实现国土相对均衡开发。中国国家级的中心城市至少应有 20 个以上才能建立完善的城市群支点、都市圈支点，而将区域级的支点建立完备则还要再增加 20 个左右区域中心城市。

从顺应人口流动和城市发展的趋势和规律来看，只要地区差异和收入差异存在，老百姓就会"用脚投票"，向更高收入、更高服务水平的聚集点聚集。我们综合考虑生态安全、粮食安全、水资源三重约束条件，顺应和尊重人口流动、经济发展规律，进行 3 个情景的模拟，大城市以上城镇人口占比都在 48%~49%，比 2018 年显著提升 10 个百分点，而中小城市仅提高 4~5 个百分点（见图 3-5）。

大城市在解决居民就业、人均寿命和健康水平、地均产出和创新能力等方面具有显著的综合优势。大城市的作用并不仅仅局限在经济学家提出的规模产出效率，等级越高的城市平均集聚的企业数量也越大，城市发展的规模经济有利于提高劳动力个人的就业概率，平均城市规模每扩大 1%，个人就业概率可上升 0.039~0.041 个百分点[13]。此外，大城市有更多元、丰富、高品质的公共服务（教育、医疗等），满足人们日益增加的物质文化需要。

但中心主城一城独大的情况也不应再现。要想清楚是要让它向更高密度的城区聚集，还是采用区域相对分散安置的都市圈方式聚集？这是可以做不同选择的。以中心主城带动合理尺度范围内中小城市协同发展，促使城市功能向周边二、三级城镇地区、乡村地区渗透，乡村景致向城市输入会是新的城镇乡融合特征。

图 3-5　三个情景中不同规模等级城市总量和增量占比

（资料来源：北京清华同衡规划设计研究院《城镇化战略格局及空间要素差异化配置研究》相关成果）

3. 大城市病的本质是资源错配与系统不匹配

城市病来自于城市中的系统匹配问题，而不是规模出了问题。中国的城市规划系统中 20 年前就有风险防控概念，并出现了两个工具——交通影响评价和环境影响评价，国际上通行的社会影响评价近年也有所发展，重点是建立起经济社会活动和城市承载系统的匹配关系。例如，城市空间尺度加大了，但轨道交通跟不上，带来的就是长途（长时）通勤的严重不舒适；某个项目的开发强度所产生的交通进出流量超过了周边道路的承载能力，就会产生拥堵，形成新的堵点，随着新堵点的不断出现，最终就是导致全地域的拥堵和交通的瘫痪。类似的环境问题也是如此，其实质是排放水平、治理能力和环境容量间的动态平衡。其中任何一个匹配关系被破坏都会出现问题，就是我们看到的城市病。

当然，规模不是没有作用，集约化的规模和分散化的规模也会产生完全不同的结果。这里应建立的观念是：离开集聚的强度、密度、浓度来谈规模是没有实践意义的。过低密度的发展是中国后备土地资源不可承受的，也必然会导致国土级别的城市化发展与耕地保护、生态地区保护的冲突进一步恶化，最后破坏保护，遏制发展。此外，美国式低密度的郊区化政策若在中国实施，也同样将是灾难性的。走集约化的道路，并建立起与之相匹配的城乡基础设施承载能力和公共服务设施覆盖能力，并以高密度、高浓度为前提，建立全要素的风险识别和管控系统，才是中国城市化进程中实现均衡发展的根本之策。适当的高密度不可怕，可怕的是缺少工程性措施和治理模式支撑的高密度。

中国特大城市陆续出现的大城市病并不是战略级的错误，很多是空间扩展模式的战术级错误，与政策制定的具体历史阶段有直接关系。首先，需要在国土级实现单级集中向多心多核的转变，既要认识到大都会地区在社会经济发展中的地域聚集作用，同时也要防止单级过度聚集，实现功能和人口在一定地域内的疏解。其次，通过前瞻性、动态更新的都市圈规划应对大都会地区的空间治理，为人口和功能疏解及区域协调发展提供科学依据。现阶段的区域协同首先是解决国家中心城市为核心的都市圈范围内的均衡发展问题。

二、疫情不会改变城市和都市圈的发展路径

人类社会始终与病毒共存。恩格斯基于人类历史经验曾断言："没有哪一次巨大的历史灾难不是以历史的进步为补偿的。"从某种意义上来说，整个人类文明的发展史就是一部与自然及人为灾害进行斗争的波澜壮阔的空间（包括社会空间）治理过程，这在 20 世纪以来的历史进程中表现得尤为明显 [14]。

尽管疫情的传播扩散与人口密度及人口流动有关系，但并不能因此就妄下定论，反对人口的集聚，反对大城市以及都市圈、城市群的发展。首先，当前我国城市发展正式进入都市圈、城市群时代，这是与资源要素集聚规律以及整个社会经济发展阶段相符的，也是我国在"十四五"时期乃至更长远时期构建双循环格局、实现新百年目标的正确路径，人们对美好生活的需求和向往也需要在不断提升公共服务水平并创新现代服务模式的城市才能更好地实现，不能因为可能发生的小概率"黑天鹅"事件而完全放弃发展。其次，降低人口规模和密度并不能有效防止疫情的产生和传播，隔离才是阻断疫情扩展蔓延的有效手段，2020 年年末河北省出现以农村和县城为地域主体的疫情反复也证明了这一点。

大城市的聚集不是疫情迅速扩散的主因，反而是防控力量和防控体系的关键。随着城市和都市圈地区动员能力的强化和治理精细化的推进，大城市的优势反而会更加凸显。大城市的医疗服务水平、风险防控水平、大规模平战设施预留可能性，均不是一般的中小城市能够比拟的。此外，在面对高级别公共卫生事件冲击时，受产业结构、区位特性、外部政策等多种因素共同影响，单个城市很难做到"自给自足"，而都市圈内各城市能够紧密联系，发挥各自产业结构优势，在稳妥推进地区间人口流动、保障生活生产物资供给、协同共促复工复产等多方面可形成合力，在都市圈内构筑"自给自足"的良性循环，继而提升单个城市的抗风险能力 [15]。

都市圈协同发展是时代大势所趋，对经济发展、民生福祉都有重要积极推动作用。疫情常态化背景下，都市圈可依靠区域资源互助实现城市高效运转，不断完善区域联防联控机制，提高区域整体应急管理能力和治理水平，强化区域综合性统筹协作治理能力，进一步推动社会经济持续复苏和繁荣[16]。

三、构建都市圈疫情防控与协同治理共同体

后疫情时代，都市圈跨区域协同治理的重点将由跨区域"联防联控"逐步转移到跨区域"联动联治"方向，进一步探索以都市圈为载体的区域资源共享和协调合作治理机制，增强都市圈内单个城市的防风险应急能力，增强都市圈整体发展治理韧性[15]。

1. 建立党建引领下的多元主体合作机制，保持应急响应能力

构建都市圈治理共同体，消除行政壁垒，由制度空间的重组促进社会空间的融合，是提升都市圈在遭遇突发重大公共卫生事件时协同应对能力的根本所在。建议成立都市圈党建联盟委员会，由都市圈主要城市（县区）的中共党委有关负责人组成，作为协同治理的领导机构，以党建引领都市圈内跨界城市治理，整合市场组织、社会组织、高校和科研院所有关智库、疾控中心等机构，形成党委领导、政府主导、市场和社会力量等多元主体积极参与的协同应急模式。

根据突发重大公共卫生事件应急治理的需要，构建分区、分级、分类的多元主体合作机制，形成跨越行政单元的专业化应急体系，增强应对公共卫生突发事件的柔性能力。明确不同应急主体的责任，并在生产生活实践中保持常态化的应急演练，确保在需要时该应急模式能够即刻激活并高效运转。

2. 强化跨区域信息监测共享，利用新技术提高快速响应能力

在未来，数据赋能区域治理是大势所趋，此次新冠疫情的发生在某种程度上大大加速了大数据收集和信息化治理体系构建的进程。在疫情防控期间，尤其是初期由于对疫情严重性的认知不足，导致疫情大范围爆发之后，全国层面通过迅速搭建跨区域疫情监测网络和预警平台，整合跨区域人口流动和疫情扩散动态数据，并与疫情规律进行关联分析，进行相关预测并及时采取有效措施，已经基本实现了疫情再次爆发前的早发现、早布控和疫情中的精准应对及对重点内容的饱和投入。并且，因为大数据的实时性和精准性，防控部署可以在可控范围内压缩空间，实现人力和物资的精细化部署，这对于其他地区保持社会经济稳定运行发挥了巨大的作用。

未来，建议持续强化都市圈乃至更大区域层面的信息区域流通与应急数据开放共享，以高时空精度人口数据为核心，建立跨区域、多尺度的高维动态数据库，推进都

市圈健全重大突发事件区域监测防控与风险识别预警系统，指导都市圈城市实现科学化、精细化、联动化治理。重点开展区域重点交通枢纽的人群往来信息收集与特征分析，同时服务于社会经济发展趋势研判和公共卫生安全受到威胁时的人群画像和时空网络分析。此外，鼓励各行业继续发展"非接触式"公共服务与商业服务，并明确在必要情况下应向政府开放流通过程的数据链，供政府应急中心及时反向溯源。

3. 推行多层次分级医疗体制，促进区域整体医疗能力提升

病毒不会消失，与鼠疫、新冠肺炎类似的公共卫生事件依然可能在未来某时出现。为了应对可能出现的紧急公共卫生状况，应在都市圈乃至更大区域范围内构建高效的多层次分级医疗制度，按照医院类型进行分级分类，形成"以社区医疗为基础、综合医院为支撑、专科医院为补充"的金字塔形医疗结构体系。

要实现这样的部署，充分发挥社区层面的医疗体系作用而非埋下更大的传播隐患，首先应全面提升社区医院的防护标准，提供疾病检测与筛查的能力，并通过搭建信息公开平台共享患者信息，打通社区医院和上层级医院的信息流和物资流。在这样的前提下，将应对公共卫生事件的"候诊—取样"环节下沉到社区，减少交叉感染的风险并减轻中心医院的医疗压力。

发挥中心城市带动作用，加大对都市圈二级城市的重视，在都市圈、城市群范围内建立更为紧密的城市医疗合作关系，通过医院"一对一""医院托管"或城市"一对多""多对一"等定向帮扶形式，通过建设分院、合作办院、设立分院、组建医疗集团、促进医师多点执业等多种手段，促进医疗资源富集与资源稀缺城市的医疗机构跨省、跨市、跨区定向对接与交流，提升都市圈和城市群内各城市的三甲医院数量及水平。区域医疗中心应以高水平高标准建设，主要负责区域内疑难危重症的诊断与治疗，引领本区域内主要疾病的临床研究，示范、推广适宜有效的诊疗技术，并在都市圈、城市群范围内牵头构建医疗服务和疾病防治网络，辐射和带动区域医学发展和医疗服务能力提升。

此外，考虑极端情况下不可替代的中国军队的特质与应急医疗体系建设的要求高度匹配，仍需将具备抗疫能力的战地医疗系统建设与平时应急医疗体系建设融合。建议按平战两用的标准，做好平时战地医院场地预留，通过保留露天草场并加以现代化改造，利用露天菜市场、房车营地建设等，既满足居民日常生活需要的民生需求，也具备战时预留场地的应急体系建设需求。

4. 做好重大疫情或灾害防控规划，构建疫情空间管控体系

都市圈是一个高度融合的网络状城镇体系，人流、物流、信息流等要素联系密切。以往的都市圈发展规划与实践，聚焦城市职能、产业空间、交通系统等方面的组织和

优化，缺乏系统应对全国性重大疫情或灾害的防控规划及治理预案，亟须形成新的常态化的都市圈跨界流动及跨界地区的疫情防控空间策略。

都市圈治理要全面评估城市及区域的抗风险能力，对都市圈生产体系的规划和政策干预保有危机意识，提前做好重大疫情或灾害等极端条件下都市圈的防控、治理与发展预案。在地方性防疫资源短缺问题上，建议以都市圈为基本单元统筹调配，实现就地就近的生产和供给，如口罩、消毒水及特效药物等，建立区域性"生产—供应"体系，逐步解决跨区域长距离防疫物资调动问题；制定城际跨界流动人群健康监测及应对方案；通过完善便利的服务设施布置和稳定生活物资供应为居民就近补给提供可能性，减轻非必要的交通压力，减少特大公共卫生事件背景下的人员流动；进一步强化社区功能，继续赋予社区层级一定的事权与物权，持续提升社区自组织能力；探索极端条件下的都市圈危机应对预案。

参考文献

[1] 王姣娥，杜德林，魏冶，等．新冠肺炎疫情的空间扩散过程与模式研究 [J].地理研究，2020，39(7): 1450-1462.

[2] 武廷海．化危为机：应对新冠疫情与中国未来城镇化 [J].南京社会科学，2020(8): 58-65.

[3] 梁本凡．新冠全球大流行背景下城市群发展方向与模式探索——基于城市群防抗短板治理的视角 [J].江淮论坛，2020(4): 34-41.

[4] 国家卫生健康委流动人口服务中心课题组．武汉流动人口与新冠肺炎疫情扩散分析 [EB/OL]. (2020-02-22）[2021-07-24]. http://www.ldrk.org.cn/Jt/html/zhxx/67.html.

[5] 沈昊驹，肖利，范铭送，等．湖北省医疗卫生资源配置公平性分析 [J].武汉商学院学报，2019，33(2): 65-68.

[6] 沈迟，秦静．疫情下的思考：依然要坚守规划价值导向 [J].北京规划建设，2020，191(2): 32-33.

[7] 清华同衡规划播报．同心协力、联合抗疫——"新冠肺炎"疫情的跨区域联防联控动态概览及思考 [EB/OL].(2020-02-19）[2021-07-08].https://mp.weixin.qq.com/s/ZLreLEm3USfxXJ6mfNXEjQ.

[8] 央视网．合并卡口 一证互认 远程会诊｜长三角一体化示范区探索跨域联防联控 .[EB/OL].(2020-02-27)[2021-07-08].http://m.news.cctv.com/2020/02/27/ARTIjTirrONlpOWtXo0poMge200227.shtml.

[9] 欧阳鹏，刘希宇，钟奕纯．应对重大疫情事件的跨区域联防联控机制探讨 [J].规划师，2020(5): 61-66.

[10] 国家发展和改革委员会．国家新型城镇化报告 2019[M].北京：人民出版社，2020.

[11] 陈宏胜，王兴平．都市圈发展与疫情防控的空间策略 [N].光明日报，2020-04-24(16).

[12] 郭晓静．川渝建立疫情联防联控工作机制 [N].重庆日报，2020-03-2(1).

[13] 陆铭．空间的力量：地理、政治与城市发展 [M].2 版.上海：格致出版社，上海人民出版社，2017.

[14] 吴宗友，管其平．都市圈应对突发重大公共卫生事件的空间治理——以新型冠状病毒疫情为例 [J].学术界，2020(4): 36-44.

[15] 贺爽．都市圈协同抗疫 共促复工复产 [J].杭州金融研修学院学报，2020(6): 17-20.

[16] 刘希宇，欧阳鹏．首都都市圈区域联防联控机制探析 [J].前线，2020(3): 65-67.

第四章 三"新"视角下认识都市圈建设的重要意义

第一节 新理念、新阶段、新格局与新要求

按照党的十九大部署，在 2020 年全面建成小康社会的基础上，到 2035 年基本实现社会主义现代化，到 21 世纪中叶把我国建成富强民主文明和谐美丽的社会主义现代化强国。当前，站在开启全面建设社会主义现代化国家新征程的起点上，实现"两个一百年"发展目标，必须立足新发展阶段，贯彻新发展理念，构建新发展格局。"三新"的提出，是我国在对经济形势和社会发展科学研判的基础上，对发展目标、理念、动力、方式及思路等一系列理论及实践问题的科学思考和回应。进入新发展阶段明确了我国发展的历史方位，贯彻新发展理念明确了我国现代化建设的指导原则，构建新发展格局明确了我国经济现代化的路径选择[1]。

一、新发展阶段的特征与要求

习近平总书记强调，正确认识党和人民事业所处的历史方位和发展阶段，是我们党明确阶段性中心任务、制定路线方针政策的根本依据。我国正处于并将长期处于社会主义初级阶段，而这个历史阶段不是一成不变的阶段，也不是可自然跨越的阶段，而是一个充满生机活力的、阶梯式递进的阶段。新发展阶段就是开启全面建设社会主义现代化国家新征程，向第二个百年奋斗目标进军的阶段。进入新发展阶段是以习近平同志为核心的党中央审时度势、顺时应势作出的重大战略判断。

新发展阶段有其鲜明的阶段性特征。从现代化维度来看，它是进入全面建设社会主义现代化国家奋斗历程的发展阶段，具体又分为两步走，到 2035 年基本实现社会主义现代化，到 2050 年建成富强民主文明和谐美丽的社会主义现代化强国。从经济发展

的维度来看，从过去 40 年经济高速增长阶段转向高质量发展阶段是其最突出的特征，不平衡不充分的问题需在这一阶段给予妥善解决。从国家治理维度看，改革进入攻坚期和深水区，需要进一步加强系统治理、依法治理、综合治理、源头治理，不断推进实现国家治理体系和治理能力现代化，把我国制度优势更好转化为国家治理效能。而从民族复兴维度看，进入新发展阶段，是中华民族伟大复兴历史进程的大跨越 [2]。

党的十九大指出，我国社会主要矛盾已经转化为人民日益增长的美好生活需要和不平衡不充分的发展之间的矛盾。推动解决不平衡不充分问题的关键，就是在新发展阶段探索符合中国国情的、以人民为中心的、面向未来的高质量发展路径，以新发展理念为引领，在着力解决城乡区域发展不平衡等社会主要矛盾的过程中，实现经济社会的持续健康发展，空间格局和要素配置的持续优化以及中国特色社会主义制度的进一步成熟完善，最终实现全体人民共同富裕的社会主义现代化目标。

二、宏观形势变化的挑战与机遇

1. 国际环境动荡变革，逆全球化现象加速

当今世界正经历百年未有之大变局。一方面，国际形势进入动荡变革期，以中国为代表的新兴发展中国家的群体性崛起，正逐步改变全球经济版图和国际政治格局，其与发达经济体的关系正从互补为主转变为互补和竞争并存。另一方面，经济全球化遭遇逆流，技术进步尤其是自动化技术等的发展，使得许多制造和服务环节由劳动密集型转变为技术和资金密集型，全球制造业产业链的"内卷"与"回缩"趋势显现。加之新冠肺炎疫情在全球的大流行，进一步加速了"逆全球化"进程，全球供应链面临着重塑的挑战，各国基于增强本地区经济体系和产业链"韧性"的考虑，短期内将会加速产业链、供应链的本土化和区域化。

2. 国内比较优势减弱，资源环境约束强化

改革开放至今，中国经济能够维持 40 年年均 9.7% 的高增长速度，创造出令世界瞩目的发展成就，大口径外循环赋能，较大规模利用国内国外两种资源、两个市场发挥了重要作用。当前我国的要素禀赋结构变化明显，劳动力总数、固定资本形成总额和研发投入占全世界的比例已经从 1990 年的 27.6%、1.5%、2.0% 变为 2018 年的 22.9%、27.2% 和 24.0%，劳动力净增长和全世界的占比均在下降，劳动力成本持续上升（见图 4-1）。与此同时，我国投资能力和研发投入快速增长，但创新能力尚不能满足高质量发展需要，原始创新水平与世界强国仍有差距，关键技术卡脖子现象时有发生，技术引进的空间持续收缩。另一方面，随着"3060"碳达峰碳中和目标的明确，

资源环境约束进一步强化，产业转型升级迫在眉睫。这意味着我国以外循环为主带动经济发展的比较优势已经不在。

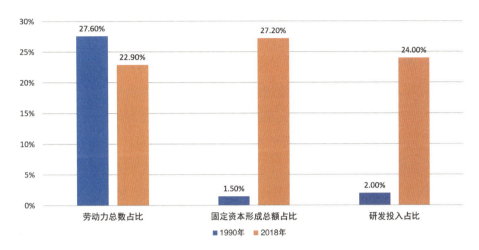

图 4-1 1990 年和 2018 年我国劳动力总数、固定资本形成总额、研发投入占全世界的比例变化
（资料来源：文献 [3] ）

因此，在世纪疫情与百年变局交织的背景下，我们需要在保持开放的前提下，最大限度地激活内生动力和内生因素，以国内创新水平的提升和要素资源的优化配置带动超大体量的内循环，以国内发展基本趋势向好的确定性应对外部环境变化的不确定性[3]。此外，随着社会主要矛盾的变化和需求结构的升级，还必须把满足国内需求、实现全体人民的共同富裕作为发展的出发点和落脚点，深化供给侧改革和畅通国民经济大循环。

三、新发展理念要求下的双循环格局构建

当今世界正经历百年未有之大变局，我国发展仍然处于重要战略机遇期。加快构建以国内大循环为主体、国内国际双循环相互促进的新发展格局，是对"十四五"规划和未来更长时期我国经济发展战略、路径做出的重大调整完善，是适应我国经济发展阶段变化的主动选择，也是应对错综复杂的国际环境变化的战略举措[4]。新格局的构建，对于实现我国更高质量、更有效率、更加公平、更可持续、更为安全的发展，对于促进世界经济繁荣，都将会产生重要而深远的影响。

构建双循环格局，推动高质量发展，需要完整把握、准确理解和全面落实新发展理念。新发展理念包含创新、协调、绿色、开放、共享五大发展理念，是一个系统的理论体系。首先，新发展理念强调创新在发展中的核心引领地位。基于世界发展历程和改革开放经验总结，明确创新是解决大体量经济体"大而不强"问题、保持长期稳

定可持续发展的动力来源，也是掌握国际竞争、社会变革主动权的关键所在。其次，新发展理念提出协调、绿色、开放的发展路径和发展目标。基于唯物主义辩证法、唯物主义历史观、系统论、重点论等理论基础，提出着力增强发展的整体性协调性，在促进生产力布局优化的同时统筹区域和城乡的协调发展；着力推进人与自然和谐共生，坚决摒弃损害甚至破坏生态环境的发展模式和做法；着力形成对外开放新体制，坚持经济全球化发展和人类命运共同体建设，提高对外开放质量和水平。最后，新发展理念强调以成果共享、共同富裕为发展的最终目标。当前我国经济体量位居全球第二，但人均收入和人民生活水平同发达国家不可同日而语，城乡差距、区域差距、收入差距仍然存在，需在发展的过程中坚持以人民为中心，实现人与资源的匹配和人民的持续增收。

构建双循环格局，需要聚焦经济社会重点领域和区域，明确工作抓手。双循环包括国内大循环和国际大循环，前者主要指国民经济活动中生产、分配、流通、消费的各环节往复循环，实体经济和金融协调发展的循环，以及国内地域空间范围内的循环；而后者主要指一个国家和地区通过发挥自身比较优势，参与国际分工和合作，实现经济发展。双循环格局构建意味着更深层次的改革、更高水平的开放和更有质量的创新。张晓晶在分析"十四五"主要发展风险的基础上，提出"创新、开放、分配、法制"四大战略重点，以提升国家核心竞争力并推动国家治理现代化[5]。王昌林将实施扩大内需战略、提升科技创新能力、推动产业链和供应链现代化、加快农业农村现代化、推动区域协调发展、建设现代流通体系、改善人民生活品质、实行高水平对外开放、牢牢守住安全底线等作为加快构建双循环发展格局的九大主要着力点[3]。王一鸣指出，总体上看我国经济发展在空间上还处在集聚阶段，尚未呈现出分散化趋势，因此未来五年城市群和大都市圈在国内大循环中的地位将继续上升。刘世锦提出构建双循环格局的"1+3+2"结构性潜能框架，以都市圈和城市群发展为龙头，补足基础产业效率不高、中等收入群体规模不大、基础研发能力不强的三大短板，以数字经济和绿色发展两个翅膀为发展赋能[5]。

第二节　新格局、新形势下都市圈建设的重要意义

一、都市圈是支撑经济高质量发展的强大引擎

经过改革开放 40 余年的努力，作为超大型经济体的中国已接近高收入国家的门槛，面临经济增长的关键性转型，需避免落入"中等收入陷阱"，促进经济高质量、可持续发展，才能实现 2035 年人均国内生产总值达到中等发达国家水平的预期目标。经济增

长来源一是生产要素的积累，二是经济效率的提高。在结构调整过程中提高资源的配置效率，是当今发展大格局下最大、最主要的经济增长动能 [6]。布鲁金斯学会研究显示，全球 36.1% 的就业和 66.9% 的 GDP 增长集中在排名前 300 的大都市圈。2020 年 7 月 30 日，中共中央政治局会议在分析研究当前经济形势和部署下半年经济工作的时候，提出"以新型城镇化带动投资和消费，推动城市群、都市圈一体化发展体制机制创新"。再次明确了中心城市和都市圈在提升要素配置效率、加强要素有效循环、促进城镇化高质量发展中的结构性潜能。下一阶段，都市圈还将在国民经济发展中发挥更大的作用。

在都市圈等区域经济体发展优势的带动下，近年来我国产业结构持续优化，发展质效稳步提升，高技术制造业增加值增速高于规模以上工业增加值增速，服务业对经济增长的贡献率持续提升至近 60%，以互联网为依托的大量生活服务类新业态和数字经济产业蓬勃发展。京津冀、长三角、粤港澳大湾区作为全国经济三大动力源，正推动国家级、世界级产业集群加速建设，并在新场景应用、新模式创造、新规则和新标准制定等方面持续发力，带动全国经济产业转型升级和高质量发展。

都市圈以更宏观的视野审视区域发展格局，促进大中小城市的分工协同，即中心城市未来更多承担高端职能，而中小城市将更多承担制造业发展的职能，各城市间交流合作和优势互补，共同构建区域特色产业链和产业集群，实现区域整体创新能力、综合实力、国际知名度和影响力的提升。都市圈内差异化的职能定位能够充分发挥各个城市自身资源禀赋优势，避免了千篇一律的"三二一"产业结构优化模式，增强了产业链、供应链的稳定性，为我国制造业发展和应对全球性危机留下足够的空间，成为国家经济安全运行的"压舱石"。

此外，都市圈的发展有助于推进形成统一开放市场，通过人才市场一体化、金融市场一体化、准入标准一体化等制度建设，构建起若干跨越行政区划的、没有恶性行业垄断、没有跨门槛市场壁垒的互联互通的区域市场，并可逐渐向城市群和全国市场拓展，实现商品和要素资源依据经济规律和统一市场规则在全国范围内的顺畅流动和优化配置。

二、都市圈是引领科技创新突破的重要载体

科技创新同时作用于供给侧改革和需求侧改革，是构建双循环格局的重要支撑。创新能力的大幅提升既为畅通国内大循环提供强大动力和支撑，也为塑造我国在国际大循环中的重要地位奠定坚实基础。国际经验及国内实践均充分证明，中心城市及其所在的都市圈、城市群，在引领科技创新突破方面始终具有绝对的核心作用。

随着新一轮科技革命和产业变革深入发展，世界各国围绕新型战略性资源和科技产业革命制高点的争夺日益激烈，我国也将科技创新摆在发展全局的核心位置，不断推动基础研究和关键核心技术取得重大突破。当前，从世界范围来看，科技创新资源在优势地区集聚的趋势进一步加强。据统计，2012—2017年，20个科技创新中心城市以占全球不到2.5%的人口，在全球高水平科技创新中占到27.3%的直接贡献率，其主导和参与的所有科研成果数量在全球的占比由51.8%大幅提升至63.8%。近年来，我国的创新分布空间格局也体现出与经济发展格局相匹配的显著特征，创新中心和顶尖创新资源要素高度集聚于中心城市、都市圈和沿海两大城市群，且呈现明显的沿海—内陆递减趋势。这是市场和政策双重作用的结果，符合创新发展的基本规律。未来，少数中心城市和都市圈地区仍然是科技创新的主力，成为参与国际竞争、提升全球位次的关键所在。

都市圈作为人口和经济高度集聚的区域，其要素资源的规模效应和相对健全的服务支撑体系，是科技创新发生的基础条件。都市圈内硬件层面的交通互联互通和软件层面的城市间协作机制，确保了技术协作、信息传递、人才流动和服务合作等四大联系通道的畅通，提高了创新转化效率和辐射范围，进一步形成具有竞争力和影响力的科创区域。由于创新资源的特殊属性，其网络联系和溢出效应超越地域限制，更多地呈现出高等级创新中心之间的互联互通，因此在中心城市引领下的都市圈地区，创新集聚作用将在要素自由流动状态下进一步加强。

在创新类别上，都市圈一方面可发挥重大科技基础设施、重大科技创新平台、国家级实验室、科研院校等区域优质创新资源作用，通过建设区域创新体系、强化知识产权保护、提高研发激励等制度优化，建设创新策源地，推动提高关键核心技术的自主可控能力，以应对潜在的技术脱钩风险。另一方面，聚焦都市圈优势产业集群，依托以中心城市为核心的"研发＋生产"的产业体系布局，充分发挥政府和市场的力量，针对产业发展的瓶颈问题，明确研发需求和目标，实现科技成果的快速转化和应用推广，带动提升整个产业和产业集群的价值链。

三、都市圈是扩大内需的重要战场

扩大内需战略是构建双循环新发展格局的战略基点，稳固的国内需求是国家经济发展最为稳定、持久的动力。党的十八大明确提出，城镇化是我国经济增长的巨大引擎和扩大内需的最大潜力。都市圈发展是其中的重要战场，其作用体现在释放消费需求和有效拉动投资两个方面。

2020年，我国常住人口城镇化率为63.89%，预计2025年进一步提升至65%~68%，

2035 年达到 73%~75%，届时新增农业转移人口落户约 2.3 亿，城镇常住人口将达到 10.6 亿。这其中，集聚发展要素的城市群和都市圈地区，是农业转移人口市民化的重要空间载体，城区人口占比将进一步提高，吸纳全国约 23% 的城区人口增长。根据中国社会科学院相关研究团队推算，如果给予农民工户口，在不提高工资、不改变其他条件的情况下，其消费可以提高 27%[7]。让农民工，特别是长期稳定在城镇就业的农民工成为城市居民，能够稳定他们的劳动力供给，稳步提升其收入水平，释放庞大消费潜力，对扩大消费和经济增长可产生巨大的促进作用。

要深刻认识到，人口在中心城市、都市圈、城市群地区的聚集并非只是城区常住人口数量的增长，在知识外溢、技术交流、规模经济和产业融合的作用下，人力资本水平将进一步提升，中等收入群体将进一步扩大。根据国家统计局测算，2017 年我国中等收入群体超过 4 亿人，占比达 28% 左右。当前我国整体的人均收入水平和消费水平距离高收入经济体还有相当大的差距，随着社会经济发展向中等收入群体倍增目标的不断推进，"十四五"期间，我国中等收入群体将达到 6.5 亿人左右（按 5% 左右经济增速），占全国总人口比例将达到 45%；2035 年中等收入群体将达到 9.3 亿人左右（按 3% 左右经济增速），占总人口比重可能超过 60%。中等收入群体的持续扩大和对美好生活的向往追求，将显著增加旅游、文化、体育、健康、教育培训等重点领域服务消费需求，促进智能化、个性化、体验式、定制型等消费新需求的不断涌现，推动现代服务业提质升级和经济结构的持续优化；而消费结构升级本身又将带来较高收入的就业机会，为扩大中等收入群体提供新的空间。

此外，都市圈作为发展潜力巨大的优势区域，其发展建设本身也将有效拉动"两新一重"等重大基础设施项目投资。培育发展现代化都市圈，涉及枢纽型交通节点建设、以跨市域轨道交通为代表的区域综合交通网络体系构建、产业结构优化调整和产业集群发展、第五代移动通信技术（5G）和物联网等新型基础设施布局、区域医疗中心等区域级公共服务设施配套等一批优质项目，既响应国家发展战略，也符合社会主义市场经济规律，可争取各级财政的优先投入，并吸引社会资本积极参与。

四、都市圈是开放融入世界的关键节点

构建双循环格局绝不意味着要脱离国际市场，回到封闭状态。相反，应抓住此次全球经济波动、全球资源重组和分工调整升级的机会，大力畅通内外循环，通过创新引领发展，吸聚全球资金、知识、技术、信息和人力资本，提升国际竞争力、影响力和话语权。我国主要的都市圈大多具有沿海沿江、"一带一路"沿线等区位优势，在国家战略层面具有枢纽地位并承担对外开放功能，是融入世界体系、参与国际循环的重

要节点。

都市圈具备链接入网所需的高等级交通枢纽以及特殊政策平台。作为都市圈核心的中心城市，自身布局有一个或多个国际性航空枢纽、铁路枢纽及航运枢纽，是国家对外开放的门户所在。2019 年全球机场客流量（旅客吞吐量）排名中，北京首都国际机场以 10001 万人次的总量位居全球第二（仅次于美国亚特兰大国际机场），中国香港国际机场、上海浦东国际机场以及广州白云机场也在前 20 名的榜单中。英国欧艾吉航空国际有限公司发布的机场联通性指标中，上海浦东机场、北京首都国际机场和昆明长水机场跻身全球机场连接度前 50。随着市域铁路建设的推进和都市圈综合交通体系的完善，开放红利向腹地不断延伸，都市圈乃至更大范围的城乡地区都有机会依托中心城市链接和融入全球产业贸易体系，共享发展机遇。此外，随着对外开放逐步从改革开放以来的发展"三来一补"经济、大力吸引外资、扩大贸易出口为主，过渡到以综合保税区、自由贸易区等新的开放政策平台为布局重点，中心城市和都市圈作为这些政策平台的主要载体，可以通过争取在都市圈其他城市增设特殊政策区新片区、申请综合改革授权试点等方式，进一步提升开放平台功能，打造国际贸易投资平台和消费市场。

五、都市圈是提升治理效能的实践单元

双循环格局构建需要打破行政壁垒，提高政策协同，促进要素在更大范围自由流动，逐步形成更大范围的统一开放市场，这与都市圈跨行政区划构建经济共同体的初衷一致。都市圈的发展过程，就是体制机制不断改革创新、提升国家治理效能的过程。

在都市圈层面开展户籍制度和土地制度等要素流动相关政策改革的先行先试更具可操作性。户籍制度改革进入"深水区"，攻坚战场集中在特大超大城市。国家发展改革委《关于培育发展现代化都市圈的指导意见中》中提出，"在具备条件的都市圈率先实现户籍准入年限同城化累积互认，加快消除城乡区域间户籍壁垒，统筹推进本地人口和外来人口市民化，促进人口有序流动、合理分布和社会融合"。当前一些经济发达地区已经开始探索实行都市圈和城市群内居住证互认制度，这将为未来户籍进一步放开提供经验。与此类似，备受关注的土地制度改革，也应以土地资源向中心城市、都市圈和城市群等重点地区倾斜为导向。

此外，在我国推进治理体系和治理能力现代化的过程中，都市圈作为没有明确空间管辖权，而是通过建立在"弱许可—强契约"基础上的协商机制来达成共识并推动发展的实践单元，其意义非凡。这一治理模式以利益交换共享和形成多赢局面以达成共识为前提，尊重市场规则，构建协商机制，发挥府际协调作用，形成区域紧密共同体。

在这样的治理模式下，都市圈既能够不断创造区域联系下的利益增量，也可以共同应对和破解环境污染、资源协调等外部性问题。其制度体系的完善和推广将对构建全国统一市场，畅通国内大循环起到重要作用。

六、都市圈是实现共同富裕的先行示范

都市圈内集聚优势资源大力推动科技创新、产业升级和区域协同，促进经济持续稳定发展，这是广大人民群众持续增收的前提。同时，都市圈范围内的交通条件改善、资源优化配置和设施共建共享，是二次分配的一种表现形式，可以加快推进基础性公共服务均等化，扩大区域性、高等级公共服务设施和基础设施的辐射范围和利用效率，提升区域综合竞争力和整体宜居度，满足人民对美好生活的需求。

都市圈作为高度融合的城乡生产生活空间和城乡融合发展的重点依托地区，在推动乡村振兴、提升农民收入、缩小城乡收入差距方面意义重大。位于都市圈内和周边的乡村，可以借助都市圈及中心城市的开放系统链接入网，最大限度地抓住发展机遇，通过强化自身特色，大力拓展市场，享受城市发展红利。随着城乡要素双向流动的体制机制障碍进一步破除，都市圈内和周边的乡村更有分享城市的就业创业机会和公共服务，引入先进的知识理念、优秀的人才和匹配的资本，进一步发展特色产业，作为区别于城市形态的乡村聚居地焕发自己的魅力。

参考文献

[1] 央视新闻网.习近平总书记在省部级主要领导干部学习贯彻党的十九届五中全会精神专题研讨班开班式上发表重要讲话 [EB/OL].(2021-01-11)[2021-07-22]. https://baijiahao.baidu.com/s?id=1688593159259516798&wfr=spider&for=pc.

[2] 秦宣.正确认识新发展阶段的新特征新要求 [N].贵州民族报，2021-02-25(A03).

[3] 王昌林.新发展格局——国内大循环为主体，国内国际双循环相互促进 [M].北京：中信出版社，2021.

[4] 刘鹤.加快构建以国内大循环为主体、国内国际双循环相互促进的新发展格局 [N].人民日报，2020-11-25.

[5] 刘世锦.读懂"十四五"新发展格局下的改革议程 [M].北京：中信出版社，2021.

[6] 中国经济网.都市圈、城市群将成为经济增长新动能 [EB/OL].(2020-03-02）[2021-07-24]. https://baijiahao.baidu.com/s?id=1700096156768189982&wfr=spider&for=pc.

[7] 邱月.推进以人为核心的新型城镇化——访中国社会科学院副院长蔡昉 [N].光明日报，2020-11-23(5).

[8] 樊钢.双循环——构建"十四五"新发展格局 [M].北京：中信出版社，2021.

第五章

"十四五"规划及中长期都市圈发展新要求

第一节 优化和完善都市圈规划编制思路、方法和机制

都市圈不属于特定层级的行政单元,不同于国家传统规划体系,都市圈规划是一种特殊性的区域规划。都市圈规划以落实重大区域战略、协调解决跨行政区重大问题为重点,是指导特定区域发展和制定相关政策的重要依据,同时要与上下层次的规划体系有所衔接,提供基本依据。在新一轮规划体系变革时期,都市圈规划编制需从思路、方法、机制方面有所突破和探索,在规划体系中找准定位,更清晰、准确地引导都市圈发展。

一是区别于传统规划体系,构建以区域协同为重点的都市圈规划体系架构。随着统一规划体系和相关衔接机制的建立健全,我国规划之间的纵向传导已比较完善,在这一背景下都市圈规划应更加注重横向协商的规划架构[1]。建议都市圈规划编制聚焦都市圈协同的重点问题,针对特定领域,如生态共保共治、公共服务共建共享、基础设施网络互通等,编制若干可以真正发挥影响、对纵向规划体系具有补充作用的专项规划。在整体规划架构上形成以都市圈发展规划为总揽、国土空间规划为基础、专项规划为支撑、跨界地区协调规划为抓手的规划体系。

二是加快都市圈层面的立法工作,出台相关指导意见及技术规范。加快国家或区域层面都市圈相关立法工作,以法律形式规定都市圈跨界统筹机构设置原则、职能、责权等,明确都市圈内各级政府的法律关系和责权关系,为都市圈发展和治理提供法律保障。同时在国家层面推动相关指导意见及技术规范出台,明确都市圈规划责任主体,因地制宜、因时制宜建立规划框架、规划内容,对不同发展阶段的都市圈提供指导。

三是创新"上收"都市圈规划权，将都市圈规划任务落到实处。都市圈规划为跨行政区的区域规划，可探索实施"上收"都市圈规划权机制。一方面可探索由上层协调机构组织都市圈规划编制，跨省级都市圈由国家发展改革委、自然资源部等相关部委指导，相关省（市）人民政府组织编制，省内跨市都市圈由省级发展改革、自然资源等主管部门会同相关城市人民政府组织编制；另一方面，在都市圈内城市（镇）按行政层级编制各类规划，涉及都市圈规划相关内容，在上报审批前需通过都市圈协调机构进行审议。此外，都市圈协调机构要明确各城市工作分工，落实工作责任，对各城市制订具体行动计划和专项推动方案，将规划的各项任务落到实处。

第二节　优化生产力布局，提升都市圈整体发展水平

中心城市作为都市圈经济和人口的主要承载空间，其自身能级和辐射带动作用直接决定着都市圈发展水平。在不超出城市承载能力的基础上，通过优化重大生产力布局，逐步提升中心城市能量、活力、竞争力和影响力，并推动优质资源向外辐射，带动周边地区经济社会发展，促进都市圈城镇化空间布局优化。

一是加快创新要素集聚和科技攻关，提升重点城市的创新发展引领能力和辐射带动作用。发挥新型举国体制优势，重点支持北京、上海、深圳、广州、武汉、杭州、天津、成都、重庆、西安、南京等中心城市布局建设综合性国家科学中心和区域性国家科学中心，开展引领性、基础性科技创新和技术攻关，强化关键环节、关键领域、关键产品保障能力。统筹科研经费、科技创新平台、科技基础设施投资等各类资源，推动国家级新区、高新区、开发区等重要创新平台的提质增效，建立健全区域科创资源开放共享、科创载体联合共建机制，发挥中心城市在创新驱动发展领域的区域辐射带动作用。

二是大力发展中心城市的金融、信息、科技与商务服务业，增强国际竞争力。大力支持北京、上海、深圳、香港等中心城市建设国际性和全国性金融中心，促进跨境贸易和投融资便利化，扩大金融业对外开放。支持其他有条件的中心城市建设跨省、省内金融中心，扩大金融业规模，加快金融业集聚，促进金融与实体经济融合发展。鼓励中心城市聚焦大数据、云计算和人工智能等领域，大力发展信息服务业和数字经济。支持中心城市内科技服务业企业、新型创业服务机构、科技金融机构发展，支持行业协会、产业联盟建设，鼓励知识产权机构发展，提高中心城市科技服务业发展能级。完善支持政策，推动中心城市的商务服务业向国际化、高端化、品牌化发展。深化自贸区改革，赋予主要中心城市自贸区更多政策红利，提升对外开放层次，加快建立与国际高标准投资和贸易规则相适应的制度规则，打造具有全球竞争力的营商环境。

三是以中心城市为核心打造战略性新兴产业集群，提升我国产业基础高级化、产业链现代化水平。以主要中心城市为龙头，以都市圈和城市群为载体，协同实施产业基础再造和产业链提升工程，强化优势产业领先地位，抓紧布局战略性新兴产业。加强重大项目倾斜力度，引导国家重大产业开发项目在主要中心城市及都市圈、城市群布局，发展新一代信息技术、高端装备制造产业、新材料产业、生物产业、新能源等战略性新兴产业，打造一批空间上高度集聚、上下游紧密协同、供应链集约高效的战略性新兴产业集群。

四是加快疏解非核心功能，推动中心城市城区"瘦身健体"。鼓励超大、特大城市立足功能定位，制定产业正面清单和负面清单并配套相关政策，强化产业规划引导，并通过"禁、关、控、转、调、提"等措施，推动中心城区一般性制造业、区域性物流基地和批发市场、部分教育医疗等公共服务功能向都市圈和城市群内城镇疏解。中心城市牵头建立疏解协调机制，在都市圈和城市群范围内统筹规划功能疏解承接平台，强化规划、产业、市场、政策和要素对接。

五是积极培育都市圈次中心城市，加强发展政策支持。支持都市圈内具有比较优势的非中心城市特色化发展，予以相应的政策与资源倾斜。加强中心城市与都市圈次中心城市的全方面协调，提升产业分工协作、公共服务共建共享水平。

第三节　强化交通枢纽与轨道交通网络建设

构建多层次轨道交通体系，推进交通网络融合发展是支撑和引领都市圈空间集约发展的重要方式。面对目前国内都市圈交通体系建设当中网络层级不完善、区域一体化统筹机制尚未成熟、交通网络与城镇体系发展之间不协调等一系列问题，需要通过打造多层次快速交通网络，加快提升交通互联互通水平，提高都市圈轨道交通网络的连接贯通性，协同推进公共交通服务同城化。

一是完善都市圈基础轨道交通网络建设，推动"四网融合"。统筹考虑都市圈轨道交通网络布局，构建以轨道交通为骨干的通勤网络。充分发挥高铁干线、城际铁路、市域（郊）铁路、城市轨道的衔接互补功能，构建发达的都市圈交通基础设施复合廊道。推动都市圈中心城市轨道交通适当向周边城市（镇）延伸。有序推进城际铁路建设，充分利用普速铁路和高速铁路等提供城际列车服务。大力发展都市圈市域（郊）铁路，优先通过既有铁路补强、局部线路改扩建、站房站台改造等方式利用既有资源开行市域（郊）列车。

二是加快推进立体化交通网络搭建，打造城市综合交通枢纽体系。进一步落实"断头路"畅通工程和"瓶颈路"拓宽工程，畅通都市圈公路网络。编制统一的区域路网体系规划，提升交通建设土地和资产资源使用效率，理顺路地分配关系，从都市圈层面统筹协调交通体系建设，强化跨界轨道系统层次一致性和制式兼容性[2]。统筹综合铁路、公路、水运、航空等多种运输方式，构筑点线结合、城乡一体、城际互联的水陆空立体交通网络，形成功能完善、覆盖广泛、无缝衔接的多枢纽、多通道客运体系[2]。

三是发挥交通枢纽带动作用，推进城镇空间重塑和沿线城镇协同发展。 面对交通设施网络化与人口产业集聚发展之间的矛盾，交通设施网络建设需要改变与土地开发、城市建设等相对分离割裂的局面，在各都市圈内探索设立跨行政区域交通管理机构，利用以公共交通为导向的（TOD）模式推进都市圈开发[3]，有效发挥都市圈大型区域交通枢纽单元对于区域产业发展、人口布局的先行引导能力，促进生产力要素高效流动，破解职住分离、潮汐交通等区域通勤问题，进一步改善城市人居环境，优化城镇空间布局，促进新型城镇化建设[4]。

四是促进公共交通服务同城化。 推动构建以轨道交通为骨架，公路交通为主体，国铁干线、城际铁路、市域（郊）铁路、城市轨道交通、跨市公交、城际巴士等运输方式融合，客运枢纽信息共享，无缝换乘的都市圈公共交通服务体系。鼓励通过联合购置或租赁新型公交化列车组，增加都市圈通勤班列，提升都市圈轨道公交化运营水平。推进都市圈内公交"一卡互通、一码互通"。加快建设智能基础交通设施体系，利用人脸识别、旅客征信系统等智能技术探索实现信息实时共享、电子票务一体化等智慧交通网络建设，持续优化交通体系管理运营服务体验。协同搭建都市圈公交信息数据共享平台，推动各类公交系统数据联通、管理协同、运营融合。

第四节　进一步落实公共服务同城化与均等化

公共服务均等化供给主要依赖地方财政资源的分配和投入情况，亟须打破单一供给模式带来的供给不均衡、不充分的僵局。以都市圈为载体，探索建立公共服务供给的良性合作竞争机制，强化以都市圈共同利益为导向的府际合作意识[5]，推动各方在公共服务均等化供给领域达成深度共识，优化公共服务供给体制机制，充分发挥都市圈资源协调共建共享优势，有效推动区域医疗卫生、文化教育等公共服务资源均等化。

一是建立健全公共服务均等化供给制度保障。 健全都市圈层面的公共服务政策及法律体系，针对不同类型的公共服务提供差异化的引导和规范，在相关立法规范中明确都市圈各级地方政府职能权责，为各类基本公共服务均等化供给提供有针对性的法治保障[6]，完善创新区域公共服务均等化配套激励和约束机制，优化行政问责制、听证制度等，完善地方政府绩效评估考核体系，强化公众评价反馈机制。推动建立都市圈公共服务深度合作机制，充分协调都市圈内公共服务供给各主体的利益关系，在政府侧实现都市圈范围内的基本公共服务政府事权和财权匹配，在市场侧持续推进公共服务市场化改革，引导多方资源力量参与公共服务供给，提升公共服务供给效率与质量[7]。

二是推进都市圈医疗资源信息共享平台建设，加快构建都市圈医联体。鼓励中心城市优质医疗资源通过合作办院、设立分院、组建医疗集团、促进医师多点执业等形式跨城市发展，推动医疗资源向周边地区延伸覆盖。深化推广城市医疗集团、县域医共体、跨区域专科联盟、远程医疗协作网四种医联体模式，提高基层医疗能力和区域整体医疗水平。在超大特大城市布局国家医学中心，在都市圈和城市群范围内布局综合类和专科类国家区域医疗中心，形成"多级医疗中心联动，以医联体为贯穿纽带"的分级诊疗格局。依托"互联网+"赋能加快都市圈和城市群医疗卫生信息平台建设，促进医疗服务信息共享。借鉴长三角地区医联体建设经验，推动实现都市圈挂号服务一体化、医疗服务远程共享等功能，破除都市圈内不同城市之间在医疗检查结果互认、异地就医结算、社保转接、多点执业等方面尚存的壁垒。

三是推动都市圈教育资源共享常态化、同城化，保障区域教育资源均等化供给。在全面合理评估都市圈教育资源禀赋格局的基础上，探索实行计划与市场相结合的教育资源配置机制，按照统一标准改善都市圈内基本公共教育的办学条件，推行规范化、标准化的基本公共教育供给[8]。以协同扩大优质教育资源供给为立足点，通过探索都市圈内部横向转移支付模式，促进都市圈教育资源优势互补和有序流动。充分保障中心城市、都市圈和城市群教育设施用地供给，满足外来人口教育需求。通过开展城际伙伴学校合作办学、师资对口支援、设立异地分校区、成立跨城市教育联盟等多元化跨域教育资源联动交流方式，充分发挥数字网络技术手段的沟通优势，推动建立都市圈教育资源共享常态化合作机制，共建教育生态共育共享交流平台。

四是切实增强区域公共卫生事件应急能力。针对新冠肺炎疫情发生后暴露出来的公共卫生安全问题，加大都市圈公共卫生服务体系建设投入，支持中心城市、都市圈和城市群高水平新建和扩建公共卫生中心，快速补齐公共卫生设施短板。建立区域重大突发公共卫生事件联防联控机制，完善公共卫生事件应急管理方案和流程，强化应急物资保障，建立公共卫生事件风险评估和监测预警机制，提升都市圈在遭遇突发重大公共卫生事件时的协同应对能力和整体健康韧性水平。

第五节　面向实际管理服务人口，提升精细化管理服务水平

随着大城市落户条件的进一步放开，下一阶段户籍制度改革的深化将是加快以人为核心的综合配套改革，目标是破除制约人全面发展的体制机制障碍，提升都市圈城镇化质量和人口精细化管理服务水平。

一是深化户籍制度改革，构建城乡居民身份地位平等的户籍登记制度。完善超大、特大城市户籍管理制度和积分落户制度，提升中心城市人口集聚能力。全面放宽Ⅰ型大城市落户条件，全面放开Ⅱ型大城市、中小城市及建制镇的落户限制，有序推动农村人口向条件较好、发展空间较大的城镇、特色小镇和中心村相对集中居住和创业发展。进一步完善推进户籍制度相关领域的配套改革措施，如畅通都市圈公路网、统筹市政和信息网络建设、促进优质公共服务资源共享、加快人力资源市场一体化、加快社会保障接轨衔接等。探索实行户籍准入年限同城化累计互认。在积分落户制度设计上，适度提高居住和就业年限等权重，降低教育水平等权重，对低收入阶层、低技能劳动力等外来人口在都市圈内的就业居住提供更合理的落户政策，提高公共服务均等化水平，增进社会和谐[9]。

二是建立人口精细化管理服务制度，提高人口市民化质量。支持创新探索常住人口网格化管理服务模式，加快数据开放分享和隐私保护立法工作，应用信息化手段提升都市圈内人口精细化管理服务水平。扩大服务网络覆盖，打通便民服务"最后一公里"。支持建立"问计于民"渠道和机制，探索建立城市公共事务治理沟通协调机制和协商机制，探索街巷长和"小巷管家"等服务模式，推进街道治理创新。

三是实施中长期农业转移人口职业技能提升工程。以都市圈内中心城市及其他城市的职业院校为主要载体，实施中长期农业转移人口职业技能提升工程，特别是针对新生代农民工的职业技能提升计划，切实提升城市劳动力人力资本。加大对企业提供各类培训的政策支持和资金补贴。

第六节　以都市圈为单元统筹土地资源配置

长期以来，为寻求区域间平衡发展，我国采取区域之间人口和经济均匀分布的策略，因此在城市间存在人口和土地的空间错配[10]。而在都市圈发展中，要更好地协调城市内部空间发展，促进区域间要素有效流动，就要在土地配置改革上进行更具突破性的探索。

一是探索建立跨区域统筹用地指标管理机制，推动建设用地指标向都市圈和城市群倾斜。深化"人地"挂钩制度改革，探索建立跨区域统筹用地指标、盘活空间资源

的土地管理机制。在都市圈范围内统筹建设用地指标，支持建设用地指标重点向都市圈同城化重大功能平台、跨区域重大基础设施、重大生态环境工程项目倾斜。用好跨省域补充耕地国家统筹机制，支持重点项目建设。按照国家统筹、地方分担的原则，优先保障跨区域重大基础设施项目、生态环境工程项目所涉及新增建设用地和占补平衡指标。引导超大、特大城市中心城区功能的定向扩展，促进同城化发展。鼓励建设用地指标适当向周边功能组团、次级城镇倾斜，打造都市圈新增长点。推动建设用地指标向常住人口增长多、用地需求强烈的京津冀、长三角、粤港澳、成渝、长江中游等重点发展地区的中心城市和都市圈倾斜。

二是深化土地有偿使用制度改革，率先在都市圈建立城乡统一的建设用地市场。 建立城乡统一的建设用地市场，探索宅基地所有权、资格权、使用权"三权分置"改革，依法有序推进集体经营性建设用地入市，在都市圈率先开展土地整治机制政策创新试点。积极发挥区域公共资源交易平台功能，探索建立覆盖都市圈全域的土地要素交易平台。将都市圈内农村经营性集体建设用地、增减挂钩节余指标和耕地占补平衡指标纳入平台统一公开交易，更好地发挥市场在土地资源配置中的决定性作用，提高土地指标配置效率。

三是坚持"房住不炒"基本原则，增加住宅用地供应。 稳妥有序增加住宅用地供应，多种渠道增加住房供应，缓解住房短缺问题。增加面向中低收入群体的共有产权房、公共租赁房和廉租房供应，以及货币化、票券化的住房补贴。大力发展和完善住房租赁市场。

四是协同推进产业用地市场化配置改革，完善都市圈工业用地市场供应体系。 协同完善产业用地政策。健全长期租赁、先租后让、弹性年期供应、作价出资（入股）等产业用地市场供应体系，创新使用方式，完善产业用地政策。积极推动盘活存量建设用地，充分运用市场机制盘活存量用地和低效用地，以多种方式推进国有企业存量用地盘活利用。

第七节　创新投融资模式，多渠道筹措建设资金

在都市圈的发展过程中伴随着大量基础设施和公共服务的建设，城市整体任务紧、资金负担重。传统的以地方主导城镇化建设、城投公司投融资的"公司型政府"模式已无法适应新发展阶段的需求，粗放式发展遗留下如融资平台违规举债、投融资主体财务状况差、融资渠道单一、政府资金及银行类资金比重过高及金融体系资源配置能力低下等历史问题，成为新型城镇化及都市圈发展中资金健康可持续的主要障碍。探

索与都市圈建设运营周期相匹配、稳健可持续的资金平衡体制机制，将成为未来都市圈建设的突破点。

一是推动都市圈规划建立与之配套的投融资专项规划工作。系统评估都市圈协同发展基础条件及投融资现状，梳理服务于都市圈建设的重点项目、跨市项目及其资金配套情况，摸排存在的重点难点问题。在此基础上明确投融资工作的总体任务、基本原则、策略以及实施方案。针对都市圈发展规划编制与之匹配的投融资规划，在都市圈规划目标制定阶段同步测算投资需求，并研究设计得到多元化可持续的资金保障机制。

二是充分利用政策窗口，创新丰富融资渠道。结合都市圈发展过程中典型项目特点，通过多种创新融资渠道引入社会资本，优化投资结构。规范运用政府和社会资本合作等方式，鼓励省市国有企业合资组建同城化重大项目投资建设运营公司，引导各类社会资本参与同城化项目建设。探索设立都市圈同城化发展投资基金，支持跨区域重点领域、重点项目和重大功能平台建设。开展专项债、中央预算内补助、基础设施补短板、PPP 模式、基础设施公募 REITs 等示范项目的可行性论证与实施落地。按照国家确定的地方政府专项债券投向，积极支持都市圈重点项目。

三是创新体制机制，鼓励金融机构参与都市圈建设。研究出台金融机构支持都市圈发展的专项金融指导意见，鼓励金融机构开展一体化授信，以银团贷款、债贷结合、投贷结合等方式参与都市圈建设。同时，鼓励金融机构资管平台，以股权受让和合作开发等形式联合都市圈项目开发、运营等社会主体，通过债权、股权和信托计划融资等方式对都市圈重点项目予以支持，形成投资—建设—运营利益共同体，共担风险，共享收益。提供跨市投融资机制咨询服务。强化都市圈金融监管一体化，联合打击非法集资、证券期货违法等金融违法犯罪活动，共同防范化解区域金融风险。

第八节　区域合作利益共享机制取得实质性突破

实现要素的高效无障碍流动是促进都市圈区域一体化发展的关键所在，应探索建立健全跨区域合作的利益共享机制、特别是财税利益分配机制，探索产业转移税收利益共享机制，创新建设项目税收分配办法，合理分配企业注册地和投资地之间的地方税。对需要分步实施或试点的税收政策，支持在都市圈先行先试。探索建立区域投资、税收等利益争端处理机制，形成有利于生产要素自由流动和高效配置的良好环境。

一是探索建立都市圈税收征管一体化机制。统一都市圈税收政策适用标准、违法行为认定的执法标准、行政处罚裁量标准等。构建税收信息沟通与常态化交流机制，推动电子税务一体化建设，实现办税服务平台数据交互，探索异地办税、区域通办。深化税源、政策和稽查等信息共享和行动协作，联合开展重点税源及关联企业日常检查、联合开展税务稽查。

二是创新多种类型税收分成政策举措。创新关于企业跨区域迁建后的税收分成比例确定的配套政策举措[11]，综合考虑企业迁出地既得财税利益和就业机会的减少，迁入地要素投入和配套服务成本增加等客观因素，灵活、合理设计企业迁建投产后产生的税收及附加收入的分配机制。创新关于企业跨区域兼并重组以及总部经济与分支机构产生税收重新分配的政策举措。探索根据企业总部、分支机构的销售收入分别占销售总收入比重计算分配的税收分成机制。针对企业所得税，主要选择营业收入、职工薪酬和资产总额等因素进行综合考虑，赋予相应权重进行分配的税收分成机制。创新共同投建园区与飞地经济的财税收益分享的政策举措，综合考虑双方在资金、土地、基础设施、管理服务等方面的投入，实现两地利益分享。

三是完善都市圈跨区域生态保护补偿机制。强化资源环境生态红线指标约束，统一生态环境保护标准，制定产业准入负面清单，坚持一张负面清单管理。完善区域协商一致的生态补偿评估机制和环境财政制度，鼓励受益地区与生态保护地区、流域下游与上游等通过项目合作、园区共建、飞地经济等方式建立补偿关系。探索建立双向补偿、地区横向补偿和市场补偿"三位一体"的跨区域生态补偿机制。

第九节　审慎推行行政区划优化配置

都市圈属于经济区划，在市场引导和基础设施互联互通带动下，区域内部的功能联系逐渐加强，人口、投资、货运等生产要素的流动往往明显超越行政区划的边界，形成联系密切、功能互补的城市区域网络。但都市圈内部的市县是行政区划的概念，具有稳定的地理界线和刚性的制度约束，往往因管治主体层级差异、规划衔接不畅、激励机制缺位产生要素流动的交易成本和空间割裂。未来都市圈协同发展需要适当使用行政区划调整这一政策工具，推动行政区和经济区相适应，通过行政一体化的方式，显著降低各类资源要素跨界流动的制度摩擦力。

一是根据地方发展实际，审慎推动中心城市的行政区划优化调整。对于高度发达的地区，应推动行政区与经济区逐渐一致化，在分析论证和社会稳定风险评估的基础上，将周边联系密切、协调需求强烈的县市划入中心城市管辖，优先将一小时通勤圈内的重点县市划入。稳妥有序优先推动中心城市的县（市）改区工作，拓展发展空间，优化空间结构，提高空间治理效率。通过撤并较小市辖区、拆分较大市辖区等方式，均衡中心城市各行政区管理范围和任务要求，优化公共资源配置，提高行政管理效率。逐步将城市内各类新区和产业功能区转化为城市行政区，纳入城市统一管理，增强对社会事务的属地管理职能，促进产城融合和职住平衡，推动生产生活生态协调统一。对于欠发达地区，应优先推动打破行政边界限制，增强经济社会联系，可以积极探索特别合作区、飞地经济等模式，为后续行政区划调整创造条件、奠定基础。坚持集约发展、效率优先的原则，避免盲目扩大市辖区范围，谨防"摊大饼式"发展。严格控制撤市设区、撤县设区门槛和数量，避免将城市实际经济社会联系覆盖范围之外的区域草率并入中心城市行政区划范围，造成不必要的行政负担、市场误导和社会风险。

二是稳步增设都市圈中小城市，以行政区划调整手段优化都市圈城镇结构体系。在尊重人口、经济等要素持续向优势地区集聚的战略判断基础上，采取中心城市与周边地区协同合作的战术路径至关重要。有利于形成区域竞争新优势，也有利于破解"大城市病"、促进城市功能互补、产业分工协调。在中心城市 1 小时通勤圈外、2 小时通勤圈内，选择经济实力较强、人口规模较大、发展特色鲜明的县或重点镇，有序推进县改市、镇改市，培育都市圈次级节点，促进都市圈大中小城市和小城镇协调发展。引导产业项目和公共资源向中小城市集聚，进一步增强中小城市吸纳农业转移人口的能力。

三是充分开展行政区划调整的前期研究论证工作，有效应对风险挑战。行政区划具有很强的资源属性，行政区划调整是作为适应发展阶段和区域整合要求的补缺工具，对特定区域内部的空间、权力、组织、政策资源重新分配过程，涉及面广，社会影响大。应基于国家发展全局、区域协调发展的切实需要，推动行政区划优化设置。从发展基础、民意基础、内部共识、历史渊源等因素寻找行政区划调整的有利契机。同时需对行政区划调整引起的有关财税体制、环境资源保护、历史文化传承、公共安全、机构调整和干部分流安置、公共服务和社保衔接的成本测算、与发展规划和国土空间规划的冲突兼容等重大风险问题充分评估并制定保障预案措施，充分发挥区划调整的资源优化配置作用，将区划调整带来的负面影响降至最小。

第十节 建立和完善都市圈发展监测评估和动态调整机制

对都市圈建立科学的评价、认知与预判，是引导都市圈统筹协调高质量发展的关键，也是保障都市圈规划有序落实的核心。《中共中央 国务院关于统一规划体系更好发挥国家发展规划战略导向作用的意见》《中共中央 国务院关于建立国土空间规划体系并监督实施的若干意见》《国家发展改革委关于培育发展现代化都市圈的指导意见》等顶层设计文件均对构建实施评估、监测预警、动态调整和修订、绩效考核等机制也作出了明确要求。

一是探索建立以都市圈为单元的统计制度。明确都市圈划分标准,参照美国大都市统计区(MSA)和日本人口集中地区(DID)等制度,探索建立符合中国都市圈发展要求的统计单元。同时选取都市圈经济、人口、社会等方面特征性指标,依托现有政府统计体系,对城镇分布、人口流动、土地利用、空间承载、产业经济、社会和谐、生态保护、基础设施等关键要素进行监测,建立常态化都市圈统计制度和跟踪监测体系。

二是加强都市圈规划实施评估及动态调整机制。建立稳定的年度、中期、总结规划实施监测评估机制,分析研判都市圈发展情况和存在问题,充分结合国内外发展环境新变化新要求,对都市圈规划进行动态调整和修订,提升规划落地实施效果。

三是加强第三方和新技术在都市圈监测评估中的作用。充分发挥智库、研究机构对都市圈的第三方评估作用,建立常态化的第三方评估监测成果的应用,辅助都市圈发展决策。同时,鼓励各都市圈将大数据分析、人工智能等新技术、新手段应用于都市圈监测评估工作中,探索实现都市圈发展实时动态跟踪监测。

四是推动都市圈发展监测评估大数据平台的建设和多元应用。建立全国尺度的都市圈及城市群发展状况监测评估大数据平台,鼓励各都市圈结合自身工作需要建设相应的大数据平台,并实现与全国平台的纵向联通。不断丰富人流、物流、经济流、信息流等流数据来源,通过城市间要素流动强度和频度分析,系统刻画都市圈及城市群内部联系情况并评估区域一体化发展所处阶段,为区域政策制定提供科学依据和有效支撑。进一步拓展大数据在区域公共安全应急、人口服务管理、交通监测预警、生态环境保护与治理等领域的应用,促进政府间合作及区域治理能力与水平的提升。

参考文献

[1] 张晓明,连欣.新一轮都市圈规划编制创新思考 [J].中国经贸导刊,2021,4(6)45-48.

[2] 訾海波.空间协同与移动均好性下的大都市圈轨道交通网络规划思考 [J].交通与港航,2021,8(1): 10-15.

[3] 张颖,卓贤.城镇化 2.0 的新动力与新特征——基于手机用户大数据的分析 [J].改革,2021(1): 146-155.

[4] 朱永霞,李艳艳.合肥市加快打造多层次轨道交通体系对策研究 [J].物流科技,2021,44(2): 112-114.

[5] 刘尚希.基本公共服务均等化:现实要求和政策路径 [J].浙江经济,2007(13): 24-27.

[6]　林佩学 . 武汉城市圈基本公共服务均等化研究 [J]. 科教导刊 (中旬刊)，2012(24)：251-252.

[7]　鲁继通 . 京津冀基本公共服务均等化：症结障碍与对策措施 [J]. 地方财政研究，2015(9)：70-75.

[8]　高萍 . 区域基本公共教育均等化现状，成因及对策——基于全国各省 (市，自治区) 面板数据的分析 [J]. 宏观经济研究，2013(6)：91-97.

[9]　每日经济新闻 . 对话陆铭：我们有太多的体制性、结构性问题，解决可释放巨大制度红利 . [EB/OL]. (2020-09-11）[2021-07-26]. https://baijiahao.baidu.com/s?id=1677495383450276846&wfr=spider&for=pc.

[10]　南方经济智库 . 促进都市圈人口流动，广东为户籍制度改革探路 [EB/OL].（2020-02-02）[2021-06-02].https://www.163.com/dy/article/G1RDJ68I055004XG.html.

[11]　于新东，武雨婷，等 . 跨区域合作中的财税利益共享：国内典型政策举措梳理 [J]. 研究与建议，2020(20).

下篇

重点都市圈实践与主要经验

第六章

京津冀协同背景下的首都都市圈

第一节　京津冀协同背景下首都都市圈发展历程

京津冀同属京畿重地，土地面积约 21.6 万 km²，承载人口超过 1 亿人。其作为中国北方经济社会发展的重心，是促进环渤海经济区发展、激活北方腹地发展的重要支撑。首都都市圈作为其核心，更是京津冀协同发展的先行区。首都都市圈发展起始于改革开放，随着 2018 年京津冀协同发展正式上升为国家战略，首都都市圈发展也进入新的历史时期。

一、改革开放背景下的京津冀区域协作探索

1998 年之前，我国以省域为主体的行政区经济特征比较鲜明。行政区经济一定程度影响了经济区的发展，地理学界、经济学界就此提出了不少区域协作的经济区构想。对于当时的北京，要稳定人民群众生活、发展经济，需要周边地区提供稳定的农副产品、矿产资源和能源等物资保障，这是推动华北地区区域经济协作的主要考虑因素。1981年，国务院提出"扬长避短、发挥优势、保护竞争、促进联合"区域协作十六字方针，京、津、冀、晋、蒙联合成立了全国最早的区域协作组织——华北地区经济技术协作区；通过高层会商，以物资交流作为主要的协作内容，进行地区间的物资调剂，并鼓励企业之间开展横向经济联合。例如，北京与河北环京地市合作建立了肉蛋菜等生活资料供应基地和纯碱、生铁等生产资料基地。

与此同时，在改革开放初期，为突破单纯基建项目管理的局限，全国开始强调各类国土资源综合整治，协调区域产业布局与基础设施建设。1984 年，京津唐地区作为全国地区性国土规划的重要试点，最早完成了《京津唐地区国土开发整治的综合研究》，

对京津唐地区提出了"全国神经中枢，北方重要经济核心区"的发展定位。

同时，基于对外开放与发展市场经济的基本国策以及资源、资本稀缺的现实情况，沿海开放城市、开发区等特殊政策区，成为这一时期包括京津冀在内的我国城市和区域发展的先行地区。1986 年，由天津、大连、青岛、秦皇岛、烟台 5 座全国第一批沿海对外开放城市 ① 以及其他 10 座城市共同发起，成立了环渤海地区经济联合市长联席会（环渤海区域合作市长联席会的前身），围绕环渤海开展区域合作，先后召开了 17 次会议。1993 年，落地于京津塘高速北京起点处亦庄的北京经济技术开发区正式投入使用，成为北京带动京津冀区域经济发展的窗口和纽带，在对外交往、招商引资和人才培养方面发挥了重要作用。

二、全球化驱动下的京津冀地区全面协调发展阶段

邓小平视察南方以后，国有企业开始大规模改制改革，我国进入社会主义市场经济阶段。1999 年，"大北京（京津冀北）"概念被正式提出，希望将北京的发展与京津冀发展综合考虑，其中包括建设世界城市、全球城市地区等。"大北京"从参与全球竞争的角度，对京津冀地区发展提出的构想，引起了国家有关部门和各级政府的高度关注。

进入 21 世纪，京津冀协调的区域条件开始发生变化，北京与周边地区的关系进入如何以大城市带动、缩小区域发展差距的全新阶段。在这一背景下，京津冀协调发展的研究与规划热度进一步提升。2004 年，《北京城市总体规划》获批，规划中提出京津冀协调发展战略；同年，国家发展改革委启动编制《京津冀都市圈区域规划》；2005 年，建设部启动《京津冀城镇体系规划》的编制研究。同期，北京市发展改革委邀请津冀专家学者探讨京津冀都市圈和首都经济圈的发展战略，提出"3 + 2"（京津冀 + 蒙晋）首都经济圈构想。

与此同时，我国加入了世界贸易组织，许多经济部门开始密切关注全球化进程中如何汲取国际经验，进一步加强区域之间的非正式合作，减缓行政区经济的掣肘，顺应市场经济的要求，推动产业之间的协作协同。2004 年，国家发展改革委召集京津冀三地发展改革部门，达成了"廊坊共识"，从产业布局、资源环境、基础设施和区域经济等多方面推动区域协调发展，并建立京津冀省、市长定期联席会议制度。

为进一步发挥北京在推动京津冀区域协调发展中的作用，通过对比广东深圳、上海浦东的对外开放，2006 年，在众多部门努力下，《国务院关于推进天津滨海新区开发

---

① 1984 年，大连、秦皇岛、天津、烟台、青岛、连云港、南通、上海、宁波、温州、福州、广州、湛江、北海 14 座城市被国务院批准为全国第一批沿海对外开放城市。

开放有关问题的意见》出台，天津滨海新区纳入国家发展战略，成为国家重点支持开发开放的国家级新区。

三、后奥运及国际金融危机背景下京津冀转型驱动的深化协调阶段

2008 年，为应对国际金融危机全面爆发的冲击，我国推出了进一步扩大内需、促进经济平稳较快增长的一系列政策措施。在 4 万亿元投资的刺激下，地方政府对实体经济、产业发展更加关注。这一时期，国家发展改革委、交通部为了促进区域发展，也做了很多努力。在国家中长期规划框架下，2009 年，京津冀三地交通运输管理部门签署《京津冀交通一体化合作备忘录》，为推动构建区域交通网络起到了超前引领作用。国务院支持中关村科技园区建设国家自主创新示范区，为推动京津冀科技创新的区域协调发挥了重要作用。同年，国务院批复同意了《天津滨海新区综合配套改革试验总体方案》，试验方案涉及金融、涉外经济体制改革等。天津围绕国际港口城市、北方经济中心和生态城市，积极开展东疆保税区和响螺湾商务中心建设。2010 年，河北环首都经济圈被列入国家"十二五"规划。2011 年，河北省实施"环首都绿色经济圈规划"，建设京东、京南、京北三大新区，以解决环北京地区的发展问题。同期，河北组织编制《河北沿海地区发展规划》，2011 年获国务院批复。

在这一过程中，京津冀三地的发展战略目标尽管都面向区域，但各自的战略重点方向、意图不尽一致。如何发挥国家战略和首都功能引领作用，形成推动区域发展合力成为难点，京津冀区域协同发展仍面临艰巨挑战。

四、京津冀协同发展战略下的新发展阶段

多年来，京津冀区域协调有了显著的推进，但在我国进入高质量转型发展新时期的背景下，仍然缺乏整体抓手，首都功能在京津冀区域协调发展中的带动作用仍然发挥不足。随着央企转制的快速发展，北京城市人口快速集聚，2000—2014 年人口数量增长近一倍，环境污染、交通拥堵等"大城市病"越来越严重，去产能压力越来越大，京津冀区域发展不平衡问题亟待解决。习近平总书记在 2014 年视察北京并发表"2·26"重要讲话，明确了京津冀协同发展作为国家重大战略的地位，开创了京津冀协同发展的新时代。2015 年，中共中央政治局审议通过的《京津冀协同发展规划纲要》中提出以疏解北京非首都功能为核心。2017 年，《北京城市总体规划（2016 年—2035 年）》发布，强调着眼于区域来谋划首都未来。2018 年《河北雄安新区规划纲要》、2019 年《北京城市副中心控制性详细规划（街区层面）》，以及 2020 年《首都功能核心区控制性详细规划（街区层面）》的批复，标志着推进京津冀协同战略的进一步落实。

在此期间，三省市开始建立沟通机制。2014 年，国务院成立京津冀协同发展领导小组，在其统筹下各部委、三省市都采取了积极行动，特别是早期，在落实经济协同机制方面做了许多工作。比如，京冀签署《共同打造曹妃甸协同发展示范区框架协议》等七项协议，天津制定加快建设"一基地三区"的 4 个专项《实施意见》等。此外，以北京的大事件、大项目为契机，区域治理与体制机制创新得到了推动，包括 APEC 会议等重大活动期间京津冀全域实施道路限行，2014 年北京与河北张家口携手获得 2022 年冬季奥运会主办权等。

京津冀区域协作机制构建的同时，在交通一体化、生态环境保护、产业升级转移等重点领域率先取得突破[1]。北京大兴国际机场通航，京张高铁、津保铁路、京雄高铁建成通车。2018 年以来京津冀主要城市的雾霾污染普遍改善。随着首都功能核心区控规的推进，通州副中心、雄安新区、崇礼冬奥的加速建设，京津冀协同的"一体两翼"（雄安新区与北京城市副中心）、河北两翼（雄安新区与以 2022 年北京冬奥会和冬残奥会为契机推进建设的张北地区）框架基本建成。同期，清华大学成立首都区域空间规划研究北京市重点实验室，通过参与北京城市副中心、雄安新区、新机场等重大实际项目建设，对京津冀区域协作进行实践验证与深化研究。

1980 年以来，有关北京与周边地区协调发展的多种概念、方案和实施战略，展现的是不同阶段面临的问题和应对的挑战。改革开放后到 2000 年之前，北京与周边地区关系的研究，主要以形成经济区、促进产业协作为主。2000 年后，我国加入 WTO，北京与周边地区的关系进入区域协调探索的阶段。2014 年后，随着习总书记提出了京津冀协同发展战略，北京与周边地区的建设，主要围绕落实国家空间战略、促进高质量转型发展开展工作。综上所述，京津冀协同是正在实施推动的首都及周边地区协同的空间战略，多年来京津冀开展的多种区域协调发展研究，都发挥着提升首都功能、促进首都与周边地区协同发展的作用。

第二节　首都都市圈基本情况及战略定位

一、基本情况

与前述《京津冀都市圈区域规划》不同，本研究延续清华大学京津冀（大北京地区）城乡空间发展规划研究中的范围界定方式，将首都都市圈定义为北京市、天津市、廊坊市、唐山市、保定市、沧州市、承德市、张家口市所辖部分区县，其中京津唐、京津保两个三角形地区为内圈，沧州、承德、张家口等城市所辖地区为外圈。但是，从当前人口分布、经济联系和日常通勤联系等情况来看，首都都市圈仍处于发展孕育之中，因此研究以都市圈人口密度 2000 人 /km²、通勤人口占就业人口 5% 为标准，概述首都都市圈形成的实际状况。

1. 人口空间分布及联系

2018 年首都都市圈经济总量约为 6.19 万亿元，人均 GDP 达 9.71 万元。2019 年，首都都市圈常住人口约为 6376 万人 [1]，其中北京市、天津市城区常住人口超 1000 万人，为超大型城市；张家口市、保定市、唐山市为大城市；廊坊市、沧州市、承德市为中等城市（见表 6-1）[2]。

表 6-1　首都都市圈地区常住人口情况

名称	常住人口 / 万人	市区人口 / 万人	城区人口 / 万人
北京	2153.60	2153.60	1123.60
天津	1561.83	1561.83	1135.52
唐山市	794.99	307.17	195.67
保定市	1197.45	288.97	145.07
廊坊市	483.66	87.90	53.02
张家口市	442.33	198.45	102.44
承德市	358.27	60.08	55.12
沧州市	754.43	68.70	57.67

（数据来源：建设部《中国城乡建设统计年鉴 2019》）

从人口密集区域的空间分布来看，首都都市圈已经形成了以北京为中心，半径 50~70km，包括河北廊坊的北三县、廊坊中心城区，保定的涿州高碑店，天津中心城区、郊区四区、滨海新区等人口密度超过 2000 人 /km² 的人口密集区域。

根据百度迁徙地图数据，目前首都都市圈中天津市、河北省日流入北京人口约占全国流入北京人口的 50%；其中天津市日流入北京市人口约占 6%（见表 6-2）。

以第四次全国经济普查数据及手机信令数据等粗略估计，外围地区至北京工作通勤人口占本地工作人口的比例，廊坊约 20%，保定约 7%，天津 1.5%；类似地，外围地区至天津的情况，廊坊约 5%，唐山约 3%，沧州约 2%，北京约 1.3%。

---

① 数据来源：《北京市统计年鉴 2019》《天津市统计年鉴 2019》《河北省统计年鉴 2019》。
② 城市等级划分以城区常住人口为基准。

表 6-2　首都都市圈部分城市区域日人口流动占比

%

出发地	目的地				
	北京市	廊坊市	保定市	天津市	唐山市
北京市	—	54.17	32.73	18.80	13.07
廊坊市	19.65	—	8.51	15.17	3.88
保定市	8.75	6.87	—	3.48	2.67
天津市	5.89	13.27	4.13	—	25.70
唐山市	2.10	1.79	1.50	13.16	—

（数据来源：互联网人口迁徙数据，2020 年 11 月 23 日至 2020 年 12 月 6 日[①]）

2. 建设用地空间增长趋势

从用地增长及其扩散情况来看，2000—2010 年首都都市圈建设用地增长规模最大的是北京市和天津市两个中心城市；2010—2020 年，北京建设用地增长明显放缓，天津市、唐山市增长保持稳定，其他地区的建设用地增长明显加快。

以 3000 米网格为基本单元，结合建设用地在单元内的比例，分别依据城市地区（建设用地密度大于 50% 以上）、城市地区外围城镇区域（建设用地密度 30% 以上）的定义，观察首都都市圈的城镇空间聚集现状可以发现，依托区域交通网络，北京外围城镇区域扩展到了河北的廊坊北三县、廊坊城区以及保定涿州、高碑店、定兴等地，验证了以北京为核心的跨行政区超大城市地区的出现；天津及滨海新区，外围城镇区域扩展并连接沧州黄骅、曹妃甸城镇区域，以天津为核心的跨行政区超大城市地区正在同步形成。

3. 都市圈交通可达性情况

以跨城市公共交通 1 小时、市内公共交通 0.5 小时为通勤时间标准，观察首都都市圈通勤可达性覆盖范围，北京通勤可达河北廊坊北三县，廊坊城区、永清，天津武清以及河北的固安、涿州和高碑店，距离北京中心城 50~70km。天津通勤可达河北廊坊城区、胜芳、永清城区，沧州的黄骅，唐山曹妃甸等，距离天津城区、滨海新区 50~70km。

综合上述，综合人口密集地区空间分布、建设用地开发强度和跨行政区通勤人口占就业人口比例等条件，可以看出在首都都市圈区域，目前已经形成以京津超大城市为核心，人口密度 2000 人 /km² 以上、通勤人口占就业人口的 5% 以上，区域通勤时间 1 小时以内的超大城市地区，范围涉及北京市、天津市、廊坊市、唐山市、保定市，以

---

① 其中的数据仅代表各地市在全国范围内的占比，不代表绝对数，相互之间不可比。以目的地北京为例，在这个时间段内，来自廊坊的人口占比 19.7%。

及沧州北部与天津、廊坊和保定接壤的部分区县。

二、战略定位

早在 21 世纪初就有学者 [2] 提出，"首都圈"是以首都为中心的都市圈。"首都圈"营建一方面需要支援和服务首都北京可持续发展，发挥北京的政治、文化中心职能，以及国际城市建设；另一方面，也可以极大地带动首都北京周边地区乃至整个北方地区的经济发展，以平衡全国南北发展差距。2008 年国家发展改革委"十一五"区域规划项目资助的《京津冀都市圈区域综合规划研究》指出"京津冀都市圈"是国家开展区域规划的先行地区，也是我国北方最大的都市经济区和建设创新型国家的主要支撑区。2015 年 4 月，《京津冀协同发展规划纲要》提出以有序疏解北京非首都功能为核心，调整京津冀地区的经济结构和空间结构，建设以首都为核心的世界级城市群。因此，首都都市圈战略定位可以从以下四个方面加以总结：一是服务首都功能提升，作为首都功能区域布局的核心地区；二是服务国家治理现代化，作为新时代国家对外开放的窗口和首善之区；三是服务国家科技现代化，作为国家科技创新重要区域，率先实现经济现代化；四是服务我国北方地区产业复兴和创新，作为带领首都周边地区乃至整个北方地区发展的龙头区域，并成为我国北方地区的门户。

第三节　首都都市圈发展成效和经验借鉴

一、持续疏解北京非首都功能，增强与天津、河北协同联动

北京非首都功能疏解对象包括一般性制造业、区域性物流基地和区域性批发市场、部分教育和医疗机构、部分行政性事业性服务机构，并确立了政府引导与市场机制相结合、集中疏解与分散疏解相结合、严控增量与疏解存量相结合、统筹谋划与分类施策相结合的疏解原则 [3]。依托疏解非首都功能这一目标，北京市持续增强与天津、河北协同联动，开启从"集聚资源求增长"到"疏解功能谋发展"的重大历史性变革。

1. 一般性制造业、区域物流基地和区域批发市场疏解，产业对接取得进展

2014 年北京出台《北京市新增产业的禁止和限制目录》，并于 2015 年、2018 年修订扩大禁限范围，严控禁限产业增长，扎实有序推进非首都功能疏解，有效推动了经济结构的优化提升。截至 2020 年 10 月，北京累计疏解一般性制造业企业 2154 家，全市不予办理新设立或变更登记业务累计 2.33 万件，疏解、撤并区域性专业市场和物流中心 773 个 [4]。北京市与河北省等周边地区加强开展产业对接协作，采用全部外迁、

总部经济和产能扩张三种类型转移疏解产业，推进曹妃甸、渤海新区、芦台·汉沽、正定新区等协同发展园区建设[5]。引导新发地、大红门等区域型物流基地和批发市场向河北高碑店、白沟等地集聚[6]。

伴随非首都功能疏解，北京市第三产业内部结构不断优化，批发和零售业、租赁和商务服务业占比逐年下降，信息传输、软件和信息技术服务业、科学研究和技术服务业所占比重提升，产业优化升级趋势明显。北京市在疏解一般性制造业、物流基地、批发市场等同时，将腾退空间用于公园绿化建设和战略储备用地，实现"留白增绿"。

2. 北京市部分教育、医疗资源向雄安新区、北京城市副中心输出，支持两地建设发展

2016 年北京市发布《"十三五"期间教育改革和发展规划》，提出部分在京中央高校和市属高校采用联合办学、办分校、整体搬迁等形式向北京郊区、河北省、天津市转移，北京城市学院、北京建筑大学、北京工商大学等高校京郊的新校区累计入驻学生近 3 万人[7]。2019 年 9 月，清华附中雄安学校正式开学，北京市"三校一院"（北海幼儿园、史家胡同小学、北京四中、宣武医院）在雄安新区的分校区、分院区项目正式开工[8]。中国人民大学、北京二中、黄城根小学、北海幼儿园、安贞医院、友谊医院等教育和医疗资源逐步入驻北京城市副中心[9, 10]。经过疏解，北京中心城区集聚的优质公共服务功能逐步辐射到京津冀区域更广泛的地区，推动区域均衡发展[11]。

二、依托"一体两翼"、河北两翼空间发展格局，布局高新产业成为区域增长极

《北京城市总体规划（2016 年—2035 年）》提出京津冀协同发展的目标是建设以首都为核心的世界级城市群，形成"一体两翼"空间发展格局，即以北京中心城区为主体，北京城市副中心与河北雄安新区共同构成北京新的两翼。河北省以 2022 年冬奥会为契机推进张北地区发展，促进雄安新区与张北地区形成河北两翼的空间格局。

1. 区域交通设施加紧建设，"一体两翼"、河北两翼空间发展格局基本形成

北京城市副中心站综合交通枢纽已于 2019 年开工建设，该枢纽站是规划京唐、京滨城际铁路（近期）的始发站，也是京哈铁路（远期）、城际铁路联络线、北京市中心城区至城市副中心市郊列车 S1 线的重要车站[12]。

雄安新区各项目加紧建设，截至 2020 年 7 月底，近 70 个项目已主体开工或配套辅助设施工程开工[13]。2020 年 12 月京雄城际铁路全线通车，雄安新区首个重大交通项目京雄城际铁路雄安站投入使用。

张家口对外交通京张高铁、兴延高速、延崇高速等建成通车，崇礼铁路、张家口机场扩建、张家口南综合客运枢纽等9个位于河北省的冬奥交通项目已完工，持续提升张家口对外交通和赛时交通服务保障能力[14]。

2. 谋划信息技术、绿色商务、金融信息服务等重点产业领域，布局高新产业成为区域增长极

北京城市副中心重点发展绿色商务，建设国际商务新中心，形成北京发展新的增长极。目前已有56家高端企业入驻运河商务区，包括以三峡集团为重点的总部企业，以北京银行、建设银行为重点的传统金融机构，以北京绿色交易所、北京绿色金融与可持续发展研究院为重点的绿色金融和财富管理企业，以中国信通院为重点的科技创新企业，形成副中心绿色CBD[15]。

雄安新区正在围绕智能、绿色、创新的产业定位积极布局高端高新产业，提高京津冀世界级城市群科技竞争力。近期雄安新区5G率先大规模商用，带动地区相关产业发展；同时搭建国家新一代人工智能开放创新平台，建设开放式智能网联车示范区。阿里巴巴、腾讯、百度、京东金融等48家高端、高新企业已入驻雄安，其中前沿信息技术类企业14家、现代金融服务业企业15家、高端技术研究院7家（包括太赫兹等未来技术研究院3家、军民融合研究中心1家）、绿色生态企业5家及其他高端服务企业7家[16]。

张家口崇礼以冬奥会为契机，着力发展冰雪产业、休闲旅游业，推动数据中心、新能源等新兴产业落地。截至2019年已建成北京—张家口—张北19条光纤直连通道以及多项支撑工程，张北云联数据中心、数据港张北数据中心、阿里庙滩数据中心、阿里小二台数据中心、怀来秦淮数据中心5个项目已投入运营，初步形成以张北云计算产业集聚区、桥东区北方硅谷高科新城、怀来京北生态科技新城、宣化区京张奥产业园为核心的高新技术产业空间布局[17]。

三、深化交通一体化进程，区域运输服务水平明显提升

1. 铁路建设基本实现《中长期铁路规划》目标，构建区域内主要城市2小时可达轨道交通网络

2014—2018年，京津冀地区铁路营业里程由8506km增长至9779.5km①，年均增速约4%。2017年《京津冀城际铁路网规划》出台，京津冀三地政府和中国铁路总公司

---

① 数据来源：国家统计局. 中国统计年鉴2015[M]. 北京：中国统计出版社，2015.

共同出资成立京津冀城际铁路发展基金，推动京津冀一体化城际铁路网络建设。截至2020年12月，京雄城际铁路、京张高铁崇礼段开通运营，连接北京通州和河北唐山的京唐铁路、连接北京通州和天津滨海新区的京滨铁路正在紧张建设。京津冀主要城市2小时可达轨道网络基本建成，逐步形成以北京、雄安新区为中心，以张家口、唐山、天津、石家庄、秦皇岛5大轨道交通枢纽为环绕的高速轨道交通网络新格局[18]。

2. 外拓环线路、打通断头路、延伸冬奥服务道路，区域内公路网络结构进一步优化

京津冀地区高速公路里程由2014年年末的7983km增长至2018年年末的9656.5km[①]，年均增速5.2%。区域内"四横、四纵、一环"的京津冀路网格局初步形成[19]，为加强区域内中短途联系、衔接不同交通方式提供了良好支撑。

3. 机场建设加快推进，水运港口协作不断深化

截至2019年9月北京大兴国际机场正式投入运营时，京津冀地区已有9个运输机场正在运营，邢台机场也于2020年7月开工建设，将于2021年完工，成为京津冀地区第10座运输机场[20]。2020年6月，天津港与河北港口组建环渤海内支线操作中心，两地将突破行政区划限制，实现区域信息共享，更好地服务京津冀地区一体化建设。

四、强化流域综合治理协同行动，形成多种协同治理模式经验

1. 共同执法、信息共享，创新白洋淀协同治理模式

京津冀以跨省（市）断面为界，展开分段排查，通过构建共享数据信息、共享执法成果的协同治理模式，在白洋淀污染治理方面取得了显著成效。2018年、2019年白洋淀淀区主要污染物总磷、氨氮浓度持续下降，2019年白洋淀湖心区水质达到四类，与2018年年底相比提升一个水质级别。

2. 共抓薄弱环节、政府与市场合作，打造永定河流域综合治理模式

京津冀三地针对永定河防洪薄弱环节展开重点治理，包括清水河河道整治、冬奥会崇礼赛区防洪保障设施建设、固安段—保涿州段综合治理、北京新机场防洪安全保障、永兴河滞洪工程等重点项目。2018年6月，京津冀晋四地人民政府和中交集团共同出资组建永定河流域投资有限公司，政府与市场协作的新型流域治理模式正逐步发挥作用，生态补水成效显著，流域生态环境明显优化。2020年永定河实现京津冀晋四地水路贯通，通水河段长707km，较补水前增加400km之多。永定河水质改善，地下水

---

① 数据来源：国家统计局. 中国统计年鉴2019[M]. 北京：中国统计出版社，2019.

水位回升，防洪工程建设有序推进 [21]。

第四节　首都都市圈跨区域合作的体制机制创新

一、细化分解京津冀协同任务，责任落实到单位和责任人，完善"考核＋监督＋奖惩"等组织机制

国务院及各部门根据其事权范围和内部分工，从不同角度提出了京津冀协同的细化政策纲领，使不同领域的协同任务有了明确的分工和责任主体，并进一步提出了组织保障的手段。整体而言可用的政治保障工具主要有三类：一是机制手段类，以主要领导第一责任人、负面清单机制、联席对话机制为主要内容；二是考核手段类，以国务院督查、上级部门考核、领导干部绩效考核、企业绩效考核为主要内容；三是奖惩手段类，以表扬奖励、取消荣誉称号、公开约谈、追责问责、通报批评，直至追究刑事责任为主要内容。此外，通过对参与单位的梳理，可以发现中央组织部在确保上述工作有效落实层面发挥了重要的监督考察作用（见图 6-1）。

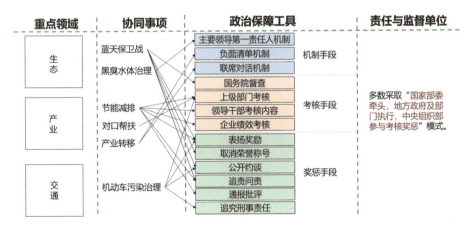

图 6-1　2014 年以后我国京津冀协同政治保障推进工作模式示意图

（资料来源：根据相关资料自绘）

二、基于国家"十三五"系列规划与重点地区总体规划、跨区域专项规划，明确协同工作思路

整体来看，通过规划实现区域协同的手段主要有四方面内容：一是如国家生态环境、科技创新、信息化、教育事业"十三五"规划，对京津冀地区提出整体发展目标；二是如北京市总体规划、雄安新区总体规划、通州及北三县协同发展规划，对京津冀

协同提出具体机制创新要求；三是如生态环境、综合防灾、知识产权保护、综合交通等专项规划，提出构建京津冀跨行政边界的政策区与标准统一区的实现途径；四是如生态环境、资源综合利用、综合交通领域等专项规划，明确提出打造交通、生态空间、产业链等实体物质联系的要求（见图 6-2）。

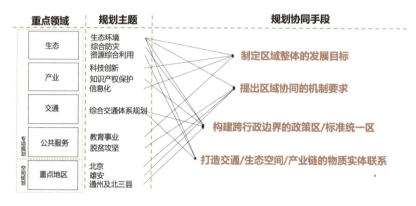

图 6-2　2014 年以后我国颁布推动京津冀协同相关规划工作模式示意图

（资料来源：根据相关资料自绘）

三、促进京津冀地区试点示范，破除要素流动障碍，为深化改革提供创新动力

整体来看，京津冀地区的试点示范工作以优先经费保障、建立容错机制（"三个区分开来"[①]）、实行专业部门细化指导等手段为激励方式，鼓励京津冀地方政府大胆尝试，创新协同政策，并积极推动落实。目前京津冀地区已在政务服务通办、自由贸易、服务开放、投资审批、医药卫生体制改革、基础设施投资审批等方面开展跨境协同试点。

四、推动重点领域协同合作走向法制化与常态化

京津冀三地人大联合颁布了《京津冀人大立法项目协同办法》（2017）、《京津冀人大立法项目协同实施细则》（2018），并以此为依据就十余部法规开展了协同立法，涉及大气污染防治、国土保护和治理、水污染防治、道路运输管理、科技成果转化、发

---

① 即把干部在推进改革中因缺乏经验、先行先试出现的失误和错误，同明知故犯的违纪违法行为区分开来；把上级尚无明确限制的探索性试验中的失误和错误，同上级明令禁止后依然我行我素的违纪违法行为区分开来；把为推动发展的无意过失，同为谋取私利的违纪违法行为区分开来（出自习近平总书记在省部级主要领导干部学习贯彻党的十八届五中全会精神专题研讨班上的讲话（公开发表））。

展循环经济、节约能源、专利保护、湿地保护、居家养老服务多个方面（见表6-3）。三地协同立法采取题目一致、框架结构一致、适用范围一致、基本制度一致、监管措施一致、区域协同一章内容一致、行政处罚一致，而且审议节奏、出台时间也一致的做法，同时为了尊重各地经济社会发展的实际情况，三地也保持了各自特色的内容。京津冀协同立法实现了由松散型协同向紧密型协同、由机制建设协同向具体项目协同、由单一的立法项目协同向全方位协同的转变。

表6-3　2014年以后京津冀协同主要政策梳理

政策名称	协同内容	组织保障	责任单位
《国务院办公厅关于成立京津冀及周边地区大气污染防治领导小组的通知（国办发〔2018〕54号）》	国务院办公厅关于成立京津冀及周边地区大气污染防治领导小组的通知	领导小组负责指导、督促、监督有关部门和地方落实，组织实施考评奖惩。组织制定有利于区域大气环境质量改善的重大政策措施，研究审议区域大气污染防治相关规划等文件	国务院、生态环境部、发展改革委、工业和信息化部、公安部等及各省政府
《国务院关于印发打赢蓝天保卫战三年行动计划的通知（国发〔2018〕22号）》	以京津冀及周边地区等区域为重点，持续开展大气污染防治行动	落实"一岗双责"。落实情况纳入国务院大督查和相关专项督查。考核不合格的地区，由上级生态环境部门会同有关部门公开约谈地方政府主要负责人等	生态环境部牵头，中央组织部等参与
《关于印发京津两市对口帮扶河北省张承环京津相关地区工作方案的通知》	北京市对口帮扶河北省张家口市张北县等 天津市对口帮扶承德市承德县等	北京市、天津市要勇于担当，会同受帮扶方编制帮扶规划，做好组织实施工作。生态同建、投入共担、持久保护、协同发展。建立健全绩效考核评价机制，做好对口帮扶信息公开工作。年度工作进展情况及时向发展改革委报告	发展改革委、中央组织部、工业和信息化部、财政部、人力资源社会保障部、环境保护部
《国务院关于印发"十三五"节能减排综合工作方案的通知》	控制京津冀及周边地区、长三角、珠三角、东北等重点地区排放	建立以环境质量考核为导向的减排考核制度。国务院每年组织开展省级人民政府节能减排目标责任评价考核，将考核结果作为领导班子和领导干部考核的重要内容。对未完成能耗强度降低目标的省级人民政府实行问责	牵头单位：国家发展改革委、环境保护部、中央组织部
《住房城乡建设部、生态环境部关于印发城市黑臭水体治理攻坚战实施方案》	鼓励京津冀、长三角、珠三角区域城市建成区尽早全面消除黑臭水体	主要领导是本行政区域第一责任人，其他有关领导班子成员在职责范围内承担相应责任。对于推诿扯皮、落实不力的，要提请同级人民政府进行问责	生态环境部牵头，住房城乡建设部、中央组织部参与

（资料来源：根据相关资料整理）

表 6-4 梳理了自 2014 年以来与推进京津冀协同发展有关的各类规划。

表 6-4 2014 年以后京津冀协同相关规划梳理

类型	规划名称	协同细化工作思路
国家"十三五"规划	《"十三五"国家科技创新规划》	在京津冀地区等重点区域开展环境污染防治技术应用试点示范，促进绿色技术转移转化，加强环保高新技术产业园区建设，形成区域环境治理协同创新共同体
	《"十三五"现代综合交通运输体系发展规划》	深化京津冀等重点区域标准化协作，发挥城市标准化创新联盟等平台机制作用，统筹协调跨区域跨领域的重大标准化问题
	《"十三五"生态环境保护规划》	在京津冀地区等重点区域开展环境污染防治和生态修复技术应用试点示范，提出生态环境治理系统性技术解决方案。打造京津冀等区域环境质量提升协同创新共同体，建立京津冀区域生态保护补偿机制，开展京津冀晋等区域地下水修复试点
	《"十三五"脱贫攻坚规划》	在新安江、南水北调中线源头及沿线、京津冀水源涵养区、九洲江、汀江—韩江、东江、西江等开展跨省流域生态保护补偿试点工作
	《教育事业发展"十三五"规划》	推动三省市教育协同发展，有序疏解北京非首都功能
	《"十三五"国家知识产权保护和运用规划》	推动京津冀知识产权保护一体、运用协同、服务共享，促进创新要素自由合理流动
	《"十三五"国家信息化规划》	推进京津冀、长江经济带、生态森林等重点区域、领域环境监测信息化建设，提高区域流域环境污染联防联控和共治能力，打造世界级智慧城市群
空间规划	《全国国土规划纲要（2016—2030 年）》	以京津冀等地区为核心，建设服务全国、面向世界的现代服务业中心，建设京津冀等重要商业功能区，加快现代服务业中心建设
	《北京市总体规划（2016—2035 年）》	提升京津冀城市群在全球城市体系中的引领地位，建设成为以首都为核心的世界级城市群、区域整体协同发展改革引领区、全国创新驱动经济增长新引擎、生态修复环境改善示范区
	《河北雄安新区总体规划（2018—2035 年）》	推进京津冀协同创新，促进军民融合创新，主动融入全球创新。强化知识产权保护及综合运用，促进科技成果转移转化
专项规划	《北京市通州区与河北省三河、大厂、香河三县市协同发展规划》	以北京城市副中心为中心，构筑通达京津冀各中心城市、枢纽机场的城际铁路网络。鼓励北三县建设医疗卫生与养老相结合的服务设施，全面提升在健康养老领域服务北京市及京津冀地区的能力
	《河北省人民政府关于印发河北省建设京津冀生态环境支撑区规划（2016—2020 年）》	到 2020 年，全省生态环境质量明显好转，山水林田湖海生态功能有效改善，主要污染物排放总量大幅削减，单位国内生产总值二氧化碳排放大幅减少，$PM_{2.5}$ 浓度比 2015 年下降 17% 左右且达到国家规定要求

（资料来源：根据相关资料整理）

表 6-5 梳理了自 2014 年以来在京津冀地区进行的试点工作。

表 6-5 2014 年以后京津冀地区试点工作梳理

试点名称	创新内容	激励措施
中国（北京）自由贸易试验区总体方案	建设具有全球影响力的科技创新中心，加快打造服务业扩大开放先行区、数字经济试验区，着力构建京津冀协同发展的高水平对外开放平台	建立完善自贸试验区制度创新容错机制，坚持"三个区分开来"，鼓励大胆试、大胆闯；本方案提出的各项改革政策措施，凡涉及调整现行法律或行政法规的，按规定程序办理
关于加快推进政务服务"跨省通办"的指导意见	围绕教育、就业、社保、医疗、养老、居住、婚育、出行等与群众生活密切相关的异地办事需求，推动社会保障卡申领、异地就医登记备案和结算、养老保险关系转移接续、户口迁移、住房公积金转移接续等事项加快实现"跨省通办"	明确责任单位、时间表、路线图。强化经费保障，在推进政务服务"跨省通办"的同时，加快实现相关高频政务服务事项"省内通办"，确保改革任务尽快落地见效。对改革措施不到位、工作落实不到位、企业和群众反映问题仍然突出的，给予通报批评等处理
全面推进北京市服务业扩大开放综合试点工作方案	探索京津冀产业链引资合作模式，建立境外投资合作风险预警信息共享机制	国务院有关部门按照职责分工，加强协调指导，积极支持，形成促进开放发展的合力。商务部、北京市人民政府要共同做好试点任务的跟踪督办和经验总结
河北省张家口赛区冬奥会建设项目投资审批改革试点方案	紧紧围绕京津冀协同发展战略，坚持改革创新、大胆探索，坚持依法行政、稳妥推进，坚持简政放权、放管结合、优化服务，加快张家口赛区冬奥会项目建设	河北省人民政府要加强组织领导，明确责任主体，细化改革措施。国务院有关部门要按照职能分工，加强指导和服务，积极支持河北省开展改革试点。国务院审改办要加强统筹协调、跟踪分析和督促检查
国务院办公厅深化医药卫生体制改革 2017 年重点	京津冀地区协同开展医疗机构、医师和护士电子证照试点工作，2017 年在全国所有省份开展试点	国家卫生计生委负责

（资料来源：根据相关资料整理）

第五节 首都都市圈问题挑战及下一阶段工作重点

一、问题挑战

1. 国家服务职能亟待完善，辐射北方、服务京津冀的货运、物流枢纽能力有待加强

作为全国的首善之区，首都都市圈是国际国内发展要素转换的重要场所；国际资金、技术、人才输入内陆腹地的重要窗口；中国北方海洋经济辐射华北、东北、西北枢纽；内陆经济走向全球化的海洋门户。然而随着全国基础设施、消费结构的不断完善，尤其是近年来沿海地区港口设施的完善，首都都市圈与全国物流联系产生新的格局。

根据 2010 年和 2017 年全国（不包括港澳台）货物运输量数据，借助 unicet 社会网络分析软件凝聚子群分析方法[①]，发现 2010 年北京、天津、河北、江苏、山东、上海为相对紧密的整体，形成东部沿海货物—经济联系体；2017 年依托天津港与首都机场等基础设施，北京、天津形成了相对封闭的货物—经济联系体，而河北与江苏、山东等地区联系更加紧密，京津作为北方物流货运枢纽地位被发展更为迅速的其他沿海地区冲淡。

2. 进一步服务首都，首都功能仍有在更大尺度空间上布局的需要

通过对伦敦、华盛顿、巴黎、柏林、首尔等国家首都圈布局首都功能情况进行梳理与对比可以发现，在首都外围适度布局国家权力机构、职能部门、通信宣传、公用设施、文化纪念等是常规性做法，有利于减缓城市压力，保护首都安全。相比之下，尽管有雄安、通州、崇礼分担首都的非核心职能如国企机构、科技创新、公共服务等，但与国外相比，在区域层面布局首都功能的做法还有差距，可以探索在更大的区域层次布局部分国家机构、国家纪念设施、文化设施等。

3. 首都都市圈产业发展尚未形成引领地位，科技创新水平亟须进一步提升

产业发展方面，京津冀地区产业的全球影响力不足，其新型制造业在国内尚未形成引领地位。京津两地服务业发展水平均低于纽约、伦敦和东京，金融、科技服务、信息服务等产业在全球市场上影响力较低。京津冀地区城市存在产业结构雷同、低水平无序竞争的现象，产业传递梯度落差大，产业链系统完整度不足[22]。2020 年京津冀地区制造业企业 500 强占全国比重的 15%，落后于长三角地区（上海、浙江、江苏占全国的 30.4%）[②]。

科技创新方面，京津冀地区科研人员比例、专利授权数比例、高新技术企业数量与营收有待进一步提升。2019 年，京津冀地区研究与试验发展全时人员占全国比例为 11%，落后于长三角地区（上海、浙江、江苏占全国比例为 27.5%）和珠三角地区（广东占全国比例为 16.7%）；京津冀地区专利申请数和授权数占全国比例分别为 10.1% 和 10%，落后于长三角地区（上海、浙江、江苏的申请数和授权数占全国比例分别为 28.7% 和 28.3%）和珠三角地区（广东的申请数和授权数占全国比例分别为 19.3% 和 21.3%）。[③] 京津冀地区高新技术企业数量和营收占全国比例低，2018 年京津冀地区高

---

① "凝聚子群方法"主要应用于社会网络分析中的"派系分析"，意在对相互发生关联的若干行动者中，对其中较强的、直接的、紧密的子集群进行识别和分类。

② 数据来源：《中国科技统计年鉴 2020》。

③ 数据来源：《中国科技统计年鉴 2020》。

新技术大中型企业共 185 个[①]，在全国占比约 5%，营收占比约 6%。

4. 首都都市圈区域内部发展差距大，基础设施建设、公共服务、生态建设等有待提高

京津超大城市与外围地区发展仍然有较大差距。京津两地对周边地区的经济社会发展效益带动作用不够明显，区域整体建设水平不高，内部发展均衡性较低；京津中心城市产业升级扩大了与外围地区的差距，受制于空间服务能力不足、产业吸纳能力不强等，外围地区未能及时享受到中心城市产业转移的红利，近年来河北的主要物流联系从京津转移至山东、江苏。

京津冀地区交通等区域基础设施建设有待加强。虽然京津冀地区交通一体化进程不断深化，运输服务水平明显提升，但缺少专业化机场，机场密度、客运总量与长三角地区相比仍有差距，京津冀地区每亿人口约 7 个机场，而长三角地区（以上海、江苏、浙江三地计算）每亿人口约 9 个机场[②]；水运港口协作仍处于快速推进发展阶段，货运量远低于长三角、珠三角地区。

京津冀地区教育、医疗基本公共服务均等化水平仍需提升。京津冀地区教育资源分布不均衡，京津两地和各地级市城区教师数量相对多，中学师生比为 1:8；河北区县中学教师人均学生数相对较多，师生比为 1:13，教学资源相对紧张。京津冀地区医疗资源分布不均衡，差距主要表现在高等级医疗服务，2018 年北京市每 10 万常住人口三级甲等医院数量为 0.26，天津市为 0.20，河北省仅为 0.06[③]，且中心城区显著高于郊区和外围地区。

京津冀地区大气污染短板急需补齐。截至 2019 年年底，京津冀地区各城市 $PM_{2.5}$ 平均浓度 57 μg/m³[23]，相较于 2014 年有较大改善，京津冀地区大气污染防治取得阶段性进展，但与珠三角相比仍有较大差距，大气污染改善速度落后于成渝地区、长三角地区（见图 6-3）[24]。与国际水平相比，2010 年纽约州、伦敦大区和东京都空气中总悬浮颗粒物浓度分别为 17.00 μg/m³、18.00 μg/m³ 和 21.00 μg/m³[25]，均明显优于京津冀地区。

[①]　数据来源：《中国科技统计年鉴 2019》。

[②]　数据来源：中国民用航空局 2014 年、2018 年民航机场生产统计公报。

[③]　数据来源：《中国卫生健康统计年鉴 2019》。

图 6-3　2000—2016 年长三角、珠三角、京津冀、成渝地区 $PM_{2.5}$ 浓度变化

（资料来源：文献 [24]）

二、下一阶段发展重点

1. 强化首都职能，完善首都都市圈空间格局，优化首都功能布局

一是从构建世界级特大城市地区目标出发，进一步优化首都都市圈的空间格局。优化的侧重点是要把人口分布调整与区域城镇格局优化、区域经济发展方式转型相关联，加强区域经济和公共交通体系建设，促进形成以京、津、保（雄）、唐（秦）4 个都市区为核心的首都都市圈空间格局。

二是进一步优化首都功能布局，在北京外围地区统筹布局与首都功能和区域基础设施关联的重大项目，例如长安街延长线、温榆河以东的国家绿色发展纪念地等。

2. 加强与东北亚区域基础设施、经贸物流联系，强化国家北方门户与东北亚枢纽地位

重点发挥天津的港口物流货物运输能力，积极开发天津空间协调联系潜力。对于天津，可以与外围地区河北黄骅、曹妃甸等城镇合作，建设以天津为中心的沿海超大城市地区，统筹天津港、曹妃甸、黄骅港合作运营和港口腹地合作开发等项目部署。

3. 深化重点领域改革突破，探索首都都市圈协同发展体制机制改革和政策创新

一是构建具有首都特色的京津超大城市地区跨区域合作体制。在首都规划建设委员会和京津冀协同发展领导小组办公室领导下，构建京津超大城市地区跨区域合作机构，强化跨区域合作中服务保障首都功能、京津冀协同国家战略的国家事权；制定超大城市地区空间战略，统筹产业、交通、生态等重大领域以及区域交通市政基础设施、城镇文化公共服务设施等重大项目合作，破解行政区间级别掣肘，推进京津超大城市与外围河北区县的协同发展。具体建议：北京与外围河北廊坊北三县、廊坊城区、固安，

保定涿州、高碑店，张家口下花园，以及大兴机场周边等城镇协作，构建以北京为核心的超大城市跨区域合作区——北京都市区；天津与外围地区河北黄骅、曹妃甸等城镇合作，构建以天津为核心的超大城市跨区域合作区——天津都市区。对于河北其他大城市，建议按照"坚持协同发展、强调区域统筹、破除隐性壁垒"的原则与问题导向思路，在科学分析要素联系基础上结合现有产业协同、职住公共服务供给、环境治理等问题，围绕实现京津冀高质量协同发展这一根本任务，进一步以非首都功能疏解为动力，研究组建中心城市与外围城镇合作的大城市地区，包括雄保都市区、唐秦都市区以及石家庄都市区等，并明确发展特色与区域定位，包括雄安新区与保定在落实非首都功能疏解的协同作用机制。

二是创新首都都市圈跨区域合作的政策工具、规划与实施机制。结合已有开发区、新区以及产业承接平台等，探索京、津、冀多方市场主体共同开发组织，跨区域公共交通市政合作运营，以及社会治理融合的区县联盟等合作机制；创新共建共享的产业扶持、基础设施投融资、税收增量基金、开发权转移、保障房租赁转移体系等金融、空间、社会保障政策工具，为跨区域合作开发提供支持。在财税共享上，构建特殊的财税安排和制度考核，解决行政隶属管理等问题。创新跨区域合作规划机制，对落实到地方的规划编制、实施监督等进行统一组织领导。开展空间规划改革，推广北京通州与河北北三县协同规划经验，在跨界地区探索跨省市—地级市—县对接的规划联合编制、联合审批、联合督查新模式；统筹平衡跨区域间减量与增量发展要素，推动实施区域合作机制创新改革。

4. 以重大项目引导，实现首都都市圈区域凝聚发展

一是持续推进非首都功能疏解。推进一般性制造业、区域物流基地和区域批发市场疏解，加强北京市与河北省等周边地区产业对接协作；进一步推进北京市部分教育和医疗机构、部分行政性事业性服务机构向北京郊区、河北省、天津市转移，为构建"一体两翼"、河北两翼空间发展格局提供支撑，均衡提升区域内整体公共服务水平。

二是统筹建设超大城市地区区域基础设施重大项目，包括以城际交通为骨干的跨区域公共交通、市政环保基础设施体系，跨区域的就业中心、公共服务中心城镇，跨区域的通州副中心与北三县京津冀协同发展示范区，大兴新机场临空经济区，采育、广阳、杨村京津冀产业合作区，窦店、涿州、高碑店新型产业服务集中区，张家口下花园与延庆绿色生态发展合作区等，实施共同的战略留白，为未来留出发展余地。

三是强化协同海河流域的全流域生态保护，弘扬首都北京区域历史文化和山水格局。进一步推进区域生态治理，发挥生态文化服务功能。坚持以流域的山区生态恢复

和河湖水系整治为重点，以生态廊道通道建设为骨干，加强流域生态综合治理；进一步加强京津冀地区之间的文化联系，同时在契合都市圈发展的基础上，把生态保护同文化创新相结合。积极发挥京津冀协同和非首都功能疏解的战略优势，在首都都市圈统筹建设与首都功能和区域历史文化资源保护关联的重大项目，包括长安街东西轴线东延长线上、温榆河以东的国家绿色发展纪念地，北京南北中轴线南延长线、大兴机场周边的南苑国家公园等，以及长城、永定河、大运河等的太行山前、燕山前地区的跨区域文化带等。

四是重视农村地区的人口问题。 促进农村地区人口适度向都市区城镇转移，加强农村地区的农业发展，提高应对自然灾害能力。随着都市区城镇人口的空间集聚，下一步要更多关注农村地区的发展和人口转移问题。农村地区产业转型、人口转移等，要与都市圈的发展相结合，补充增加相应的政策措施。京津冀地区人口密度并不低，白洋淀外围地区人口密度约为 300 人 /km²，其他地区 500~600 人 /km²，为了适应新型农业发展，需要进一步降低农业地区人口密度。

5. 以建设世界一流的首善之区为引领，优化更新改造人居环境

作为首善之区，首都都市圈的四个都市区要进一步加强绿色化发展、智慧化发展，提高城市品质，加强城市更新，老旧工业区、老旧小区改造和社区治理的协同发展。

参考文献

[1] 人民网 . 京津冀协同发展规划纲要获通过 [EB/OL].(2015-05-01)[2021-07-30].http://politics.people. com.cn/n/2015/0501/c1001-26935006.html.

[2] 杨开忠，李国平，等，持续首都——北京新世纪发展战略 [M]. 广州：广东教育出版社，2000.

[3] 北京市人民政府 . 疏解非首都功能，推进京津冀协同发展 [EB/OL].[2021-07-30].http://www. beijing.gov.cn/ywdt/zwzt/sjfsdgn/.

[4] 曹政 . "十三五"以来全市退出一般制造业企业 2154 家 [N/OL]. 北京日报，2020-12-08[2021-07-30].http://ie.bjd.com.cn/5b5fb98da0109f010fce6047/contentApp/5b5fb9d0e4b08630d8aef954/AP5fcf2a48e4b036eda6b8d48f.html?isshare=1&contentType=0&isBjh=0.

[5] 河北省人民政府 .2020 年河北省政府工作报告 [EB/OL].(2020-01-15)[2021-07-30].http://www.hebei. gov.cn/hebei/14462058/14471802/14471805/14867283/index.html.

[6] 中国社会科学院京津冀协同发展智库京津冀协同发展指数课题组 . 京津冀协同发展指数报告（2017）[M]. 北京：中国社会科学出版社，2018.

[7] 新华网 . 京津冀协同发展战略实施四年进展综述 [EB/OL].(2018-02-25)[2021-07-30]. http://www. xinhuanet.com/politics/2018-02/25/c_1122451125.html.

[8] 中国雄安官网 . 北京市支持雄安新区建设"三校一院"交钥匙项目正式开工 [EB/OL].(2019-09-20)[2021-07-30]. http://www.xiongan.gov.cn/2019-09/20/c_1210287029.htm.

[9] 北京市通州区人民政府. 西城区与通州区教育合作交流推进会召开 [EB/OL].(2020-08-24)[2021-07-30]. http://zhengfu.bjtzh.gov.cn/edu/fzx/202008/1312948.shtml.

[10] 北京市通州区人民政府. 北京安贞医院通州院区建设项目正式开工 [EB/OL].(2019-11-08)[2021-07-30]. http://www.bjtzh.gov.cn/bjtz/xxfb/201911/1253080.shtml.

[11] 北京市发展和改革委员会. 协同发展五年间，非首都功能疏解得怎样了？ [EB/OL].(2019-02-25)[2021-07-30].http://fgw.beijing.gov.cn/gzdt/fgzs/mtbdx/bzwlxw/201912/t20191221_1397022.htm.

[12] 裴剑飞. 副中心枢纽站开工 2024 年底通车 [N/OL]. 新京报，2019-12-03[2021-07-30].https://www.bjnews.com.cn/news/2019/12/03/656984.html?from=timeline&isappinstalled=0&ivk_sa=1023197a.

[13] 中国政府网. 雄安新区：重点建设项目加紧施工 [EB/OL].(2020-08-14)[2021-07-30].http://www.gov.cn/xinwen/2020-08/14/content_5534828.htm#allContent.

[14] 白波. 河北 10 个冬奥交通项目 9 月完工 [N/OL]. 北京日报，2020-09-11[2021-07-30].https://bjrbdzb.bjd.com.cn/bjrb/mobile/2020/20200911/20200911_014/content_20200911_014_7.htm.

[15] 王海燕. 运河畔崛起副中心绿色 CBD，56 家高端企业相继入驻 [N/OL]. 北京日报，2020-09-11[2021-07-30].http://ie.bjd.com.cn/5b5fb98da0109f010fce6047/contentApp/5b5fb9d0e4b08630d8aef954/AP5f5adb49e4b0d90351f88e8e.html.

[16] 原付川. 首批 48 加企业获批入驻雄安新区 [N]. 河北日报，2017-09-29(2).

[17] 刘雅静. 张家口全力推动大数据产业发展 坝上崛起"中国数坝" [N]. 河北日报，2019-10-30(11).

[18] 米彦泽，徐刚，李溢春. 客运高速化 货运重载化 轨道上的京津冀增速提质 [N]. 河北日报，2018-08-02(5).

[19] 中国新闻网. 官方："四横、四纵、一环" 京津冀路网格局初步形成 [EB/OL].(2019-09-26)[2021-07-30]. http://www.chinanews.com/gn/2019/09-26/8966086.shtml.

[20] 白波. 建设世界级机场群 京津冀明年将建成第 10 座运输机场 [N/OL]. 北京日报，2020-09-10[2021-07-30]. http://ie.bjd.com.cn/5b5fb98da0109f010fce6047/contentApp/5b5fb9d0e4b08630d8aef954/AP5f59676ee4b0dd63db4ae680.html.

[21] 白波. 助推永定河流域高质量发展，2020 第二届永定河论坛举行 [N/OL]. 北京日报，2020-11-21[2021-07-30].http://ie.bjd.com.cn/5b5fb98da0109f010fce6047/contentApp/5b5fb9d0e4b08630d8aef954/AP5fb8811de4b0c34aa3836ffa.html.

[22] 樊杰. 京津冀都市圈区域综合规划研究 [M]. 北京：科学出版社，2008.

[23] 新华网. 从十大亮点看 2019 年京津冀协同发展 [EB/OL].(2019-07-19)[2021-07-30]. http://www.xinhuanet.com/2019/07/19/c_1124776351.htm.

[24] 刘凯，吴怡，王晓瑜，等. 中国城市群空间结构对大气污染的影响 [J]. 中国人口·资源与环境，2020，30(10)：28-35.

[25] 北京市经济社会发展环境政策研究基地. 首都发展研究报告 (2014)——京津冀协同发展 [M]. 北京：首都经济贸易大学出版社，2015.

第七章

成渝地区双城经济圈战略下的成都都市圈[①]

第一节　成都都市圈发展历程回顾

探讨成都都市圈发展历程离不开成渝地区合作的大背景，成渝地区合作的空间形态经历了"两点式"、经济区、城市群再到双城经济圈的演进。当前四川省将成都都市圈作为推动成渝地区双城经济圈建设的支撑性工程、实施"一干多支"发展战略的牵引性工程。

一、成渝"两点式"发展战略

20世纪80年代，四川省践行"先富带动后富"发展理念，实施重点发展成都、重庆的"两点式"战略，意在强化两个中心城市的集聚功能，促进了省域内人口、产业、资本、技术、项目等资源要素向成渝两市的优先配置。成渝两市自身的经济实力和主导地位迅速提升，成为四川的经济支柱和增长极核，也为日后四川省乃至成渝地区奠定了"双核"型空间发展结构的基本构架。但这一时期极核城市对全省经济的带动作用并不明显，四川区域空间结构呈现出由单个强大的中心城市附带相对落后的中小城市和外围地区的极化特征。后来，四川省也曾提出过"依靠盆地，开发两翼"[②]的战略

---

① 本章内容参考了《成都都市圈（成德眉资同城化）发展规划》部分研究的内容。项目组成员名单如下：尹稚、卢庆强、王强、扈茗、刘晋媛、闫博、薛严、钟奕纯、谢力唯、万勇山、毛磊、吕晓荷、朱煜、孙淼、李栋、李霞、刘军伟、张思远、高浩歌、龙茂乾、邓兴浩、张春花、张龙飞、陈珊珊、徐一丹、林文棋、陈会宴、蔡玉蘅、黄伟、胡婷、边梦依、徐梦濛、王鹏腾、李丽国、郑婷婷、李井海、杨毅、刘清、王瑞樟、刘可。

② 这里的盆地指的是成渝之间的四川盆地，两翼是宝成铁路、成昆铁路（东经104°）以西和襄渝铁路、川黔铁路（东经107°）以东的两个区域。主要战略思想是依托两翼之间四川盆地相对较强的经济实力支援两翼的开发。

思路。这一战略构想是四川首次尝试从省域范围内勾画四川的总体发展格局，此后进一步围绕成渝"两点式"发展格局，提出了"一线、两翼"和"依托两市、发展两线、开发两翼、带动全省"的发展战略。

1997 年 3 月重庆直辖市设立，四川行政区划和发展格局发生重大变化，全省位置西移，人口、资源和土地面积也有所减少，成都成为全省唯一极核，发展空间格局从"两点式"变为"一点一圈"。在这种背景下，四川省于 1997 年 9 月制定了《四川省国民经济跨世纪发展战略》，对原有的区域发展战略进行了调整，提出"依托一点，构建一圈，开发两片，扶持三区"的区域发展思路，即依托成都一点，加快成都平原经济圈建设，引领辐射全省经济的快速增长。

二、从成都经济区到成渝经济区

2006 年，四川省在"十一五"规划纲要中，基于地理和行政区划关系将全省划为五个经济区——成都经济区、川南经济区、川东北经济区、攀西经济区和川西北生态经济区。成都经济区是以成都为中心的经济区，于 2006 年 1 月成立，最初仅包括成都、德阳、绵阳、眉山、资阳 5 市。此后，成都相继和眉山、资阳签订城市间合作协议。到 2010 年 1 月，乐山、遂宁、雅安加入，成都经济区成员城市扩充为 8 个。同年，成都经济区区域合作联席会第一次会议召开，8 市签署了《成都经济区区域合作框架协议》，标志着成都经济区一体化发展开始起步，经济区合作从过去"点对点"的双边合作，正式步入了"抱团"的多边合作。

2011 年 4 月国务院正式批复《成渝经济区区域规划》，成渝经济区战略定位是建成西部地区重要的经济中心、全国重要的现代产业基地、深化内陆开放的试验区、统筹城乡发展的示范区和长江上游生态安全的保障区。四川省就发展成渝经济区拟定了"一极一轴一区块"的细化布局，"一极"是指成都核心，"一轴"是指成渝连线，"一区块"是指四川环重庆 6 个市未来将依托重庆发展。2015 年，川渝两地签署《关于加强两省市合作共筑成渝城市群工作备忘录》，着力推动交通、信息和市场 3 个"一体化"，当年 12 月 26 日成渝高铁通车运营，成为连接成渝的第一条高铁。

三、成渝城市群发展阶段

2016 年 5 月 4 日国家发展改革委、住房和城乡建设部联合印发《成渝城市群发展规划》，赋予成渝两地"全国重要的现代产业基地、西部创新驱动先导区、内陆开放型经济战略高地、统筹城乡发展示范区、美丽中国的先行区"的发展定位。规划还专门提及成都都市圈，指出"充分发挥成都的核心带动功能，加快与德阳、资阳、眉山等周边城市的同城化进程，共同打造带动四川、辐射西南、具有国际影响力的现代化都市圈。"2018 年 6 月，川渝签署《深化川渝合作深入推动长江经济带发展行动计划》和 12 个专项合作协议，双方合作向纵深推进；2019 年又签署了《深化川渝合作推进成渝城市群一体化发展重点工作方案》《关于合作共建中新（重庆）战略性互联互通示范项目"国际陆海贸易新通道"的框架协议》两个重要文件及 16 个专项合作协议。川渝合作进一步深化，协同部署推进成渝地区一体化发展，共同打造中国经济高质量发展新的增长极。

在规划建设成渝城市群背景下，2018 年，中共四川省委十一届三次全体会议提出构建"一干多支、五区协同"的区域发展新格局和成都平原经济区内圈同城化发展，谋划组成一个以成都为核心城市的环成都经济圈，促进成德眉资四市同城化发展，共同构成全省"一干多支"战略中的"一干"，"主干"由"成都"扩展升级为"成德眉资"。推进成都与德阳、眉山、资阳在区域规划、基础设施、产业布局、生态环保、公共服务、户籍管理、人才流动、政策协调等方面的同城化进程，共享成都的发展环境、政策、资源、平台。

四、成渝地区双城经济圈战略下的成都都市圈新发展阶段

2020 年 1 月 3 日，中央财经委员会第六次会议明确提出，推动成渝地区双城经济圈建设，强调要尊重客观规律，发挥比较优势，突出中心城市带动作用，推进一体化发展，使成渝地区成为具有全国影响力的重要经济中心、科技创新中心、改革开放新高地、高品质生活宜居地，在西部形成高质量发展的重要增长极。双城经济圈优先培育壮大成都、重庆两大都市圈，推动成渝相向协调发展，带动双城经济圈内中小城市和小城镇协调发展。

成都在这一发展阶段提出，推动构建成渝城市群一体化发展机制，大力推进城市东进，设立省级成都东部新区，深化与重庆以及成渝轴线城市的城际合作机制，推动成渝相向发展。2020 年 2 月，四川省成立省推进成德眉资同城化发展领导小组并召开第一次会议。同年 7 月，省推进成德眉资同城化发展领导小组办公室正式揭牌，发布《成德眉资同城化发展暨成都都市圈建设三年行动计划（2020—2022 年）》。成都市联合德眉资三市于 2020 年 3 月启动成都都市圈发展规划编制，以创新体制机制为主攻方向，以重大平台、重大项目、重大工程、重大改革为引领，从推动统一市场建设、基础设施一体高效、公共服务共建共享、产业专业化分工协作、生态环境共保共治、城乡融合发展等方面确立重点任务，同步编制同城化公共服务、生态环境、国土空间等专项规划。

表 7-1 梳理了推进成德眉资同城化发展进程的相关政策。

表 7-1　成德眉资同城化发展政策体系框架

时间	协议及政策内容
2006 年	1 月，四川省委市政府出台《十一五规划纲要》，提出建设成都经济区。 3 月，成都、眉山签署城市合作协议
2008 年	4 月，成都、资阳共同议定了《成都—资阳区域合作工作协调机制》
2010 年	1 月，成都经济区区域合作联席会第一次会议召开，成都与其他 7 市签署了《成都经济区区域合作框架协议》。 4 月，成都与其他 7 市签署了《成都经济区劳动保障区域合作框架协议》《成都经济区区域科技合作框架协议》。 8 月，成都与其他 7 市签署了《成都经济区劳动保障区域合作社会保险工作框架协议》。 12 月，成都与其他 7 市签署了《成都经济区金融合作备忘录》
2011 年	9 月，成都与其他 7 市签署了《成都经济区就业服务区域合作协议》
2012 年	2 月，成都经济区各市开始使用统一的《成都经济合作区域通用门诊病历》
2013 年	8 月，成都与德阳签署《成都德阳同城化发展框架协议》。 10 月，成都与其他 7 市签署了《成都经济区区域协同创新框架协议》
2016 年	3 月，国家发展改革委联合住建部印发《成渝城市群发展规划》。 9 月，四川省政府印发《成都平原经济区"十三五"发展规划》
2017 年	3 月，成都与眉山签订了《成眉两地政府协同发展框架协议》。 4 月，成都与资阳联合印发了《成资一体化发展实施方案》
2018 年	8 月，四川省成立推进区域协同发展领导小组，并建立区域协同发展联席会议制度。 8 月，成都平原经济区联席会议审议了《成都平原经济区协同发展工作制度》和《推进成都平原经济区协同发展实施意见》。 9 月，成都、德阳、眉山、资阳 4 市签署加快同城化发展协议。 10 月，成都平原经济区 8 市签订《成都平原经济区人力资源和社会保障事业协同发展协议》。 12 月，成都平原经济区 8 市签订《成都平原经济区干部人才工作协同发展框架协议》《成都平原经济区协同发展媒体合作框架协议》
2019 年	1 月，成都平原经济区 8 市签订《成都平原经济区生态环境保护一体化合作框架协议》。 6 月，成都平原经济区 8 市签订《成都平原经济区职称互认协议》《成都平原经济区技能人才队伍建设合作协议》《成都平原经济区人力资源合作协议》。 7 月，成都平原经济区 8 市签订《深入推进成都平原经济区八市医疗保障事业协调发展战略协议》
2020 年	2 月，成德眉资同城化发展领导小组第一次会议审议了《推进成德眉资同城化发展领导小组工作规则》和《办公室工作规则》

（资料来源：作者依据公开资料整理）

<h2 style="text-align:center">第二节　成都都市圈基本情况、主要特色和战略定位</h2>

一、基本情况

成都都市圈包括成都、德阳、眉山、资阳四市，面积 3.31 万 km²，属于成都平原经济区"内圈"，是"天府之国"的中心。都市圈常住人口 2537 万人，常住人口城镇化率为 65.5%，高出全省城镇化率 11.7 个百分点。2019 年 GDP 达 2.15 万亿元。成都都市圈以全省 6.82% 的幅员面积承载了全省 30.42% 的人口，创造了全省 48.87% 的经济总量。

1. 人口分布及流动情况

从人口分布来看，成都市作为都市圈核心城市具有强大的人口吸引能力。通过手机信令识别都市圈工作和居住人口：在工作人口方面，成都市主城区会聚了最多的工作人口，例如双流区和武侯区，其次为其他三市的主城区，例如德阳市旌阳区；而在居住人口方面，成都市主城区仍是汇聚最多人口的区县，例如双流区、郫都区和武侯区。中心汇聚的态势更加鲜明，尤其是资阳市与其他地市的差距进一步加大，体现了成都作为都市圈核心城市强大的人口吸引能力。

从人口流动联系情况来看，成都市主城区间人口流动联系最强，都市圈城市间人口联系有待加强。对比工作日、周末和假期的人口流动网络，工作日和周末的跨区人口流动核心主要仍体现在成都市的主城区范围内，其他三个地市的跨区人口流动不明显，且周末、假期相比工作日人口跨区流动的强度和范围都有所提升，其他区县与成都市主城区的联系显著增加。但无论是工作日、周末还是假日，成都市主城区之间的人口流动最为频繁，并且形成了一定的人口流动圈层，例如成都市主城区、与成都市接壤的其他三市的区县，以及三市的主城区，在联系网络中的地位依次递减，边远区县处于联系网络的最外围。

通过职住联系网络可发现，通常市民的职住往往在同一城区内，眉山、德阳和资阳三市的跨区流动数量很少，发生跨区通勤流最多的是成都市的主城区之间。

2. 经济产业发展及联系情况

成都都市圈是四川经济最为发达活跃的地区，综合发展水平中西部地区领先，位居全国都市圈中上游。2019 年四市实现地区生产总值 2.15 万亿元，占全省的 46.1%，人均 GDP 约 8.4 万元，是四川全省平均水平的 1.5 倍。2019 年经济增速达到 8%，表现出较强的经济集聚和增长态势[1]。中心城市成都于 2017 年上榜"全球金融中心"榜单且排名持续攀升，在全球化与世界城市研究小组（GaWC）发布的 2020 年世界城市排名也跃升至 Beta+ 级别，由 2010 年的第 252 位升至 2020 年的第 59 位，是中国大陆成长速度最快的新一线城市（见图 7-1）。

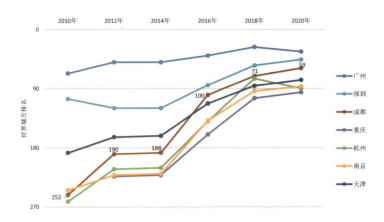

图 7-1　国内部分城市 2010—2020 年 GaWC 世界城市排名变化 ①

（数据来源：GaWc 历年世界城市名录，https://www.lboro.ac.uk/gawc/gawcworlds.html）

成都都市圈在先进制造业、新经济等方面发展基础良好，且与重庆都市圈相比，第三产业实力更强。成都都市圈在电子信息、装备制造、医药健康、新型材料、绿色食品等先进制造业，以及会展经济、金融服务业、现代物流业、文旅产业、生活服务业等现代服务业和新经济方面发展基础良好，具有广阔的发展前景。相比于重庆都市圈，成都都市圈在批发零售业、商务服务业、软件和信息技术服务业等方面实力较强，服务业企业的规模和增速都超过了重庆都市圈，具有明显优势。成都都市圈第二产业近五年来发展较快，汽车零部件及配件制造增长明显（见图 7-2~ 图 7-3）。

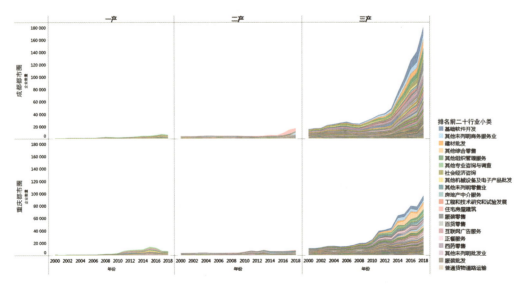

图 7-2　2019 年成都都市圈与重庆都市圈三次产业的结构性差异

（数据来源：企业工商登记数据库）

---

① 注：2010—2020 年，成都市的世界城市排名上升迅速，2020 年在国内城市中位列第 7，仅次于香港、上海、北京、广州、台北和深圳，是国内成长最快的新一线城市。

图 7-3　2019 年成渝地区双城经济圈内各都市圈第一、二产业的优势对比

（数据来源：企业工商登记数据库）

成德眉资四市各有优势产业，并已经初步形成产业协作、优势互补局面。德阳的重大装备制造业集群在全国具有一定的影响力：全国 60% 的核电机组、40% 的水电机组、30% 的火电和汽轮机机组均由德阳制造，此外德阳常年保持钻机出口量全国第一；眉山的电子信息、新能源新材料、农产品及食品加工产业初具规模；资阳汽车制造、轨道交通、口腔装备材料等产业也具有较好的基础。

成都都市圈内区县投资联系以成都为中心向外辐射。从投资联系总强度、资金投出和投入强度来看，排名靠前的区县中成都市区县占较大比例，其中武侯区、双流区的资金投出和吸收强度明显高于其他区县，德阳市、眉山市主城区以吸收资金为主，资阳市资金投出和吸收强度相对不足（见表 7-2）。

表 7-2　四川省区县间投资联系总强度、资金投出强度、吸收资金强度排名前 10 的区县

排名	投资联系总强度	资金投出强度	吸收资金强度
1	成都市武侯区	成都市武侯区	成都市武侯区
2	成都市双流区	成都市双流区	成都市双流区
3	成都市青羊区	成都市青羊区	简阳市
4	绵阳市涪城区	绵阳市涪城区	绵阳市涪城区

排名	投资联系总强度	资金投出强度	吸收资金强度
5	成都市金牛区	成都市金牛区	德阳市旌阳区
6	成都市锦江区	成都市锦江区	成都市青羊区
7	成都市郫都区	成都市郫都区	眉山市东坡区
8	宜宾市翠屏区	成都市成华区	遂宁市船山区
9	德阳市旌阳区	宜宾市翠屏区	宜宾市翠屏区
10	眉山市东坡区	泸州市江阳区	成都市锦江区

（数据来源：2019 年企业工商数据）

3.科技创新能力

成都都市圈科技集群已在全球崭露头角，区域创新能力日益增强。成都作为中心城市居于全球前 100 位科技集群之列，也是我国创新网络中的西部关键节点。2017 年，成都市和重庆市作为西南地区的核心增长极，在全国分城市专利数量与企业数量耦合关系聚类结果中处于第二梯队，仅次于第一梯队的北上广深，撑起了全国第四极（见图 7-4）。

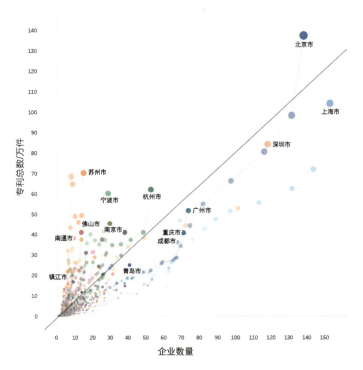

图 7-4　2017 年全国分城市专利数量与企业数量散点图

（资料来源：incopat 专利数据库）

成都都市圈集聚全省创新资源，拥有众多高层次科技创新平台。2018 年，成都都市圈有效高新技术企业共 3372 家，占全省的 78%，德阳、眉山两市高新技术企业数量分别为 167 家、76 家，在全省市（州）中排名第 3、6 位；拥有四川大学、电子科技大学、西南交通大学、西南财经大学、成都理工大学等 72 所高等学府，占全省比例达到 61%；研究与试验发展（R&D）经费投入 456.6 亿元，占全省比例达到 62%[①]；拥有国家重点（工程）实验室、工程（技术）研究中心等国家级创新平台超过 120 家，拥有校企地全部类型国家双创示范基地和近百家国家级孵化器及众创空间，成都都市圈正加快成为西部创新创业高地。

二、地区特色

1. 西部门户枢纽地位突出

成都不靠海不沿边，却地处"一带一路"和长江经济带重要的交会点，是历史上"南丝绸之路"的起点、"北丝绸之路"的货源供应地，是我国西部地区重要的国际门户枢纽城市。以成都为核心的国际门户枢纽正在加快打造，初步形成国际空港、铁路港"双枢纽"格局。成都是我国第三个拥有"一市两场"、步入"两场一体"运营的城市，国家民航最高级别的机场——4F 级别的天府国际机场，已于 2021 年 6 月通航。天府国际机场整体投运之后，两机场（天府国际机场、双流国际机场）总客运容量将达到 1 亿～1.5 亿人次。截至 2020 年年底，成都的国际（地区）客货运航线数量增至 130 条，其中定期直飞航线 79 条，航线规模稳居我国内地第四、中西部第一，被国际航空运输协会（IATA）评为全球航空连通性最强的第四大城市（见图 7-5）。成都都市圈陆港优势突出，成都国际铁路港中欧班列（成都）的返程重载率是全国第一，同时开行班列次数也是全国第一，累计开行量突破 10000 列。2019 年，成都更是承办了第八次中日韩领导人会议，极大地增强了成都在国际社会的曝光度。

2. 生态本底和用地条件良好

成都都市圈位于四川盆地，土地肥沃、物产丰富，从农耕文明时代就有"天府之国"的美誉，历来都是战略要地和重要的大后方。成都都市圈是都江堰灌区的主要覆盖区，区域内包括岷江、沱江、嘉陵江三大水系，多年平均水资源量占全省总量的 40%，是长江上游重要的水土保持与水源涵养区域。成都都市圈临近川滇森林、大小凉山两大生物多样性及生态功能区，是西部森林生态系统保护的重要屏障。同时，都市圈也是成都平原的主体组成部分，拥有较为开阔的发展空间，在成都平原向东部丘陵地区过渡地带，特别是龙泉山以东地区"望山见水"。区域内海拔最高点位于成都大邑西岭镇

[①]　数据来源：四川省科学技术厅官网公告，四川统计年鉴 2019。

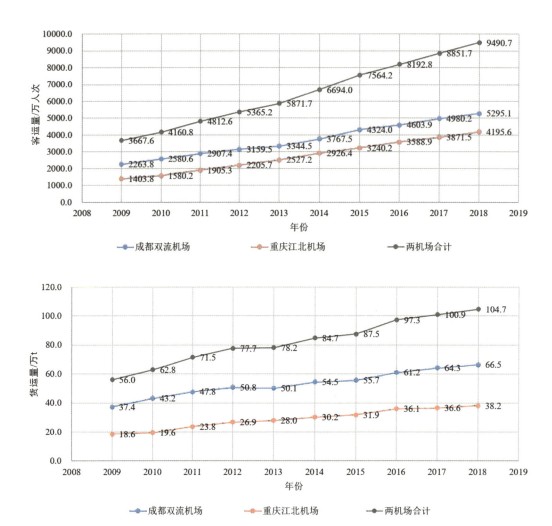

图 7-5　成都双流国际机场、重庆江北国际机场近十年客运量及货运量

（数据来源：历年《民航机场生产统计公报》）

的大雪塘（5353m），最低点位于资阳夏家坝的琼江河出界处（247m），在不到 300km 的范围内海拔落差达 5000m，生物资源、文化传统具有多样性。

3. 我国幸福城市模板和高质量发展典范

成都连续多年被评为中国最具幸福感城市。安居乐业充分体现在生活便利程度和就业吸引力上。根据新一线城市商业数据，从商业、文娱、教育、医疗养老、体育休闲五类设施密度分析，成都在商业设施的密度上表现突出，甚至在居住区周边 1km 范围内的商业设施密度上超越上海和北京。成都的品牌门店总数也紧随北上广深四个一线城市，科技场馆、休闲娱乐场所等文化设施密度也较高。成都中心城区的医疗养老设施密度与北京、上海不相上下。2018 年成都市医院数达到 892 个，位列全国第一，数量远超北京、上海等一线城市。2019 年，成都市执业（助理）医师数达到 6.84 万人，位列全国第四，仅次于北京、上海、重庆（见表 7-3）。结合居住地信息计算住区周边 1km 内医疗养老设施的分布密度，成都优势更为突出。可达性良好的医疗设施分布，大大提升了人民就医的便利度，也一定程度上反映了成都都市圈在应对老龄化问题上的积极态度。成都中心城区的体育休闲设施密度，仅次于排名第一的上海，超过了深圳和北京。

表 7-3　我国城市医疗资源排名表

排名	城市	2018 年医院数量	排名	城市	2019 年执业（助理）医师 / 万人
1	成都	892	1	北京	10.59
2	重庆	800	2	重庆	8.33
3	北京	648	3	上海	7.47
4	青岛	421	4	成都	6.84
5	天津	420	5	广州	5.87
6	武汉	398	6	杭州	4.90
7	上海	358	7	天津	4.64
8	西安	343	8	郑州	4.46
9	哈尔滨	326	9	武汉	4.13
10	昆明	322	10	深圳	4.03

（数据来源：各城市统计年鉴）

但德眉资三市与成都市相比仍存在一定差距。以医疗资源绝对数量为例，德眉资三市与成都存在较大差距。德阳、眉山二市医院数仅为成都市的 1/10 左右，资阳市数量更少。眉山、资阳二市执业（助理）医师数量不足成都市数量的 1/10，二市床位数仅为成都市 1/7（见表 7-4）。考虑三市医疗机构设施水平、医师专业水平与成都市相比仍有较大不足，将进一步放大成都与三市医疗资源上的差距。

表 7-4　2019 年成德眉资四市医疗资源汇总

	医院数	执业（助理）医师 / 万人	床位数 / 万张
成都	909	6.84	14.89
德阳	92	0.96	2.64
眉山	86	0.67	1.99
资阳	51	0.56	2.02

（数据来源：2020 年各市统计年鉴）

根据智联招聘提供的相关数据，成都毕业生留存率位居全国前列，体现出对人才较高的吸引力。从当地千人以上规模公司招聘比例来看，2019 年成都高校毕业生留存率仅次于深圳市、上海市、重庆市（见表 7-5），意味着选择在成都工作更有机会入职大企业。相比于一线城市，更低的消费水平、足够多的就业机会、较好的就业岗位，给了更多的年轻人选择成渝的理由。

表 7-5　我国主要城市高校毕业生留存率

城市	毕业生留存率 /%	排名
深圳市	81.05	1
上海市	70.27	2
重庆市	65.16	3
成都市	64.69	4
北京市	60.78	5
杭州市	59.82	6
贵阳市	57.25	7
西安市	56.47	8
广州市	55.55	9
天津市	54.27	10

（资料来源：根据智联招聘相关数据整理）

三、战略定位

1. 支撑成渝地区建设具有全国影响力的经济中心

成都是四川省"一干多支、五区协同"战略部署中的"主干"，都市圈肩负着做强区域极核，引领全省区域协同发展的使命。未来，成都都市圈应持续强化现代产业协作引领功能，加强城市间专业化分工协作，共建主导产业明确、错位分工协同的区域现代产业体系，打造强劲活跃的增长极，成为引领西部乃至全国高质量发展的动力源。

2. 我国西部地区科技创新的重要策源地

成都都市圈应发挥科技创新基础雄厚、高等院校和国家重点实验室多、创新人才不断聚集、高新技术企业数量众多、科研投入和产出水平较高等国家创新型城市优势，聚焦重点领域和关键技术，提升原始创新、应用创新能力，强化创新资源集聚转化功能，加快建设中国西部（成都）科学城，争创综合性国家科学中心，打造区域协同创新共同体，成为引领中西部乃至全国创新驱动发展的重要策源地和具有全国影响力的科技创新中心。

3. 内陆改革开放示范区

作为西向战略门户，成都都市圈应强化改革系统集成和内陆开放门户功能，力图在体制机制创新、扩大对外开放等领域先行先试，创建都市圈高质量发展先行示范区，建设营商环境全国最优区域，建设面向泛欧泛亚国际门户枢纽，提升空港陆港集疏功能，共建共享开放通道和平台，构建接轨世界、服务全国的区域开放型经济新格局，努力打造国家内陆开放战略前沿和改革开放新高地。

4. 全球公园城市典范的高品质生活宜居地

"公园城市"是新发展理念在城市治理的全新实践，自其提出后成都采取了一系列行动积极探索公园城市发展范式。未来，成都都市圈应依托成都"公园城市首提地"的重要地位，结合公园城市法规标准探索、天府新区绿道规划建设等先行经验，依托丰富多样的生态要素、独特的山水聚落特征，不断强化人口综合承载服务功能，提升区域生态环境质量，在都市圈尺度践行公园城市理念，打造全球公园城市实践典范和美丽中国生态人居环境典范。

第三节　成都都市圈发展成效和经验借鉴

一、加快提升交通互联互通水平，实现同城化发展的基础保障

1. 强化顶层设计规划引领，构建都市圈立体交通体系

成都都市圈着力凸显"轨道上的同城化"效应，力争实现 3 个目标：一是德眉资三市市中心半小时可达成都四个枢纽站点；二是四个枢纽站 1 小时行程覆盖区域内的其他地方；三是都市圈内商务谈判 1 天可达。为实现上述目标，都市圈交通一体化相关规划设计已经全面展开，组织架构已经建立。成都市编制完成《成都市城高快速路网体系规划》《成德眉资交通运输同城化发展规划研究》，规划形成市域"3 绕 17 射"① 高速公路网络和快速路网 [2]。《成德眉资同城化综合交通发展专项规划（2020—2025 年）》《成德眉资同城化暨成都都市圈交通基础设施互联互通三年行动实施方案（2020—2022 年）》已经由四川省推进成德眉资同城化发展领导小组第二次会议审议通过。在规划编制基础上，一系列重大交通基础设施工程正在进行，成绵高速扩容、成南高速扩容、天府大道北延线、成资渝高速等一系列都市圈内重要快速通道正在加紧施工建设中。

---

① 3 绕 17 射：3 绕为成都绕城高速、成都第二绕城高速、成都经济区环线高速；17 射为蓉昌高速（成灌高速—都汶高速）、成万高速（成彭高速—成什绵高速）、成绵高速、成绵高速扩容、成巴高速、成南高速、成安渝高速、成渝高速、成都天府国际机场高速—成资渝高速、成宜高速、成自泸高速、天眉乐高速、成　雅高速、成乐高速、成名高速，天邛雅高速、成汶高速。

2. 着力打造轨道上的都市圈，铁路公交化已有突破

成德眉资共同签署了《关于推进成都平原经济区协同发展加快铁路公交化运营合作框架协议》《落实"一干多支、五区协同"发展战略，提升铁路公交化运营服务质效合作备忘录》，推动国家铁路集团与省政府联合批复《成都市域城铁路公交化运营改造工程项目建议书》《成都市域铁路公交化运营改造一期工程可研报告》。统筹布局以成都为中心枢纽的多层次多制式轨道交通网络，推动干线铁路、城际铁路、市域（郊）铁路和城市轨道交通网有机融合，构建轨道交通"半小时"通勤圈。在铁路公交化运行方面已取得一定的突破，成都与德眉资三市已初步构建起以城际铁路为支撑的主城区间半小时通勤圈，日开行动车达88对。2020年，成都都市圈日开行动车达107.5对，日均客流量达3.8万人次；跨市公交增至9条，日均客流量达2.2万人次[3]。

3. 依托公交服务同城化，强化都市圈交通联系

成德眉资四市公共交通互通互惠已在2019年实现，市民持天府通卡在成德眉资四市可通刷当地公交、地铁并同享当地乘车优惠政策。陆续开通成都兴隆至眉山视高、青白江至广汉、新都至广汉、彭山至黄龙溪、彭山至地铁10号线新津新平站等6条城际公交线路。试点跨市公交旅游专线，开通天府"三九大"成德国宝旅游专线，串联金沙遗址、熊猫基地、三星堆等成德特色旅游景点。同时，已在德阳建成异地候机楼，资阳异地候机楼已在筹备建设中，强化都市圈对外的便利化程度。

二、加强创新协同产业协作力度，打造都市圈发展极核

1. 推进"三区三带"协作先行，共建跨区域产业生态圈，促进区域产业错位分工、协同共进

2017年7月，成都国家中心城市产业发展大会贯彻落实市第十三次党代会"重塑产业经济地理、推动城市发展战略调整"决策部署，作出建设产业功能区、构建产业生态圈的系统安排。2020年，成都市进一步整合形成了14个产业生态圈的总体思路和路径策略，并提出"推动成德眉资四市围绕构建重点产业生态圈加强协同错位耦合，共建成德临港经济产业带，共同培育智能制造、现代物流产业生态圈；共建成眉高新技术产业带，共同培育电子信息、先进材料、生物医药、新能源等产业生态圈；共建成资临空经济产业带，共同培育航空航天、现代物流、现代商贸产业生态圈"。同时，四川省推进成德眉资同城化发展领导小组在《成德眉资同城化发展暨成都都市圈建设三年行动计划（2020—2022年）》中也强调，围绕"强链条、育集群、建体系"，推动产业基础高级化、产业链现代化，共同构建错位发展、有序竞争、高效协同的跨区域产业

生态圈。2020 年 10 月，四川省推进成德眉资同城化办组织举行成德眉资产业链项目合作集中签约仪式暨 2020 年成德眉资"三区三带"产业协作带建设项目集中开工仪式，集中签约涉及现代农业、先进制造业、现代服务业的产业链项目合作协议 25 个，集中开工产业协作类项目 36 个，投资约 477 亿元，为后续四市产业协作共兴奠定基础。

2. 联合发布城市机会清单，跨区域整合释放四城发展需求，促进区域新经济融合发展和资源要素有序流动

为完善协同联动机制，促进成都市扶持新经济企业发展政策惠及德眉资，实现成德眉资优势互补、协同发展，2020 年 2 月 26 日，成德眉资四市共同发布首个《成德眉资同城化城市机会清单》，以"稳增长促发展"为主题，聚焦功能区建设、产业协作、城市治理等同城化场景发布 526 条需求信息，其中成都 269 条、德阳 169 条、眉山 48 条、资阳 40 条。2020 年 8 月 18 日，四市再次联合发布第二批城市机会清单，聚焦文化旅游、生态共治、基础设施、智慧城市建设等领域的供需信息 299 条，其中成都 18 条，德阳 63 条，眉山 108 条，资阳 110 条。城市机会清单的工作经验从成都扩展至都市圈范围，对促进形成疫情防控和复工复产联防联控机制，推进产业链协同复工和供应链畅通循环，起到重要作用。同时，依托"成都市新经济企业市（州）行"活动，在资源共通、政策共享、场景共建等多个维度，为成德眉资同城化发展提供基础支撑。资源共通，加强产业链合作；政策共享，成都引导基金积极向同城化区域延伸，累计收集项目 40 余项；场景共建，发布《城市机会清单》，围绕城市交界地带融合发展场景及同城化产业协作，释放城市机会 [3]。

3. 推动成都产业发展和科技创新服务平台与资源在都市圈范围的布局和共享

成都积极推广交子金融"5+2"平台服务模式，其中"科创通"分平台已经在德阳广汉市完成了试点搭建，实现了同城化科技创新服务机构近 400 家、服务产品 1600 余个；"盈创动力"已设立盈创动力德阳工作站，正在和眉山、资阳积极对接，合作建立盈创动力工作站；"创富天府"平台依托天府国际基金小镇积极开展与区域政府的对接及服务，与资阳高新区签订了整体战略合作框架协议；成资两市科技局、成都科技服务集团合作创建的"成都—资阳协同创新中心"已落户资阳高新区。截至 2020 年年初，成都银行在成都、德阳、眉山、资阳共设立分支机构 147 家，成都农商银行在成都、资阳、眉山地区共设立分支机构 634 家。在促进创新资源自由流动方面，出台技术交易资助管理办法，将科技成果"三权"改革试点范围扩大至都市圈全域，支持区域内校院企业进行技术成果交易，促进四市 2000 余家企业与 700 余项高校科技成果实现精准对接，420 项成果已实现转化。

三、推动政务服务联通互认和社会保障衔接，扫除都市圈人口流动障碍

1. 初步建立都市圈市民服务一体化平台

在成都市城乡社区发展治理领导小组领导下，"天府市民云"服务平台围绕网上办事、信息沟通、交通出行、医疗服务、便民缴费等需求，为市民提供衣食住行、生老病死、安居乐业的全方位服务，目前实现了政务服务跨层级、跨地域、跨系统、跨部门、跨业务的协同，资阳市民已经率先共享其服务。2019 年 5 月，成都天府市民云服务有限公司与德阳智城大数据产业有限公司签署了成都—德阳"互联网 +"市民服务一体化合作协议，将打通两地统一身份认证体系，实现平台一号通行，进一步推动市民服务业务互通，逐步实现公共服务同城化。

2. 建立都市圈社保协作机制，实现异地就医直接结算，养老保险和公积金部分业务实现同城化

成都都市圈已全面完成人社手机 App 社会保障卡异地申领、异地激活应用部署。四市医保缴费年限互认，实现个人账户异地就医直接结算，医保异地就医购药联网结算定点医药机构点位不断扩展。社会保险实现无障碍转移接续，异地社保科服务、养老保险待遇领取资格异地线上核查认证实现同城化。成都和眉山市实现住房公积金缴存同基数、转移接续无障碍和发放异地公积金贷款。

3. 持续开展人力资源合作和交流

成都平原经济区八市签署《成都平原经济区职称互认协议》《成都平原经济区技能人才队伍建设合作协议》《成都平原经济区人力资源合作协议》，持续开展区域专业技术职称证书和专业技术人员继续教育证书互认工作，强化劳务用工合作发展，互通招聘求职信息，共同开展大型网络招聘会。

四、推进教育医疗资源共享平台建设，提高区域基本公共服务均等化水平

1. 协同共建都市圈教育平台，推进优质教育资源不断下沉

2018 年，四市教育行政主管部门共同制定《关于加快成德眉资教育同城化发展实施方案》，探索教育同城化发展新路径和新模式，提出共建优质教育、师资培养、数字教育、职教融合、研学基地、国际交流、监测评价共享平台和教育生态共育平台。目前，已有 12 所以上优质民办教育品牌以品牌连锁、委托管理等形式跨地区办学；德眉资三市共有近 500 位代表参加成都市优秀教师培训项目；"成都市中小学网络和信息安全学习平台"向德眉资中小学生开放；成都外国语学校、成都师范学校附属学校等优质基础

教育资源，电子科技大学、西南财经大学等高等院校在德眉资三市建立校区。2019年11月8日，成德眉资四市及雅安、乐山教育部门在办学、教研、管理等方面达成合作意向，签订《成德眉资雅乐同城化职教联盟合作协议》，成立"成德眉资雅乐"同城化职业教育联盟。

2. 加快推进医疗共享平台建设，共同推进检查检验结果互认、专家库共享

四川大学华西医院、四川大学华西二医院、四川省人民医院、成都军区总医院等优质医疗资源与德眉资开展多方位合作，共同建设医疗专家库、医联体、学（专）科联盟、远程会诊平台，开展卫生专业人才的交流培训。成绵德眉资五市共同签订了《关于促进成绵德眉资五市区域医政医管发展合作框架协议》，从积极开展医疗卫生合作、共同推进业务技术协作、强化人才资源共享三方面制定了鼓励区域间医疗机构加强交流合作、建立区域间双向转诊协调机制、建立区域间临床用血紧急调配机制、推进二级及以上医疗机构检查检验结果互认、组织开展多种形式的高水平学术交流活动、建立区域间人才资源共享机制等6项合作内容。成都市急救演练、群体保健等培训向三市开放。四市定点医药机构"两定互认"，进一步扩大异地就医结算范围。

3. 构建完善省、市、县、乡四级卫生应急管理体系

四川省按照"统一指挥、反应灵敏、协调有序、运转高效"目标，逐步完善卫生应急体系建设：建立省级区域性紧急医学救治网络体系，确定6所三级甲等综合医院和专业骨伤医院作为省级战略战役后备医院，同时建立区域医疗救治基地；加强现场处置卫生应急队伍和卫生应急专家咨询队伍建设，选聘多专业、多学科、具有应急实践经验、能力较强的优秀人才进入卫生应急队伍，并建立卫生应急专家咨询工作平台，充分发挥专家队伍在卫生应急指挥决策、突发公共事件卫生应急处置中的技术支撑作用[4]。新冠疫情后，四川省委省政府于2020年9月出台《关于改革完善重大疫情防治和应急管理体系的指导意见》，对改革完善医疗救治体系、应急处置体系、物资保障体系等领域提出进一步完善要求和目标。

五、推广"公园城市"建设理念，加速形成生态环境共保共治新局面

1. 规划统筹顶层设计持续完善

2019年，成德眉资四市会同成都平原经济区其他城市共同签订《成都平原经济区生态环境一体化发展框架协议》《成都经济区农作物秸秆禁烧联防联控和综合利用区域合作工作协议》，共同制定了《成都平原经济区联合预报预警工作细则》，加速形成成

都平原经济区生态环境保护共商、共治、共享的一体化发展新格局。2020 年 7 月，四川省推进成德眉资同城化发展领导小组第二次会议审议通过《成德眉资同城化暨成都都市圈生态环境联防联控联治三年实施方案（2020—2022 年）》。

2. 发挥成都建设践行新发展理念的公园城市示范区引领作用

2020 年 1 月 3 日，中央财经委员会第六次会议明确支持成都建设践行新发展理念的公园城市示范区。2020 年 1 月 20 日，四川省政府正式下发《关于推动城市基础设施改造加强城市生态环境建设的指导意见》，在成都市将开展公园城市建设试点。2020 年 12 月，四川省委省政府出台《关于支持成都建设践行新发展理念的公园城市示范区的意见》，要求成都到 2025 年，基本建成践行新发展理念的公园城市示范区，到 2035 年践行新发展理念的公园城市示范区成为全国样板。成都市将推动城市规划、建设、管理、运营全方位变革，探索城市可持续发展新形态，促进天府文化和生态价值转化，全面提升城市资源要素聚集能力、区域经济带动能力、宜居品质吸引能力、门户枢纽辐射能力，先行先试，逐步形成可复制可推广经验，带动都市圈及四川省内其他城市践行公园城市建设理念。

3. 协同推进龙泉山城市森林公园、大熊猫国家公园建设

四市携手将龙泉山建设成为都市圈中央公园，推动龙泉山城市森林公园向德阳段、眉山段拓展，放大龙泉山脉生态、社会、经济等综合效益。2020 年 7 月，四川省推进成德眉资同城化发展领导小组第二次会议审议通过《共建龙泉山城市森林公园打造同城化绿色发展合作示范区合作方案》，四市将以龙泉山城市森林公园为核心，打破行政边界，将龙泉山脉德阳段、眉山段作为成都龙泉山城市森林公园共建区，将资阳部分区域作为成都龙泉山城市森林公园协同区。共建大熊猫国家公园绿色发展示范带，规划环大熊猫国家公园生态旅游线路，打造国家公园入口社区示范区，建设大熊猫主题乐园、生态小镇、科普教育基地，开展生态旅游、森林康养、自然教育、自然体验等活动，推动绿色生态优势转化为绿色发展优势。

第四节　成都都市圈协同发展体制机制创新

一、成立省级实体协调机构，形成三级联动政府工作协调机制，落实分阶段行动计划和工作重点

在成都平原经济区八市协同发展的基础上，2018 年 9 月，成都、德阳、眉山、资

阳四市签署加快同城化发展协议。成德眉资四市逐步建立"党政主要领导联席会议＋市政府常务副市长协调会议＋联席会议办公室、同城化发展工作办公室、专题合作组"等同城化三级运作模式。共同召开两次综合协调会，形成同城化发展联席会议办公室组建方案和成德、成眉、成资同城化空间发展规划成果，印发实施成德、成眉、成资同城化发展五年行动计划、项目表和年度重点任务清单。

省级层面，四川省高度重视成德眉资同城化发展，专门成立省推进成德眉资同城化发展领导小组，建立起领导小组会议、领导小组办公室主任会议、专项合作领域分管市领导协调会议、同城化办公室联络员会议等多级协调会议制度，形成了领导小组统筹指导、领导小组办公室协调组织、省直部门强力指导、四市部门区（市）县主体推进的工作联动格局。同城化办公室牵头督导规划实施，以成都都市圈（成德眉资同城化）发展规划为指引编制年度重点工作任务，构建"责任制＋清单制＋项目制"管理体系。省直有关部门和成德眉资四市根据规划细化工作实施方案，切实履行部门职能职责和地方主体责任，全力推动规划落地实施。

二、创新都市圈规划协同工作机制，强化规划谋划编制实施全过程衔接

成都都市圈着力推动都市圈规划编制和规划体系衔接工作，理顺规划关系、完善规划管理、强化政策协同。重点健全成都都市圈发展规划、成德眉资四市重大规划的谋划、编制、实施全过程衔接协同机制，破除受行政区划分割对跨区域国土空间统筹、产业错位发展、项目建设统筹等空间和时间资源整合的制约。

2021年2月，四川省推进成德眉资同城化办公室制定出台全国首个都市圈规划协同工作机制——《成都都市圈规划协同工作机制》。构建"1+1+N"规划体系，将成都都市圈发展规划、国土空间规划、各领域专项规划和重点区域规划的统一融合，充分发挥省市联动、四市互动作用。在编制成都都市圈发展规划、国土空间规划及各领域专项规划、重点区域规划等都市圈系列规划时，除加强与国家、省级规划以及都市圈系列规划的上下衔接外，还应加强与其他城市相关规划的横向衔接。该机制属于综合性工作机制，在全国尚属首个以文件形式出台的规划协同工作机制，在机制创新、规划协同等领域进行了有益探索。

三、在毗邻跨界地带谋划建设先行示范区，开展区域协调发展的先行先试

在都市圈整体发展框架下，重点推进成都国际铁路港经济开发区、四川天府新区、成都东部新区三大高能级平台载体和同城化发展先行区域，探索经济区和行政区适度分离，以更加开放的姿态聚力创新提能，全力构建产业生态圈、创新生态链，

会聚全球优秀人才，努力在新发展格局中加快形成新动力机制，成为开放前沿、创新高地，建设创新开放同城化发展示范区，为都市圈开放创新发展探索路径和提供示范。

打造成德临港经济产业协作带、成眉高新技术产业协作带、成资临空经济产业协作带，建设"三区三带"产业协作带，推动青白江—广汉、彭州—什邡、金堂—中江、成都天府新区—新津—眉山天府新区—仁寿—彭山、简阳—雁江、简阳—乐至等毗邻地区合作，推动交界地带融合发展，进而发挥对 3.31 万 km² 都市圈建设的先行示范作用。周边三市也积极响应，"融入成都、同城崛起"，协力打造成都都市圈副中心。

专栏 7-1　成都都市圈"三区三带"产业协作带

成德——协同建设成都国际铁路港，打造国际门户陆港枢纽

以"一港两区"为纽带，成德共建成都国际铁路港经济开发区。先行启动蓉欧枢纽、中国（四川）自由贸易试验区及综合保税区建设等重大开放平台建设，进一步增强枢纽集聚效应，强化成都国际铁路港和德阳国际铁路物流港的协作发展，提升临港开放主枢纽能级。以"一港两区"一体化发展为纽带，打造成德临港经济产业协作带。以陆港枢纽和国际班列为依托构建贯通亚欧大陆的物流配送和供应链，共建共用铁路港保税区发展对外贸易，共同发展适铁、适欧出口型加工制造业集群，突出成都创新、德阳制造比较优势，打造万亿级装备制造产业集群和千亿级现代物流产业集群。依托成德临港经济产业协作带建设，推动青白江区、彭州市、金堂县与广汉市、什邡市、中江县毗邻交界地带融合发展。

成德临港经济产业协作带范围包括：成都市青白江区、新都区、金堂县、淮州新城、濛阳新城、金牛区部分街道；德阳市旌阳区、罗江区、广汉市、凯州新城、中江县部分乡镇、什邡市部分乡镇、绵竹市部分乡镇。

成眉——协同建设四川天府新区，打造开放创新经济发展全国样板

成眉共同推动四川天府新区高质量发展，打造创新经济发展全国样板。加快布局天府中央商务区、西部博览城、成都科学城、天府文创城、眉山创新谷、眉山加州智慧城，构筑分工协同的多层次战略平台，增强天府新区开放主引擎功能和创新策源地引擎功能。共促沿天府大道南延线布局并推动高新技术产业集聚发展，推动以眉山东部新城为载体共建成眉高新技术产业示范区，协同打造现代服务业先行示范区，共建电子信息、先进材料、生物医药等产业生态圈，形成现代服务业与先进制造业协作共进的局面。提升眉山开放合作水平，推动天府新区成都片区、成都市新津区、天府新区眉山片区、彭山区毗邻交界地带融合发展。

成眉高新技术产业协作带范围包括：成都高新技术产业开发区南部园区、双流区、天府新区直管区、新津区；眉山市彭山区、东坡区、仁寿县部分乡镇。

成资——协同建设成都东部新区，打造国际门户空港枢纽

加速成都东部新区成形成势，打造现代临空产业集群。加快推进成都天府国际机场立体综合交通枢纽建设，推动成都、资阳在条件成熟时申建中国（四川）自由贸易试验区天府国际机场新片区。积极争取以天府国际机场临空经济区"一区两片"为载体创建天府国际空港航空经济试验区。推动天府国际机场加快申建国家开放口岸和综合保税区，积极对上争取新一代特殊综合保税区相关政策，提升临空开放主枢纽功能。以"一区两片"共建天府国际机场临空经济区为纽带，打造现代临空产业集群，协同发展航空航天、医药健康、绿色智能网联汽车、文旅（运动）、现代商贸、都市现代农业等6大产业生态圈。推动简阳市与雁江区、乐至县毗邻交界地带融合发展，带动资阳发挥成渝发展主轴连接成渝双核和全域临空区位优势，打造配套、承接成渝的产业集聚区，加快建设成渝门户枢纽型临空新兴城市。全面提升都市圈在"空中丝绸之路"走廊的支撑作用，共建国家向西向南开放新门户。

成资临空经济产业协作带规划范围包括成都龙泉山及龙泉山以东区域，资阳市雁江区、乐至县等，打造形成6个城市组团和9个特色镇组团。

四、调整行政区划，将简阳市交由成都市代管

成都都市圈采取行政区划调整的手段，2016年获得国务院批准，变更县级简阳市代管关系，将资阳市代管的县级简阳市改由成都市代管。这一举措的初衷是让行政区划更好地服务于经济发展，尤其是解决天府国际机场建设涉及的行政区划调整问题，有力支撑成都"东进"战略，突破龙泉山的天然地理屏障，推动成都城市发展格局从"两山夹一城"变为"一山连两翼"。代管简阳市后，成都市委、市政府先后出台了《关于进一步促进简阳市经济社会又好又快发展的若干意见》《关于加快推进简阳市脱贫攻坚的实施意见》《简阳市经济社会发展"三步走"实施方案》《支持简阳市经济社会发展三年行动计划（2018—2020年）》等4个政策文件，加大对简阳开发开放的支持力度。

在此基础上，四川省立足加快推进成渝地区双城经济圈建设，做强成都极核的战略需要，设立成都东部新区，空间范围包括简阳市所辖的15个镇（街道）所属行政区域。四川省和成都市将东部新区定位推动成渝相向发展的新平台、成德眉资同城化发展的主阵地。简阳城区也将服务于新机场建设，与空港新城功能联动，打造临空型综合服务基地和开放门户枢纽，明确简阳市构建智能制造装备、航天装备、新电商经济、航空物流、农产品精深加工产业生态圈，培育简阳临空经济产业园、成都空天产业功能区、西部电商物流产业功能区规划建设，打造3个千亿级产业集群。

划归成都市代管4年后，简阳市经济总量突破500亿元，增速高于全国、全省和成都市平均水平，进入全国综合竞争力百强县（市）。简阳市的基础设施建设和公共服务供给全面改善：新改扩建县乡村道路2513km，新建光纤传输网络超过4万km，行政

村通公交客运覆盖率、光纤网络覆盖率分别由 40%、32% 提升至 100%，基本实现了"乡乡连高速、村村通公交"的工作目标；新增绿地面积约 1.2 万 m²；新建标准化义务教育学校 54 所、公办幼儿园 20 所，新增学位 6.2 万个，完成 161 所村卫生室标准化、公有化建设。

第五节　成都都市圈面临问题挑战及未来重点建设方向

一、问题与挑战

1. 整体发展水平、国际影响力与国际国内先进地区相比仍有较大提升空间

经济实力、创新能力、人口集聚力与国际国内发展水平较高的都市圈相比均有差距。与国外都市圈相比，成都都市圈与东京都市圈、伦敦都市圈等都市圈的空间规模基本相当，但人口总量、经济规模和人均 GDP 水平均有较大差距，仍处于都市圈发展的初级阶段（见表 7-6）。与国内都市圈相比，成都都市圈整体发展水平位列全国中上游，但在经济实力和创新能力等方面仍与长三角、珠三角都市连绵区和首都都市圈有较大差距。

表 7-6　成都都市圈与国际都市圈对比

都市圈	面积 / 万 km²	人口 / 万人	GDP/ 万亿元	人均 GDP/ 万元
东京都市圈（首都圈）	3.69	4379	13	29.69
伦敦都市圈	4.50	3650	9	24.66
成都都市圈	3.31	2537	2	7.84

（资料来源：《成德眉资三区三带空间规划》，四川省同城化办公室提供）

在全球功能体系中，成都都市圈的国际地位和影响力有待提升。第一，生产组织能力不足，尚无全球 500 强企业总部，与北京（56 家）、上海（7 家）、深圳（7 家）、香港（7 家）等国内城市，与东京（38 家）、纽约（15 家）、伦敦（11 家）等国际大都市相比存在显著差距。融入全球产业价值链体系的特色产业优势尚不明显，以制造业代工为主，研发设计、金融、商贸等高端生产性服务业发展不充分，参与国际分工合作的竞争力和话语权较弱。第二，原始创新动力缺乏，科技创新和创新合作水平较低，2013—2017 年 PCT 专利申请数量仅为 1364 件，上榜 QS2020 年世界大学排名的四所高校均位列全球 600 名之后，与国际大都市存在较大差距。第三，国际交通枢纽功能有待进一步发挥，目前通航机场中国际机场仅占 31%，与其他国际性综合枢纽存在差距，直飞欧美澳亚等国家和地区的国际航线网络有待加密。第四，国际交往和国际化

水平偏低，文化影响力有待提升。成都市 2018 年举办国际会议数量 16 次，全球排名较为落后（第 180 位）。有国际影响力的国际会展、体育赛事、艺术表演等活动较少，尚未具备国际化城市文明的强大吸引力，国际交往中心等级不足。

在全球网络体系中，成都都市圈的节点作用仍需增强。第一，科技创新联系对象以国内城市为主，与国际地区联系较弱。第二，与世界各地的航线联系主要集中于亚欧大陆板块，与美国、澳大利亚有少量航线联系，与非洲尚无航线联系。第三，相对全球而言的人口流出特征显著，属于国际和国内移民的主要来源地而非主要目的地。第四，与全球的数据联系相对隔绝，在全球信息传输网络地位不突出。

2. 都市圈"极核"特征显著，中心城市对周边地区的辐射带动作用不足，一体化发展水平有待提升

成都都市圈仍处于"单核"集聚发展阶段。中心城市成都的人口、经济占四市总量的比例远高于国内外其他都市圈，而人均 GDP 距离发达地区尚有一定差距（见表 7-7）。2013—2018 年，成都都市圈内的经济和人口均呈现出向成都市集中的趋势，德眉资三市的 GDP 和常住人口占都市圈比例基本都有所下降，尤其是 GDP 占比以成都市各区县增长最为明显。

表 7-7　成都与国内外主要都市圈中心城市发展水平对比 [①]

中心城市	面积 /km²	人口 / 万人	占都市圈总人口比例 /%	人口密度 /（人 /km²）	GDP/亿元	占都市圈总GDP 比例 /%	人均 GDP/万美元
东京都	2194	1364	37.7	6215	68445	57.4	7.1
上海市	6341	2428	34.1	3830	35371	58.2	2.1
北京市	16411	2154	23.0	1312	38155	76.3	2.5
成都市	14335	1633	64.4	1139	15343	87.2	1.3

（数据来源：根据各地政府统计数据及《上海市城市总体规划（2017—2035 年）》整理）

成都都市圈内四市发展不平衡，城市综合经济实力、公共服务水平、科技人才资源等方面落差较大。2018 年，成德眉资四市的 GDP 总量和人均值差异较大，其中成都以都市圈内 64% 以上人口、87% 以上的 GDP 遥遥领先，其他 3 市中德阳经济综合实力较强，人均 GDP 达 6.2 万元，而眉山、资阳两市人均 GDP 不足成都市的一半；公共服务方面，四市基础教育水平相近，万名学生专任教师数差异较小，但医疗服务水平差异较大，成都市万人拥有执业医师达 38 人，眉山市则仅为 15.3 人；科技创新方面，

---

① 其中上海、北京、成都数据为 2018 年，东京都数据为 2016 年。

成都、德阳两市研究与试验发展（R&D）投入占 GDP 比值均达到 2.6%，眉山、资阳则低于 0.5%，研究人员数差异则更为悬殊。整体呈现基础公共服务资源基本均衡，经济和科技领域成都单核集聚突出、德阳相对领先的状态（见图 7-6）。

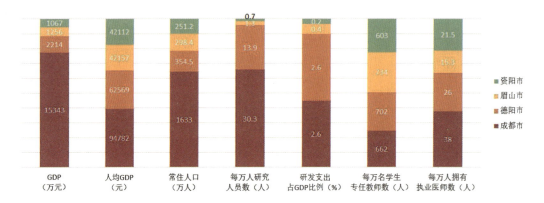

图 7-6　2018 年成德眉资 4 市发展水平对比

（数据来源：2019 年各城市统计年鉴）

3. 区域合作尚处于初级阶段，同城化体制机制尚不健全

当前，成都都市圈同城化协调框架已初步建立，但协调发展合作大部分仍停留在签署协议层面，协调推进机制仍有待完善，各层级协调机制分工仍需进一步强化明确。都市圈内政策联动和规划统筹不足，利益协调、冲突协商等机制尚不健全，4 市各自为政发展的现象突出，尚未形成强有力的合力，尤其是在交通建设、产业发展、生态保护等具体协作领域，目前尚缺乏完善的合作成本共担和利益分享激励机制。此外，都市圈统一开放的市场体系尚未形成，阻碍各类资源要素合理流动和高效配置的行政壁垒尚未完全消除。

4. 开放平台布局分散，亟待统筹整合

成都都市圈的开放平台类型较多，既有国家级自贸试验区、天府新区、高新区、经济技术开发区、服务贸易创新发展试点、跨境电商综合试验区以及 3 个综合保税区，又有省级层面的"一带一路"国际多式联运综合试验区、德眉资自贸协同改革先行区，还有成都市层面的国别合作园区，以及争取国家支持的中欧中心、中日成都现代服务业开放合作示范项目、航空经济试验区。开放平台的空间落位相对分散，覆盖高新区、经济技术开发区以及下辖县域，呈现不集中连片的空间特点。且自贸试验区的管理体制有待优化。目前，成都自贸试验区划分为 4 个功能区块，管理层级为三级架构，即"市级领导小组—管委会（市商务局）—自贸区块管理局"，存在自贸区块管理局为现有职

能部门加挂牌子，以及管委会不处于自贸试验一线的"不落地"现象，制度创新的系统集成、综合协调某种程度上被削弱。

二、未来建设重点

1. 构建互联互通、高效智慧的基础设施网络，共建轨道上的都市圈

进一步完善"双流＋天府"双机场布局，加速构建区域高速网络，完善都市圈轨道交通网络，协同推进公共交通服务同城化；加快建设新一代智能基础设施体系，打造智慧都市圈；推进市政基础设施对接成网，强化基础设施对都市圈建设的支撑作用。

2. 强化中心城市辐射带动，以交界地区为先导提升同城化水平

加快建设中国西部（成都）科学城，布局重大科技基础设施和高层次科创平台，争创综合性国家科学中心，沿都市圈发展主轴构建科创走廊，促进成都市品牌科创活动和服务平台向德眉资三市延伸服务。以"三区三带"为依托形成专业化分工协作体系，推进德眉资三市对接融入成都市产业生态圈建设，共享成都新经济发展势能，共建主导产业明确、错位分工协同的区域现代产业体系。推动都市圈基本公共资源均衡配置、公共服务保障协同联动，加强跨界统筹，促进成都优质公共服务资源向德眉资三市布局，深化社会治理协作。共建龙泉山城市森林公园城市绿心，强化水资源保障，加强环境污染联防联控联治。率先推动交界地带融合发展，打造同城化发展示范区，形成可复制推广的改革经验。

3. 引导产业合理布局，共建产业生态圈

以共建产业生态圈的思路注重引导产业合理布局，组建跨区域产业生态圈建设联盟，探索构建都市圈"研发＋转化""总部＋基地""终端产品＋协作配套"等产业互动格局，推行招商引资项目异地流转和企业迁移利益共享机制，对招商引资中从经济区以外区域引进的不符合本行政区重点产业布局的项目，可以推荐到经济区其他行政区落地，流转项目产生的税收按约定分成。

4. 共建共享重大开放平台，强化都市圈国际门户枢纽功能

推动形成以成都国际铁路港、四川天府新区、天府国际机场为核心平台的三大开放功能板块。注重发挥自由贸易试验区等重大开放平台对德眉资三市的引领带动作用，促进开放试点政策的共享共用，共建链接全球的内陆改革开放新高地。研究制定支持天府国际机场临空经济区建设和产业发展的具体政策措施，加大对产业导入、创新创业、财税金融、人才引进、要素保障、绩效管理等方面的支持力度。争取国家层面的

支持政策，如成都关于自贸试验区、全面创新改革、服务业创新发展等试点政策在成都天府国际机场临空经济区推广。深化成都国际铁路港与德阳国际铁路物流港一体化运营管理，在平等协商基础上确定税收分享比例和经济指标核算划分并动态调整，争取国家支持在同一铁路港名义下共享成都国际铁路港的国际班列始发站、国家铁路港开放口岸功能，两地海关监管互认，共同争取纳入启运港退税试点口岸。

5. 探索经济区与行政区适度分离的体制机制

探索建立跨区域产业转移、重大基础设施建设、园区合作的成本分担和利益共享机制，完善重大经济指标协调划分的政府内部考核制度，研究对新设企业形成的税收增量属地方收入部分实行跨地区分享，分享比例按确定期限并根据因素变化进行调整。建立财政协同投入机制，按比例注入开发建设资本金，统筹用于区内建设。探索跨区域统筹土地指标、盘活空间资源的土地管理机制。依法推进农村集体经营性建设用地使用权出让、租赁、入股，实行与国有土地同等入市、同权同价，盘活区内土地存量。

参考文献

[1] 跑否金融.跑否观察 | 中国最具潜力都市圈，重庆能排第几？[EB/OL].(2019-06-21)[2021-07-30]. https://mp.weixin.qq.com/s/YzY9jmwZV-cmNYK8uIn40A.

[2] 赵武，艾毅.关于成德眉资交通同城化发展的思考和建议 [J].中共成都市委党校学报，2020(6)：92-96.

[3] 封面新闻.办好十件大事！成德眉资同城化发展 2020 年这么干 [EB/OL].（2021-04-15）[2021-07-30].http://www.the cover.cn/news/7254100.

[4] 四川党建网.四川建成省、市、县、乡四级卫生应急管理体系 [EB/OL].(2018-05-11)[2021-07-30] http://www.scdjw.com.cn/portal.php?mod=view&aid=56158.

[5] 戴宾.改革开放以来四川区域发展战略的回顾与思考 [J].经济体制改革，2009(1)：140-144.

[6] 唐国刚.经济区和行政区适度分离改革路径思考 [N].四川日报，2020-05-25(7).

[7] 张柯.多维透视成德眉资 [J].四川省情，2020，226(12)：17-18.

[8] 盛毅.成德眉资同城化：为双城经济圈建设探路 [J].先锋，2020(3)：40-43.

第八章

山、海、城、湾、乡融合发展的福州都市圈[①]

第一节　福州都市圈发展历程回顾

福建省山多海阔，俗称"八山一水一分田"，全省陆地面积为 12.4 万 km²，山地面积约占八成，海域面积达 13.63 万 km²，使得这一地区合作难以绕开"山"和"海"。实际上，"山海协作"模式已经成为闽东北区域协调发展的指导思想和发展特色。闽东北地区合作 30 多年，走过经济协作区、协同发展区等阶段，正迈向现代化都市圈发展新征程。

一、闽东北经济协作区发展阶段

"山海协作"发端于 20 世纪 80 年代的八闽大地。乘着改革开放的春风，福建省提出了"念好'山海经'，建设八大基地"[②] 的发展思路[1]。1985 年 5 月，福建省人大常委会审议通过《福建省八大基地建设纲要》。1986 年，国务院出台《关于进一步推动横向经济联合若干问题的规定》，主要政策导向是鼓励和引导企业发展跨地区、跨部门和跨行业的经济联合。福州、莆田、三明、宁德、建阳（今南平）5 地市当年召开了首次横向经济联合恳谈会。此后，由 5 个地市每年轮流召开恳谈会，为地区间的企业经济联系创造机制性平台。闽东北 5 地市依托闽江流域和闽东沿海地区的空间条件，按照"优势互补、平等自愿、互惠互利"和"政府搭台、企业唱戏"原则，推动以企业为主

---

① 本章内容参考了《福州都市圈发展规划》部分研究内容。项目组成员名单如下：尹稚、卢庆强、扈茗、王强、刘希宇、吕晓荷、张思远、刘锐、何文桥、闫庆雨、朱煜、梁玲燕、江艺东、高浩歌、龙茂乾、谢力唯、李栋、陈会宴、陈曦。
② "八大基地"包括林业基地、牧业基地、渔业基地、经济作物基地、轻型工业基地、外经基地、科教基地和统一祖国基地。

体的经济协作。

进入 20 世纪 90 年代，五地市以经济协作区为载体探索闽东北区域协调发展。于 1990 年 11 月举办的第五次恳谈会上，五地市横向经济联合改称"福州、莆田、三明、宁德、南平五地市经济协作区"，简称"闽东北五地市经济协作区"，区域内有 51 个县（市、区），面积 7.8 万 km²。1995 年，习近平总书记在福州工作时提出了闽东北经济协作区"山海联合、优势互补、相互辐射、共同腾飞"的指导方针，旨在缩小沿海和山区发展差距，扶持山区经济快速崛起，并积极推动福州和宁德形成对口帮扶关系，对"山海协作"发展思路进一步深化和实践。政府间合作机制更加紧密，提出了"政府引导、行业搭台、企业唱戏"合作原则，先后制定了《协作区章程》《区域经济协作规划》《推动闽东北经济协作区发展若干规定》等政策文件，逐步形成以福州为龙头、互为辐射、共同发展的"山海联合、共建共赢"的格局。1998 年年底，福建省委六届九次全会专题研究山海协作问题，决议加快山区和海洋经济发展。山海协作此后呈现"大协作、宽领域、多层次"的态势，经济协作区在经济实体、基础设施、市场网络、旅游开发、干部交流、劳务输出、社会事业发展等领域广泛开展协作，协作层次既包括资金、资源、科技、人才、信息等生产要素协作，也有机制创新、现代经营理念等知识理念的引进深化。这一时期闽东北经济协作区的主要工作方向是：①联合经营，兴办资源互补型企业，促进科技成果应用转化，盘活资源存量，扩大山海合作；②推进农业产业化，形成具有地域优势的主导产业；③联合对外招商，拓展国际市场；④建设国内市场网络；⑤大型基础设施建设；⑥发挥福州中心城市作用，引领山海协作；⑦建立专业协作网络[2]。

进入 21 世纪，闽东北经济协作区通道建设明显改善。2000 年 10 月，"闽东北五地市经济协作区"更名为福建省闽东北经济协作区，合作发展迎来新机遇。2001 年福建省第七次党代会提出"着力构建福建发展战略通道、拓宽山海协作通道、对内连接通道、对外开放通道"的战略。福建省构建山海互通、内外辐射的交通网络，为山海协作向纵深推进打下坚实的基础。一批批贯通山海、北接长三角、南连珠三角的交通基础设施工程全面展开。比如福宁高速公路、京福高速公路福建段建成通车，极大地改善了山区的交通条件，拉近了山海之间的距离。

2006 年后，国家和省级层面重大政策和多类型国家开放平台陆续落位。福建省在"十一五"规划提出，要进一步发挥福州省会中心城市作用，依靠福州、三明、莆田、南平、宁德的发展壮大闽东北一翼，推进紧密对接、联动发展。2009 年国务院出台《关于支持福建省加快建设海峡西岸经济区的若干意见》，随后，2011 年国务院批复了《海峡西岸经济区发展规划》《平潭综合实验区总体发展规划》。平潭综合实验区成为对台合作的国家开放平台，于2010年加入闽东北经济协作区。而后，国务院又出台《关于支持福建省深入实施生态省战略加快生态文明先行示范区建设的若干意见》，批复设立福建自贸实验区和福州新区。在国家发展改革委、外交部、商务部联合发布的《推动共建丝绸之路经济带和21世纪海上丝绸之路的愿景与行动》中，福建被确立为"21世纪海上丝绸之路"核心区。闽东北经济协作区在对台开放合作和"一带一路"建设方面，更加凸显服务国家战略的功能地位。

二、闽东北协同发展区发展阶段

闽东北地区不再局限于经济协作层面，进入全面合作新阶段。2018年9月，福建省委十届六次全会把经济协作区上升为协同发展区，加强"八个互动"①。省级层面从协同发展格局、基础设施网络、产业协作体系、公共服务资源共享、开放合作、生态共建等领域部署任务，形成解决发展不平衡不充分问题、深化山海协作、推动城乡统筹的"福建方案"。

协同发展格局有所调整，从原来的五市调整为"四市一区"，即福州市、莆田市、南平市、宁德市和平潭综合实验区，三明市纳入闽西南协同发展区。跨区域共建基础设施力度不断加大，重点建设福州机场二期工程和福州到长乐的城际铁路F1线、莆田到长乐F2线、宁德到长乐F3线等。温福铁路、福厦铁路、向莆铁路、合福铁路全面投入运营，福泉高速扩建、福永高速、宁武高速、平潭海峡大桥复桥、京台高速建瓯至闽侯段建成通车。成立福建省福州港口管理局，实现对福州、宁德、平潭港口一体化运营管理，促进集装箱和大宗散杂货运输相协调。管道天然气供应设施已覆盖福州、莆田、宁德中心城区。产业协作体系构建方面，目前闽东北已建成15个山海协作共建产业园，落地建设一批重大产业协作项目，还共建了区域旅游营销平台。公共服务资源共享方面，福州中心城市的教育、医疗、文化、体育、人才交流等优质资源持续向周边地区溢出，尤其是福州的省属高水平医院、高等院校服务全省，在闽东北协同发展区10个县（市、区）建立起基础教育帮扶机制。福州儿童医院牵头76家医院组建"闽东北儿科联盟"。协同发展区还采取共同推介闽都文化、妈祖文化、朱子文化等文化品牌和建设跨区域警务信息共享平台等措施。开放合作方面，主要充分发挥福建自贸实验区、福州新区、平潭综合实验区的开发开放优势，推动协同发展区对台工作先行先试和改革创新试点经验复制推广。生态共建方面，共同实施"清新水域""洁净蓝天""清

---

① "八个互动"指的是领导互动、基础设施建设互动、产业互动、生态旅游互动、民生互动、人才互动、推进"一带一路"建设互动、改革创新互动。

洁土壤"三大工程，共建平潭及闽江口水资源配置工程，闽江流域山水林田湖草生态保护修复试点工作入选全国第二批试点，试点"一盘子"统筹推进一批水环境治理与生态修复、生物多样性保护等重点工程，联合开展闽江、敖江等流域综合整治工作[3]。

三、基于协同发展区的福州都市圈发展阶段

在闽东北协同发展区的合作基础上，为了争取点上集中突破，打造区域协作示范，推动形成面上更大的发展带动效应，进一步强化闽东北协同发展区规划衔接[4]，在省发展改革委的具体指导下，2019 年福州市牵头莆田、南平、宁德和平潭综合实验区编制《福州都市圈发展规划》，深化传承习近平总书记在福建工作时的发展理念和创新实践，丰富完善"核圈同城、山海协作、城乡融合、以圈带群、共同发展"的城市—区域协作"福建方案"。2020 年 4 月，国家发展改革委印发经国务院同意的《2020 年新型城镇化建设和城乡融合发展重点任务》，提出支持福州都市圈编制实施发展规划。2021 年 1 月 28 日，福建省委常委会会议审议通过《福州都市圈发展规划》；5 月 26 日，国家发展改革委函复同意《福州都市圈发展规划》。这一规划旨在通过促进福州中心城市竞争力提升、建设社会主义现代化国际城市，带动海峡城市群高质量发展，更好地融入以国内大循环为主体、国内国际双循环互促的发展格局。同时在基础设施一体化、强化城市间产业分工协作、加快建设统一开放市场、推进公共服务共建共享、强化生态环境共保共治、率先实现城乡融合发展等领域提升同城化发展水平，深化体制机制创新。

第二节　福州都市圈基本情况、主要特色和战略定位

一、基本情况

福州都市圈规划范围包括福州、莆田两市全域，宁德市、南平市部分区县，以及平潭综合实验区。2020 年，福州都市圈经济总量约 1.5 万亿元，占福建省的 34.5%，人均 GDP 达 1.6 万美元，达到高收入国家水平。

1. 人口分布及流动情况

福州都市圈城市间人口流动网络基本形成，但人口流动以单核心为主，人口联系紧密性有待加强。 2020 年，福州都市圈内常住总人口约 1300 万人，约占福建省的 33.5%。根据 2019 年手机信令人口流动往来数据综合来看，福州都市圈人口流动网络基本形成。福州都市圈城市内部人口往来较为紧密，形成了主要以福州市城区、莆田市城区、宁德市城区为中心的人口紧密联系关系。此外，在福清市、福安市、平潭县

等人口流量较大的次级中心也与周边区县产生了较为密切的人口联系。从城际人口联系来看，福州市与宁德市人口联系较为紧密，南平市与福州市联系度有待提高，尚未完全融入都市圈网络。从整体来看，福州都市圈人口联系仍主要以福州市为单核心与都市圈内其他城市间人口往来为主，人口联系网络层级性较为明显，尤其是沿海一带的空间联系较强，与成熟型都市圈在网络密集性、人口流动量方面仍有差距（见图8-1）。

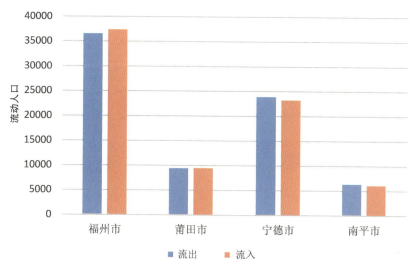

图 8-1 2019 年福州都市圈城市间人口流动情况
（数据来源：手机信令数据）

2. 经济产业发展及联系情况

从经济规模上看，2018年福州GDP为7856亿元，都市圈其余城市在2000亿元左右。规上工业增加值福州为2416亿元，莆田934亿元，宁德790亿元，南平600亿元左右。

从产业结构上看，福州以三产（占比53%）和二产（占比40%）为主，宁德和莆田二产占比在50%左右，南平、宁德一产接近15%。

图8-2统计了福州都市圈各城市2018年3次产业增加值。

福州都市圈综合实力强劲，是全国重要的制造业基地，数字经济、新能源汽车、智能制造等新兴产业发展迅速。福州都市圈的纺织、服装、食品、电子信息等产业在全国已形成竞争优势，涌现了一批著名企业和品牌，形成了多个千亿能级的产业集群。具有代表性的福州，其数字经济规模2019年达3500亿元，占到地区GDP的38%，在"十四五"时期将争取达到50%。福州都市圈"四市一区"优势产业包括福州市的仪器仪表制造，莆田市的皮革、毛皮、羽毛及其制品和制鞋业、仪器仪表制造业，宁德市的铁路、船舶、航空航天和其他运输设备制造业以及酒、饮料和精制茶制造业，平潭综合实验区的铁路、船舶、航空航天和其他运输设备制造业，南平市的酒、饮料和精制茶制造业等（见图 8-3）。

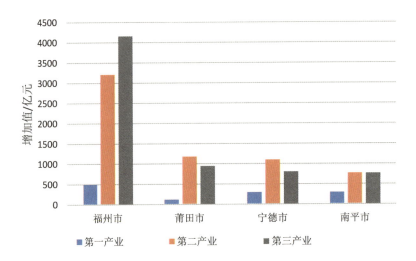

图 8-2　2018 年福州都市圈各城市三次产业增加值

（数据来源：各城市 2019 年统计年鉴）

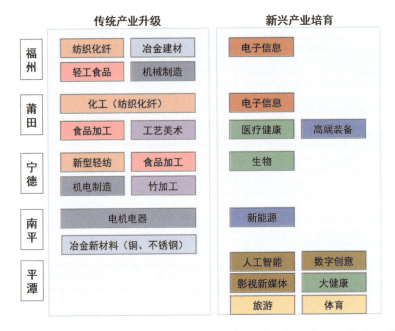

图 8-3　福州都市圈内各地"十三五"时期规划的主导产业及产业集群

（资料来源：根据相关资料自绘）

福州都市圈经济联系网络有待加强，经济联系以中心城市单核心带动为主。福州都市圈城市间资金互投总量约 743.5 亿元，其中福州市与都市圈内其他城市间的资金互投总额约为 624.88 亿元，占都市圈城市间资金互投总量的 84.04%。综合来看，福州都市圈内城市间经济联系明显以中心城市带动为主，其中福州市与莆田市的经济往来较为密切，都市圈内部非中心城市间经济联系较弱，经济联系网络密集性、资金互投总量相较成熟型都市圈仍存在较大差距（见图 8-4）。

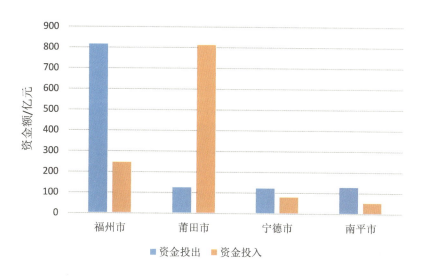

图 8-4　2019 年福州都市圈各城市间资金互投情况

（数据来源：企业工商登记数据库）

3. 资源集聚及分布情况

福州中心城市的公共服务质量较高，优质医疗、教育资源禀赋在全省居领先地位。 福州市拥有福州大学、福建师范大学等近 20 所高等院校和 30 所大中专院校，中小学义务教育质量水平名列全省前茅。都市圈内有福建医科大学附属协和医院及附属第一医院、福建省立医院、福建省人民医院、福建省妇幼保健院、莆田学院附属医院、莆田市第一医院、闽东医院、宁德市第一医院等三甲医院，是全省优质医疗资源最为密集的区域。

福州都市圈聚集了福建省主要的创新资源。 福州都市圈拥有全省 50% 的高等院校和 41% 的科研工作者；拥有 13 个重点实验室（国家级 4 个），18 个省级工程技术中心；拥有约 1200 个高新技术企业，占福建全省的 32%（见表 8-1~ 表 8-2）。都市圈 2018 年全年研究与试验发展（R&D）经费支出约 225 亿元，占全省的 36%。其中福州 2018 年全社会 R&D 投入占全省的 28.5%，连续 2 年保持全省第一。都市圈拥有全省 1/3 的专利授权量，每万人发明专利量达到 2.5 件（见表 8-3）。

表 8-1　都市圈省级工程技术研究中心和国家级实验室

研究方向	所在地	单位名称
新一代信息技术	福州市	福建省工业互联网智能感知与决策工程研究中心、福建省智能慧医工联合工程研究中心、福建省微间距 LED 芯片工程研究中心
新能源汽车	莆田市	福建省新能源汽车智能化工程研究中心
新材料	福州市	福建省特种树脂与复合材料工程研究中心
		福建省光电晶体材料与器件工程研究中心
		福建省专用化学品先进制造工程研究中心
生物医药	福州市	福建省肿瘤免疫病理和分子病理关键技术工程研究中心、福建省杉木种质创新工程研究中心、福建省中医四诊智能诊疗设备工程研究中心、闽台作物有害生物生态防控国家重点实验室
	宁德市	福建省肝病药物工程研究中心、大黄鱼育种国家重点实验室
节能环保	福州市	福建省农村废弃物绿色循环技术工程研究中心
高端装备	莆田市	福建省高端数控机床智能制造工程研究中心
		福建省工艺品激光精密加工装备工程研究中心
化学	福州市	能源与环境光催化国家重点实验室、结构化学国家重点实验室

（资料来源：根据相关资料整理）

表 8-2　都市圈高校分布

城市（数量）	高校名称
福州市（37）	"211"工程院校（1）：福州大学
	一本（6）：福建工程学院、福建农林大学、福建医科大学、福建中医药大学、福建师范大学、闽江学院
	其他（30）：福建商学院、福建警察学院、福州工商学院、阳光学院、福州大学至诚学院、福建师范大学协和学院、福州外语外贸学院、福建江夏学院、福州理工学院、福建农林大学金山学院、福建技术师范学院、福建船政交通职业学院、福建华南女子职业学院、福州职业技术学院、福建信息职业技术学院、福建农业职业技术学院等
南平市（4）	武夷学院、福建林业职业技术学院、闽北职业技术学院、武夷山职业学院
宁德市（2）	宁德师范学院、宁德职业技术学院
莆田市（2）	莆田学院、湄洲湾职业技术学院

（资料来源：根据相关资料整理）

表 8-3　都市圈 2018 年各项研发水平及全省占比

	R&D 支出 /亿元	R&D 支出占 GDP 比例 /%	专利申请 / 件	专利授权 / 件	发明专利授权 / 件	每万人口发明专利拥有量 / 件
福建省	620	1.70	166610	102622	9858	9.85
福州市	155	1.97	34558	17855	2725	17.52
莆田市	26.15	1.16	6148	2912	158	2.77
宁德市	25.93	1.33	4385	2540	298	3.67
南平市	18.83	1.05	3126	1776	146	2.92
合计	225.91	1.63（均值）	48217	25083	3327	2.50（均值）
占比 /%	36		29	24	34	

（数据来源：2019 年城市统计年鉴）

二、地区特色

1. 对台合作交流独具特色

福州是距台湾省最近的内地省会城市，福州籍在台乡亲 100 多万人，海峡两岸有共同的文化背景，加之迁居频繁、通婚普遍，文化交流颇多。昙石山文化就被视作闽台文化的发源地，妈祖崇拜也是台湾最普遍的一种民间信仰，信众约占台湾人口总数的 2/3。福州主要发展目标是争创辐射海峡西岸的国家中心城市，打造台胞台企登陆的第一家园城市。福州在海峡两岸产业、文化和科技交流合作方面前期已取得显著成效。平潭综合实验区定位为打造两岸同胞共同家园和闽台合作窗口，积极推动两岸"应通尽通"。莆田、宁德等都市圈沿海城市在对台经贸、人文交流合作方面取得积极进展。

2. 海丝文化源远流长

闽东北地区是众多海外侨胞和台港澳同胞的祖籍地。妈祖文化、闽都文化、陈靖姑文化是海内外同胞共同的精神印记。福州港位于我国"海上丝绸之路"东海起航线和南海起航线两条主要线路之间，兼享主线路之利，既是"海上丝绸之路"的重要始发港，也是郑和下西洋的候风开洋港。莆田有"中国海洋文化发祥地"之称，妈祖信仰诞生于此，千百年来一直是广大航海者的精神依托，其"立德、行善、大爱"的精神随"海上丝绸之路"远播海外。"海上丝绸之路"留下了大量妈祖文化遗产，据不完全统计，目前有上万座妈祖分灵庙遍布五大洲 40 多个国家和地区，信众达 3 亿多人，以"海上丝绸之路"沿线国家和地区最多，东南亚每年有数以万计的妈祖信徒来湄洲妈祖祖庙谒祖进香。

3. 生态环境本底突出，形成"山、海、港、城、乡"融合的独特人居环境

首先，福州都市圈内自然资源种类多样，涵盖森林生态、内陆湿地、地质遗迹、野生动植物及海洋生态系统，坐拥国家级风景名胜区、国家级海洋公园、世界级和国家地质公园、国家级森林公园、国家湿地公园等多类型旅游胜地。其次，都市圈森林、水、空气等环境质量优良。2018 年，福州市森林覆盖率为 57.26%，位居全国省会城市第二；莆田市为 60.05%，宁德市为 67.96%，南平市达到 78.29%（位居全省第二），平潭为 35.82%。根据 2018 年福建省生态环境厅公布的水环境质量状况，闽江、萩芦溪、交溪、霍童溪、敖江的Ⅰ~Ⅲ类水质比例均为 100%，木兰溪水质良好，Ⅰ~Ⅲ类水质比例为 83.3%，近岸海域海水质量总体较好。各区县空气优良天数的城市空气质量达标天数比例超过 96%。此外，都市圈内还拥有兴化湾、三都澳湾等深水条件优越的优质海湾。福州、莆田、宁德等城市建设于山海之间的狭长平原，周边地形连绵起伏，山城相依，形成都市圈"山、海、城、湾"的空间发展格局。

三、战略定位

福州都市圈在对台开放合作和"21 世纪海上丝绸之路"建设方面具有独特的地缘优势和历史积淀，在国家战略版图中居于重要地位。福州都市圈生态环境品质优越，"港—城—乡"融入自然，形成独特的"山海城湾"格局和都市风貌，成为国家生态文明建设示范试点。福州都市圈的战略地位和功能定位可归纳为四点：**台湾海峡城市群发展极核、海丝核心区门户枢纽、全国高质量发展的生态文明试验区、都市圈一体化发展示范区**。

从对台开放合作层面谋划福州都市圈发展，对推进祖国和平统一的重大政治意义将超过地区经济的范畴。福州都市圈发展要提升到促进两岸融合发展的战略高度，搭建海峡两岸交流的桥梁，在经贸、社会交往、文化交流等领域开展广泛深入的高水平合作，打造台湾同胞融入国家发展大局的城市群发展极核，发挥两岸交流合作的引领示范作用。

福建在参与国家"一带一路"建设中被定位为"21 世纪海上丝绸之路核心区"。福建是公认的"古代海上丝绸之路"重要的东方起点，见证了"海上丝绸之路"的千年兴衰史。福州都市圈将按照这一核心定位，在互联互通的重要枢纽，对外开放的先行平台、经贸合作的前沿平台、金融创新的试验平台、政策沟通的对接平台、人文交流的重要平台、两岸深度融合的示范平台，先进制造业的重要基地、东南沿海重要的能源基地、国家重要的海洋开发和科研基地等"一个枢纽、六个平台、三个基地"建设方向上突出发挥先行引领作用。

国家赋予了福建国家生态文明试验区的使命任务，要求福建以生态文明体制改革为重点，培育绿色发展动能，探索生态文明建设有效模式，为建设美丽中国起到探路和示范作用。福州都市圈在建立跨界污染联防联控机制、生态补偿机制方面有条件先行先试，首创可复制推广的改革创新经验。

第三节　福州都市圈发展成效和经验借鉴

一、"山海协作"模式久久为功，机制建设和平台项目做深做实

1. 包括福州都市圈在内的整个福建省，山海协作理念一以贯之，措施逐步深化，工作抓手明确

福建省于 2012 年出台《关于深化山海协作的八条意见》（简称《意见》），从推进山海协作共建产业园区、建立山海产业转移项目的利益共享机制、完善山海对口帮扶制度、健全生态补偿机制、实施新时期造福工程、加大山区人才队伍建设和山海干部交流力度、加强山海劳务合作和健全山海协作组织保障等 8 个方面提出 40 条具体措施。

山海协作将扶贫重点县作为突破口，《意见》确定了 23 个扶贫重点县，明确每个扶贫重点县由 1 个沿海较发达县（市、区）结对对口帮扶、1 位以上的省领导联系帮扶、至少 5 个省直单位挂钩帮扶，明确帮扶责任，细化帮扶措施，重点是对扶贫重点县的产业发展、基础设施和社会事业予以扶持。推进扶贫重点县与沿海发达县共建产业园区，要求 23 个扶贫重点县要在本县或对口的沿海发达县建成 1 个以上共建产业园区，并在项目招商、技术帮扶、产业链延伸、资金落实和用工帮困等方面实现有效协作，以此培育增强扶贫重点县的"造血"能力。实行税收和产值分成，园区产生的税收按财政体制属当地留成部分，原则上合作双方按 5∶5 分成，工业产值指标由合作双方按 5∶5 比例计入各自的经济总量之中。沿海较发达县每年对口扶贫重点县的财政帮扶资金不少于 1200 万元，将对口帮扶资金重点用于贫困户脱贫增收项目，以及开展医疗救助和贫困生助学等。

2. 山海协作从扶贫攻坚和经济协作进一步拓展到教育、人力资源、交通、政策保障等多个领域，在六大方面开展工作并取得显著成效

一是山海协作共建产业园。开展区域联合招商，鼓励有实力的企业在各市设立分公司，形成了山海协作、产业转移示范区等合作发展模式。例如，福州市鼓励本市相

关企业在其他市建立分公司,逐步建立起联合招商、共同开发、利税共享的产业合作发展机制。设立了山海协作基金,建立跨市协作的山海协作园区,承接产业转移示范区,同时打造山海协作创新平台、专业平台。

二是打通山海交通要道。福州都市圈重视基础设施建设,全力打通山海之间以及与周边城市、省份的运输通道,省内已全面建成通车全长 650km、总投资 259 亿元的沿海高速公路,贯穿福建省宁德、福州、莆田、泉州、厦门、漳州 6 个设区市,畅通了长三角、闽东南和珠三角三大经济板块的交通联系。此外,宁德市还构筑了以温福铁路、福宁高速公路、闽东机场为主线的交通网,先后建成福宁、罗宁高速公路,促进山海联动。经过努力,初步建成了山海互通、内外辐射的交通网络,为山海协作纵深发展提供了坚实基础。随着一批贯通山海、北接长三角、南连珠三角的重大基础设施建设的全面展开,特别是福宁高速公路、京福高速公路福建段的建成通车,明显改善了福州都市圈内山区的交通条件,拉近了山区和沿海的距离,降低两地客货运输费用,拓宽了山海协作的空间。

三是实施资金转移和就业帮扶行动。福州都市圈重视"海"对"山"的输血。以福州市与宁德市为例,宁德市作为福州市的对口帮扶城市,福州市至今已安排各类帮扶资金 3750 万元,帮助宁德市扶贫开发重点县加快基础设施建设、改善社会民生事业和共建产业园区,产生了较好的社会效益和经济效益。在此基础上,福清市、长乐区、马尾区、晋安区等安排帮扶资金 671 万元,专项支持对口山区区县建设电商园区、美丽乡村、公路改造等项目,助推宁德市扶贫开发重点县加快脱贫攻坚,取得了良好效果。

四是加强山海教育协作。福州都市圈一方面实施中等职业学校对口帮扶计划;另一方面采取"三二分段制",通过中等职业学校与高等职业院校分段实施、联合培养的模式,不断拓宽技工人才培养的深度与广度。同时实施紧缺人才培养能力提升援助计划,推动人才培养工作更好地为地区发展服务。自 2017 年以来,省教育厅统筹援助项目,组织福州都市圈内应用型本科高校,采取"多对一"项目包建、选派高水平教师团队等方式进行对口帮扶,建设紧缺急需人才专业。

五是组织山海劳务培训对接活动。省人社部门曾组织福州都市圈内沿海设区市与省级扶贫开发工作重点县开展家庭服务劳务供需对接,搭建输入地与输出地之间的劳务对接平台,形成家庭服务从业人员有组织、有秩序、有保障地输出输入对接机制,推动劳动力资源优化配置。

六是出台山海协作政策保障。2012 年,福建省专门出台《关于深化山海协作的八条意见》,提出了包括八个方面的 40 条措施,积极推进山海协作。

3. 积极发挥项目支撑和平台示范功能

闽东北协同发展区正着重打造 13 个平台、10 个跨区域协同项目。比如福州都市圈的福州—马尾—长乐机场线路（F1 线）、莆田至福州机场城际铁路（F2 线）、宁德至福州机场城际铁路（F3 线），将进一步拉近福州与莆田、宁德的时空距离。福平铁路建成通车后，市民从福州坐动车半小时可达平潭，形成半小时"经济圈"和"生活圈"，平潭海峡公铁大桥还为周边居民自驾游览平潭"国际旅游岛"提供了便利。引导组建教育集团、医联体，加快推动都市圈优质教育、医疗资源共建共享，以后福州一中、福建医科大学附属协和医院等稀缺公共服务资源的受惠面将会更广，都市圈内群众不出本市即可享受省会等级的优质公共服务。自 2021 年 1 月 1 日起，福州市实施新的户籍管理制度，全面放开落户限制，居民"零门槛"落户省会不再是一个"能不能"的难题，而是"想不想"的自主选择，同时福州降低集体户设立条件、统筹学位安排方便新落户适龄儿童就学，这些暖心举措为促进人才和劳动力资源有序流入创造了良好条件。

专栏 8-1　闽东北四市一区重点合作项目

"13 个平台"：闽东北综合交通枢纽平台、"e 闽东北"信息综合服务平台、旅游综合服务平台、"工业互联网"产业协作平台、"互联网＋医疗"公共平台、对台融合发展平台、物流发展综合服务平台、农产品产销协作平台、高端装备产业平台、生态协同保护平台、基金发展平台、营商环境标准一体化平台、推进海峡青年节平台。

"十大协同项目"：福莆宁城际铁路（F1、F2、F3 线）项目、福州机场二期扩建项目、沿海大通道项目、港区联动开发项目、平潭及闽江口水资源配置（一闸三线）工程、深海养殖合作项目、新能源汽车产业链协作项目、滨海新城国家级区域医疗中心、闽江流域山水林田湖草生态保护修复工程、全省旅游集散中心（"海丝国际旅游中心"项目）。

二、数字经济规模效应凸显，引领都市圈创新驱动发展

1. 数字化应用水平显著提高，场景日益丰富

"e 福州"已经成为超过 600 万用户的掌中宝，实现一个 App 畅享城市所有服务。随着数字技术不断应用于城市治理，交通拥堵和老城内涝得到明显改善；政务审批流程更加智能，实现数据多跑路、群众少跑腿；东南健康医疗大数据中心加快推进，为群众提供精准医疗数据服务。福州正推进建设城市 AI 中台、城市人脸识别、可信数字身份、电子缴费、时空信息等公共服务平台，拓展市级电子证照库和可信电子文件库，全面接入轨道交通、卫生教育、市场监管、水电气等数据资源，推进城市数字驾驶舱和经济运行分析平台等建设，力争到 2022 年实现由"城市大脑"全面支撑政务服务"一

网通办"、公共服务"一码通行"、城市运行"一屏通览"。

2. 数字经济创新平台建设不断推进

国家健康医疗大数据中心、国土资源大数据应用中心、清华福州数据科学研究院、中国教育大数据应用研究院、福州物联网开放实验室等一大批"大院大所"在福州都市圈落地,"数字都市圈"建设取得显著成效。

3. 中国东南大数据产业园、数字福建(长乐)产业园为代表的数字经济产业园区发展迅猛,产业集群持续壮大

国家工业互联网标识解析二级节点(福州)项目已在中国东南大数据产业园落地运行。三大运营商、奇虎360、比特大陆等大数据龙头企业纷纷入驻,形成面向健康医疗、信息技术、智能制造等领域的大数据产业集聚发展态势。截至2021年2月,东南大数据产业园累计吸引558家企业注册(入驻),注册总资本约482亿元,配备了数字福建云计算中心商务云、政务云以及超算中心等先进设施,形成了大数据、云计算产业链,2019年产业园总产值达到149亿元。马尾物联网产业园主推"公办民营"发展模式,相继建成了物联网产业创新发展中心、物联网开放实验室、物联网智慧水务商用项目,吸引150多家企业相继入驻。此外,福州软件园、融侨经济技术开发区作为国家新型工业化示范产业基地,培育壮大了福大自动化、新大陆、网龙网络、星网锐捷、瑞芯微等全国软件百强企业。

4. 连续举办数字中国建设峰会

福州市政府已连续成功举办四届数字中国建设峰会,该展会是目前国内重要的数字中国发展成果展示平台,以及国内突出数字政府专题的国家级专业展会。峰会的前沿数字成果涵盖数字省域、数字政府、数字经济、智慧社会、特色主题等5大板块。围绕5G网络、大数据中心、工业互联网、物联网、人工智能等领域重点开设数字经济板块,展示数字产业"黑科技"、新模式等成果。

三、变开放使命为特色,形成对台合作和海丝门户建设新局面

福州都市圈正抢抓"21世纪海上丝绸之路"核心区建设机遇,加强联系国内大市场和国际市场的开放通道建设,打造海陆空立体互联互通网络。福州都市圈的航空、班轮航线、口岸、会展方面可以发挥"海丝"核心区国际贸易门户和综合交通枢纽的作用,推进贸易和投资自由化便利化,聚焦产业价值链的研发设计、生产制造、消费服务三大环节提档升级,着力提升福州都市圈在国际经济体系和国家开放大局中的地位。

1. 平潭综合实验区发展紧扣国家赋予的战略使命，深化对台开放合作，积极建设台胞台企登陆第一家园

平潭地处福建东南沿海、台湾海峡中北部，是大陆距台湾本岛最近的地区，区位优势明显。平潭由 126 个大小岛屿组成，陆域总面积 392.92km²，其中主岛面积 324.13 km²，为全国第五大岛，相当于香港本岛的 4 倍、厦门本岛的 2 倍。平潭综合实验区是福建自贸试验区实施范围，也是国家批准设立的特殊经济功能区，在与台湾地区经济全面对接、文化深度交流、社会融合发展、两岸同胞合作建设方面先行先试。同时，平潭综合实验区在通关模式、财税支持、投资准入、金融保险、土地配套等方面享受特殊优惠政策。

以建设台胞台企登陆第一家园为目标，平潭积极打造台湾商品进口集散中心。先后开通了至台中、台北 2 条客运航线和两岸小三通、集装箱货运航线，实现了平潭到台北、台中、高雄货运直航航线全覆盖，对台海运快件业务量位居大陆第一。经平潭口岸往来台湾本岛的人数累计超百万，入驻平潭的台企近 1200 家。平潭正吸引台湾的现代农业、渔业、服务业等企业注资，建设平潭台湾农渔产品交易中心，海西动植物进出境检验检疫中心和平潭中药材贸易中心即将建成并投入使用。在对台合作制度创新方面，平潭率先在全国实施"台车入闽"、卡式台胞证、五年免签注等创新举措；设立大陆首个海峡两岸仲裁中心，通过仲裁调解方式解决涉台民商事合同等权益纠纷；率先引进台湾社区营造师等，探索两岸基层治理新模式；实施台湾职业资格采信，吸引台湾青年来岚就业创业，在两岸青年的共同努力下，平潭北港村实现了由小渔村向网红文创村的华丽蜕变。

2. 在参与"21 世纪海上丝绸之路"建设方面，共建海丝门户枢纽取得积极进展

截至 2020 年，福州自贸片区与 41 个国家和地区实现海关 AEO 互认，打造 40 多个"一带一路"国家进口商品展示馆，"一带一路"国际产能合作综合服务基地加快推进。福州、莆田正全力与其他"海上丝绸之路"沿线城市联合开展海丝申遗工作，福州在 2021 年夏季举办了第 44 届世界遗产大会。高水平建设中国—东盟海产品交易所，东盟 60% 的远洋渔货在此配置。海峡两岸经贸交易会加挂"21 世纪海上丝绸之路博览会"。首届联合国海陆丝绸之路城市联盟城市论坛、亚太区新设的"21 世纪海上合作委员会"会址及秘书处也永久设在福州。

3. 深化自贸试验区改革创新，塑造高标准国际营商环境

福州片区、平潭片区是福建自贸试验区的两个片区，主要开展制度创新"首创性"

探索，先行先试 50 项改革创新措施。在全国首创企业登记"一表申请、一口受理、一照一码"制度，颁发全国第一张"三证合一"的营业执照。福州片区在全国首创"行政审批全流程应用电子证照"，率先开展"证照分离"改革，并推行企业营业执照自助打印，将审批时间由原来的 15 天缩短到 1 天内。在全国率先实施船舶进出境"一单四报"和船舶证书"三合一"并联办理举措，获批为国际船舶登记船籍港和全省唯一的中资"方便旗"船回国登记船籍港。江阴港开通"海丝"航线 9 条，启动内外贸同船运输及国轮捎带业务，开通 4 条闽赣集装箱海铁联运班列，构建福州（江阴港）—成都、福州（江阴港）—营口—满洲里—欧洲海铁联运货物通道，并实现市场化无补贴运作。

四、立足国家生态文明试验区建设，形成丰富生态环境协同治理经验

1. 开展闽江流域山水林田湖草生态保护修复工程，成功纳入国家相关试点

闽江流域面积占福建全省面积的一半以上，是我国生态敏感性强、重要性突出的地区之一。在三明市、南平市、福州市（永泰县、闽清县、长乐区、闽侯县）、龙岩市（长汀县、连城县）、宁德市（古田县）的试点范围内，开展水环境治理与生态修复、生物多样性保护、水土流失治理及农地生态功能提升、废弃矿山生态修复和地质灾害防治、机制创新与能力建设等五大重点工程，累计投入资金 93.42 亿元。

2. 福州携手南平、宁德等市，开展闽江水域联合执法行动

全面推行河长制、湖长制，持续深入推进闽江、敖江、大樟溪、木兰溪等流域水环境综合整治和生态功能区建设。利用 VOCs 检测仪、O_3 雷达和空气自动站构建立体监测网络，运用省生态云平台与企业微信，健全集预测预判、监测分析、精确溯源、远程管控为一体的区域联防联控联保机制。

3. 践行"绿水青山就是金山银山"理念，逐步深入探索生态产品价值核算体系、市场化区际生态补偿机制

福州都市圈深入开展自然资源资产产权制度改革，贯彻落实省级自然资源统一确权登记办法，探索建立全民所有的自然资源资产委托代理机制。推进武夷山国家公园体制试点及财政体制方案实施。创新绿色金融产品，支撑生态产品价值实现。比如，率先对政策性银行、国有大中型银行开展绿色信贷业绩评价；林业金融创新走在全国前列，完善推广福林贷、惠林卡等"闽林通"系列林业金融产品，累计发放贷款 63.37 亿元，受益农户 5.7 万户。开展生态产品市场化改革试点，探索山区和沿海不同资源禀赋生态产品价值实现路径。南平市创新"生态银行"建设，连江县生态产品市场化改革

经验向全国复制推广。探索生态产品价值核算体系，在总结武夷山市试点经验的基础上，在福州、南平、平潭等地扩大试点。建立环境权益交易体系，在全省所有工业排污企业全面推行排污权交易，累计成交额突破 12 亿元，近 6 成的交易额发生在企业与企业之间，位居全国首位。全省累计完成重点生态区位商品林赎买改革 32.3 万亩，占"十三五"时期总任务 20 万亩的 161.5%。率先建立统一规范的全流域生态补偿机制，每年整合投入资金超 20 亿元。深入推进综合性生态保护补偿试点，按规定下达两批激励资金 3.3 亿元。

4. 积极改革绿色发展导向的政府考核评价机制，执行经常性领导干部自然资源资产离任审计制度和领导干部任期生态环境目标责任制、生态环境损害责任终身追究制度

福建省率先实施"党政同责、一岗双责"制度，每年由福建省委书记、省长与九市一区党政一把手签订党政领导生态环境保护目标责任书，年终进行考核，并纳入各地年度绩效考评；建立经常性领导干部自然资源资产离任审计制度；设立自然资源资产变化大数据分析平台，确立 8 大类别 36 项审计评价指标体系，省、市、县三级审计机关同步开展；严格执行领导干部任期生态环境目标责任制、生态环境损害责任终身追究等制度；建立绿色目标考核评价体系，在取消 34 个县 GDP 考核指标的基础上，进一步取消南平、宁德等山区市和平潭综合实验区 GDP 考核任务，转向重点考核生态质量、扶贫攻坚和城乡居民增收等方面的工作成效。

第四节　福州都市圈协调发展体制机制创新亮点

闽东北地区协同发展过程中，注重在市场主导前提下，发挥政府引导的积极作用，在发展合作机制、利益共享激励机制、市场一体化机制、区域政策和平台联动机制、规划协调和社会参与机制方面取得了一些示范性效果。

一、协同发展机制长期实践，政府间合作基础良好

20 世纪 80 年代中期开始，闽东北经济协作区到闽东北协同发展区，省级和市级就建立了政府间合作机制。目前，闽东北协同发展区在省级、地区层面建立了党政领导联席会议制度以及建设领导小组、工作协调小组，定期召开会议，研究、协调、部署区域协作的发展规划、重大举措、重要事项和具体政策。设立领导小组办公室，统筹推进协同发展区建设工作。在四市一区层面，福州发挥牵头带动作用，将闽东北协

同发展区办公室作为常设办事机构，建立对口部门常态化对接协调机制，各地选派干部驻福州集中办公，负责沟通信息、联系情况、协调关系、调查研究以及处理日常事务等，工作人员由各市派出干部和招聘人员组成。办公室主任由福州市分管领导兼任，常务副主任由副厅级以上领导干部担任。在福州都市圈层面，福州市发挥牵头带动作用，设立都市圈建设领导小组及办公室，完善党委和政府主要领导定期协商、分管领导互访交流等工作机制，建立健全对口部门常态化对接机制，形成省市联动、立体合作的都市圈建设协调机制。

福州都市圈内的政府合作机制具体实践案例较多。福州都市圈通过召开交通协作联席会议的定期会商制度，统筹跨区域交通基础设施建设，创新区际耕地占补平衡方式，开通部分跨市公交。莆田市通过资金购买用地指标方式，建设木兰大道城厢段工程，为此实现莆田和福清之间的跨市公交线路常态运营。福州市主导推进城际铁路F1线、F2线、F3线规划调整，携手南平、宁德、莆田、平潭规划建设"城市候机厅"，闽东北地市内乘客通过城际铁路可1小时到达福州长乐机场。福州和宁德结对建立山海协作关系20余年，定期举行工作座谈会，由福州向宁德捐赠山海协作资金。2012年福建省为助推平潭开放开发工作，省委省政府推行"四个一千"人才工程。截至2020年，省委组织部先后选派了1169名干部支援平潭。为调动挂职干部积极性，还出台印发《福建省赴平潭综合实验区挂职干部日常管理办法（试行）》，建立奖惩激励机制，推动赴平潭挂职干部管理工作常态化、长效化。四市一区成立闽东北区域旅游联盟，由福州市牵头闽东北四市一区旅游部门和企业开展联合营销，从城市旅游形象、旅游产品建设、旅游政策扶持等方面，集中展示闽东北地区的整体旅游形象，将区域精品旅游线路统一对外推介。

二、深化产业链配套协作，探索利益共享激励机制

1. 共建区域协调的现代产业体系，强化新能源汽车等重点产业集群协作配套

福州市发挥罗源县与宁德市相邻的区位优势，以新能源及汽车配件相关产业为突破口，加强新能源汽车产业链协作。积极发挥政府引导作用，建立以宁德时代新能源、上汽集团（宁德基地）龙头企业为主导，以配套企业为依托的闽东北汽车产业协作联盟，共同做大做强新能源汽车产业集群，建设全国重要的新能源汽车产业基地。目前，宁德拥有锂电新能源、新能源汽车、不锈钢新材料、铜材料产业四大主导产业，核心龙头企业均有很强的国际竞争力，并形成一定规模的上下游配套产业链。依托福州东南、莆田云度、宁德上汽3家整车厂，以及宁德时代这一全球领先的动力电池研发生产基地，

福莆宁三地携手打造全省乃至全国重要的新能源汽车整车基地。一方面，这可形成产业链项目衔接互补，共同争取上下游产业链项目落地建设，形成完整的新能源汽车产业链集群；另一方面，依托福州数字经济优势，共建产学研平台，在车联网、移动互联网、自动驾驶、大数据等方面开展联合攻关，抢占新能源汽车的发展制高点。

2. 按照"共同投资、共同研发、共享成果"原则，打造山海协作发展的利益共享机制

山海协作机制主要是结合福建"海强山弱"省情特征，更好地发挥山边的资源、劳动力、生态等优势，与海边的资金、技术、人才等优势统筹互补，补强薄弱环节，解决发展短板。在山区欠发达地区主要发展现代农业、数字经济、先进制造等涉及绿水青山生态价值转化的绿色产业，构建高技术化、高附加值化、低碳化的产业体系；在沿海地区则专注培育一批技术密集、产业关联度高、带动性强的产业集群。在产业转移和联动发展的过程中，始终坚持以产业优化提升和合作共赢为目标，结合具体项目来探索构建利益共享机制，在产值和税收分成、企业优惠政策、税费优惠等方面达成共识。

> **专栏 8-2　福州、宁德两市深海养殖业合作**
>
> 福州和宁德探索深海养殖产业化、规模化发展，加快试点项目建设，在山海产业转移项目利益共享机制方面，具体规定是：①由政府主导的山海产业转移项目实行产值和税收分成。产值上由输出地和输入地、引进方和落户方政府按 5∶5 分成，流转税、所得税当地留成部分，原则上按 5∶5 分成。②对从省外新引进企业的招商引资指标进行分解，引进方与落户方按 6∶4 分解招商引资任务，并对企业实行税收优惠。③对产业转移项目的各类地方性收费、手续费实行"零收费"。④对实际投资额达 1 亿元以上的产业转移项目，由双方所在地政府按 5∶5 的比例分担环境影响评估、安全评价等费用。高新技术产业转移项目享受房屋交易手续费和产权登记费等地方性收费减免政策。

三、组建福州港口管理局，推动都市圈港口群错位发展

福建省整合了福州市、宁德市、平潭综合实验区辖区内所有港口，下辖 9 个港区，分别是闽江口港区、江阴港区、松下港区、罗源湾港区、三都澳港区、赛江港区、三沙港区、沙埕港区、平潭港区，发展以集装箱和大宗散杂货运输相协调的国际航运枢纽港。将原来的福州市港口管理局和宁德港务局合并组建福建省福州港口管理局，直属福建省交通运输厅管理，打破行政区域界线，对福州、宁德、平潭的港湾资源实行统一规划、建设、生产、管理，促进都市圈港口群连片开发和差异化发展。实现以福州港为龙头，集约发展闽东北"组合港"，构建覆盖全球主要港口的航线网络，拓展江海联运和"丝路海运"，着力服务闽东北内陆腹地。福州都市圈港口按照资本股份运作、

市场化运营和相互自愿的原则，在相关行政部门的推动下，实施湄洲湾北岸、江阴、罗源湾北岸港口码头整合。在行政力量主导整合下，都市圈港口群泊位忙闲不均、货源货种交叉等问题得到了有效解决，港口运行效率显著提高。

四、谋划"岛城联动"发展，推动形成政策平台协同机制

福州滨海新城和平潭综合实验区"岛城联动"发展，未来将成为福州都市圈的极核。

目前，两地互动主要基于交通基础设施的联通，尚未形成成熟的产业协作网络。连接福州与平潭的福平铁路是支持平潭开放开发、福州滨海新城加快建设的重要交通线路，乘坐动车从福州出发，最快 35 分钟即可抵达平潭，建成开通后吸引了很多周边城市的游客。构建福州到平潭的第二通道，形成半小时"生活圈"和"经济圈"，加速平潭综合实验区和滨海新城岛城联动发展。而且平潭海峡公铁大桥建成后，更加便利周边居民自驾游览平潭"国际旅游岛"，每年夏天吸引更多许多宁德、南平等地游玩的游客转场来平潭"打卡"。

五、围绕重大工程项目，落实规划协调和社会参与机制

福州都市圈四市一区通过实际项目落实协同发展目标，围绕重大项目平台构建相对完善的项目推进机制、督查通报机制、部门协作机制。项目推进机制上，由福州市发改、工信、交通、农业农村、文化旅游、生态环境等市直相关部门发挥牵头作用，其他市直相关部门根据自身职能抓好四市一区教育、医疗等民生社会事业协作项目的牵头、组织、协调等工作。督查通报机制上，对跨区域重大项目建立"一月一协调、一季一督查"机制，将有关情况报告省委、省政府，并向四市一区党委（党工委）、政府（管委会）通报。部门协作机制上，四市一区的有关职能部门之间每年确定年度协作主题，召开年度部门协作会议。在福州新区和平潭综合实验区一体化发展背景下，做好规划之间的衔接，明确两地的功能，促进两地产业合理分工，协调产业、重大基础设施等合理布局，避免重复建设、恶性竞争。

第五节　福州都市圈问题挑战及下一阶段发展重点

一、问题挑战

1. 山海协作以对口帮扶为主，长效机制仍待探索

帮扶资金使用仍以扶贫项目为主。根据目前福建省有关山海协作的文件精神，要求沿海县市每年要向对口帮扶县拨付不少于 1200 万元资金，同时要求帮扶资金应重点

用于促进贫困户脱贫项目。随着扶贫攻坚战的深入推进，建档贫困人口越来越少，帮扶资金使用比例的限制会导致资金难以得到有效利用。

产业园区协作动力不足，"帮建"性质大于"共建"。因为多数重点贫困县财力困难、产业基础薄弱、物流成本高、技术人才缺乏，资源禀赋、基础配套设施与沿海城市存在明显差距，因此企业到山区县投资的意愿不强，项目落地难，引进项目呈现传统项目多、高附加值项目少，小项目多、大项目少的局面。此外，虽然目前共建园区合作双方都签订了共建协议，成立了领导小组，但多数对口帮扶县（市、区）仅限于给予一定的帮扶资金，帮助园区基础设施建设，帮助开展招商引资，而双方在园区开发建设和运营管理等层面没有展开深度协作。园区管理大部分由扶贫重点县单方主导，沿海帮扶方共投共管的主观动力不足，园区处于"帮建"而非"共建"的开发模式。

2. 平潭综合实验区和福州滨海新城联动发展存在体制机制障碍

福州新区、平潭综合实验区虽有国家级开放平台、特殊经济功能区的"帽子"，但无实质性改革自主权，围绕特定改革创新任务需按程序"一事一议"向上级部门报批授权。"管委会—省直职能部门—省政府—中央部委—国务院"的决策链条过长，跨部门协商难度大，甚至不同层级职能部门间出于改革认知的差异或部门利益、风险管控的考虑，过滤后的政策方案往往偏离政策设计的初衷。

平潭综合实验区经历十年发展仍未产生资源集聚和功能辐射效应，主要短板在于特殊政策与发展现状、发展需求的不匹配。平潭综合实验区缺乏大规模的产业投资项目，区内企业生产的产品以内销为主，从事"两头在外"高附加值保税业务的企业较少，保税加工和维修、保税展示交易、融资租赁、转口贸易等外贸新业态发展动力不足；集散仓储设施建设滞后，港口与铁路联运未开通，后端配送陆路运输距离长，物流成本居高不下，集装箱成本比江阴港区高 500 元 / 标准箱；与福州新区的联动发展动力不足，需尽快开通更多的对外联系通道；多数注册在平潭的企业，生产经营在区外，在税收分成、数据统计、流量支持、产业培育等利益共享和功能协同方面缺少具体联动机制，如货物进出均在其他口岸申报，缺乏流量支撑，不利于平潭贸易物流产业发展和口岸功能培育。

3. 都市圈尚处于发展阶段，中心城市功能集聚过度、扩散不足

福州都市圈总体发展水平位列中游，主要问题在于福州中心城市引领和辐射能力不足，自身缺乏溢出带动和服务周边的意愿，没有产生较强的扩散效应。莆田、宁德、南平、平潭整体实力偏弱。人口经济联系不够紧密，都市圈内部尚未形成强有力的合力，

各自为战的现象突出，未能整合发挥各地的比较优势。省会福州发展能级和其他都市圈中心城市相比较弱。

首先，高端功能与优质公共服务资源集中于中心城市。福州经济规模远高于其他城市，2020 年福州 GDP 突破万亿元大关，其余城市在 2000 亿~3000 亿元的量级，平潭仅有 300 亿元，未来福州与其他城市之间的差距可能还会进一步加大。福州都市圈内部主导产业企业主要集中在福州市辖区、福清市和莆田市；闽东北协同发展区 12 个国家级开发区中共有 8 个位于福州；主要高校、科技院所、创新人才等创新资源也高度集中在福州。此外，从公共服务资源分布来看，优质医疗教育资源也高度集中在福州，2017—2018 年，福州共有 169 所中小学校被认定为福建省义务教育教改示范性建设学校，占全省的 17.3%，高于都市圈内其他城市（区）（见表 8-4）。

表 8-4　福州都市圈各市（区）义务教育教改示范性建设学校数量

市（区）	福建省义务教育教改示范性建设学校（所）			
	第一批（2017 年）	第二批（2018 年）	合计	占全省比例 /%
福州	98	71	169	17.3
莆田	38	42	80	8.2
宁德	45	42	87	8.9
南平	33	40	73	7.5
平潭	10	8	18	1.8

（资料来源：根据相关资料整理）

其次，四市一区中仅福州市持续表现出人口净流入特征，平潭自 2016 年起人口由净流出转变为净流入。比较 2005 年、2010 年、2015 年、2016 年、2017 年四市一区，及 2005 年、2010 年、2017 年各市、区、县流动人口 [①] 占户籍人口比例可知，福州整体保持人口净流入趋势，自 2010 年起各年份流入人口占均超过户籍人口的 10%，但其中仅鼓楼、台江、仓山、马尾、晋安、闽侯六地为人口净流入地区，且尤以晋安区对流动人口的吸引作用最为显著，各年份常住人口超过户籍人口的 2 倍。平潭人口流动趋势自 2016 年起发生变化，表现出较弱的人口净流入特征。与福州、平潭相比，莆田、南平、宁德三市人口流动表现出明显的净流出特征，其中仅城厢、涵江两区对流动人口存在较强吸引力（见图 8-5）。

---

① 流动人口由常住人口与户籍人口之差估算所得，下同。

图 8-5　2005—2017 年四市一区流动人口占户籍人口比例变化图
（数据来源：福建省统计年鉴、互联网人口迁徙数据）

4. 交通、产业、创新、生态领域缺乏统筹，尚未形成综合协同效应

跨行政区的交通出行服务配套有待提升。一方面，现阶段城际跨行政区的就业通勤交通条件尚需完善，同城化程度不足将延缓都市圈一体化进程。例如，自平潭岛至福州滨海新城、福州老城区就业的居民，以及自永泰县至福州老城区、福州新区和莆田就业的居民跨区通勤需求尚未得到有效满足。福清市和莆田市涵江区两地的兴化湾跨海大桥在出资比例未能达成共识，工程建设进展较慢。另一方面，空间毗邻的非本行政区域内乡镇的就近跨行政区域就业配套公交延伸不足。2019 年，莆田公交 232 路行车路线调整为莆田涵江区华侨中学—福清市凤迹村，成为第一条常态化运营的跨市公交线路。但此类跨行政区公交线路的延伸服务仍严重不足，缺乏统筹规划。

福州都市圈主导产业链条缺乏韧性，行业核心环节亟待培育，区域分工体系尚未成形。通过 A 股上市企业产品覆盖情况，识别都市圈主导产业链条，发现都市圈企业主要位于产业链的外围环节，核心环节的重点企业布局较少，产业链缺乏韧性，产业发展与地方的黏性不足。以汽车产业为例，都市圈的上市公司位于汽车产业链核心环节的主要是内外配饰、玻璃、电池等环节，大量的相关产业链主要布局在都市圈外围。鞋服产业虽然在主要产品贸易经销，尤其是批发贸易环节已经形成部分产业集群，但在产业整体上下游的企业实力不够强大，没有在关键的鞋面材料、鞋底、设计等方面形成有优势的产业集群和产业链整合。此外，区域分工体系尚未成形，经济利益共同体尚未建立，企业主体作用发挥尚不充分，各地在招商引资和产业发展中容易产生同质化竞争，降低了区域合作效率提升速率（见图 8-6）。

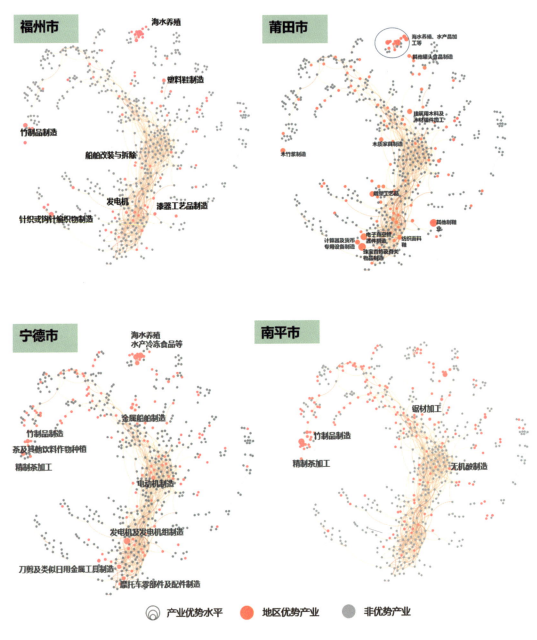

基于产业图谱识别各地市一、二产优势产业（2017）

图 8-6　2017 年福州都市圈不同城市在全国产业体系中的优势产业识别

（数据来源：企业工商登记数据库）

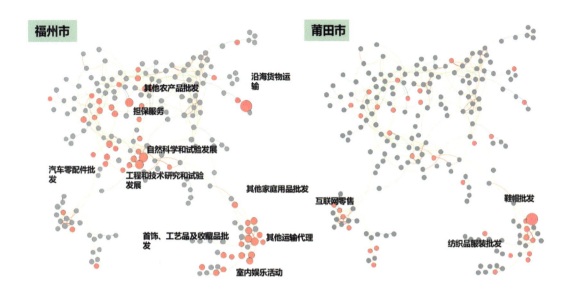

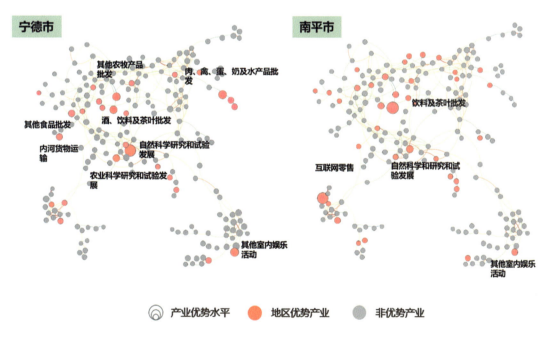

基于产业图谱识别各地市三产优势产业（2017）

图 8-6 （续）

福州都市圈经济发展和生态环境保护矛盾突出，生态环境区域协同亟待创新深化。城乡建设用地扩张侵占生态空间明显，福州都市圈巩固拓展生态环境优势面临较大压力。一方面，福州、莆田等城市在国家严控填海前大力推行向海发展的空间策略，侵占海岸带陆域生态空间明显；另一方面，城市扩张挤压山体、河流湿地等生态空间，交界区域开发管控失序。此外，福州都市圈内部分城市城区扬尘污染防治不到位的问题时有发生，部分区县散乱污加工作坊和工业园区存在环境安全隐患，部分近岸海域和闽江流域水质受生活、农业、工业、海上养殖等多方面污染因素的长期影响，水质改善难度大。目前，都市圈内各地市均已开展用能权、排污权、碳汇交易等试点工作探索，利用市场化手段推进生态环境保护，但仍以市内企业为主，缺乏跨区域生态环境保护机制的建立。都市圈各地市为打赢"碧水蓝天净土"保卫战而协同开展的联合行动主要侧重于短期联合执法行动和局部区域的联防联治工作会议，尚未建立更深层次、更大范围的协同治理机制。

二、下一阶段发展重点

1. 创新协作模式，统筹建立产业转移与利益共享体系

继续深化山海协作对口帮扶，推动协同发展内容从传统产业梯度转移更多向创新成果转化落地转变，形成"福州研发＋区域转化"的创新协作模式，推动都市圈共建行业协会联盟，促进跨区域资源开发和网络共享。探索发达地区品牌产业园区以"轻资产"输出为主导，为共建园区提供管理经验、运营模式、招商资源的新模式。在地区各类规划要求的基础上统筹区域产业布局，合理设定产业转移准入门槛，构建协调发展利益共享机制，以产业分工为重点，制定合理的利益共享分配政策，合理商定，共享包括产值、税收（新增增值税、所得税）、招商引资等合作成果，实现区域协同利益主体共赢，共同推动都市圈良性发展。

2. 深化"岛城联动"发展，壮大都市圈极核

深入推进平潭综合实验区与福州滨海新城联动发展，滨海新城作为福州新增长极，西承主城，南接平潭、福清，北联罗源湾，拥有空港、海港、陆港、信息港资源，需要发挥滨海新城对平潭发展的腹地支撑作用，承接、放大平潭综合实验区自贸制度创新和特殊政策功能，辐射滨海新城数字经济、健康医疗、高端制造等特色产业园区，实现优势互补，适时推动福州新区纳入自贸试验区扩区范围。需要强化两区在金融、商务、物流和旅游等现代产业方向实现产业联动、交通对接、生态共育、公共服务共建共享，联合打造生活工作便利、生态环境优美、宜居宜业宜游的福平优质生活圈。

3. 深入推进福州都市圈港产城联动建设

在港口群方面，加强港口岸线规划管理，科学、合理、节约、有序开发利用港口岸线。优化港口行政管理体制，协调港口业与政府、企业的关系，树立合作共赢经营理念，引导港口业协调发展。推动沿海与内陆腹地通道建设，完善铁路、高速公路、省道网络，利用交通带动沿线地区经济发展，形成以点带面、联动发展的新格局，做大港口群。在产业集群方面，制定福州都市圈产业发展指导目录，明确四市一区产业发展重点与布局，谋划投资项目。根据产业空间布局规划，引导产业、企业向重点产业园区集聚。在城市区域方面，强化福州中心城市职能和国际化综合服务职能，推进港城一体化，加快沿海城镇发展带和山区绿色发展带建设。

4. 持续推进国家生态文明试验区建设

进一步总结宣传国家生态文明建设试验区改革举措和经验做法，继续围绕生态价值核算、流域综合整治、环境资源市场化交易等难点，探索都市圈生态保护与环境治理的协同机制，建设绿色低碳都市圈，塑造"山海城湾"美美与共的都市圈风貌。

5. 推动都市圈对台合作和参与海丝建设出新出彩

在经济产业合作基础上不断推进对台文化交流，参照粤港澳三地规则衔接和体制机制"软联通"的政策举措，谋划一批对台"民心相通"的重大改革工程，努力打造台胞台企登陆"第一家园"。引导福州都市圈企业抱团"走出去"，共建境外经贸合作区，推动装备制造、纺织鞋服、有色金属、建材等优势产能海外布局。共同推进"海丝"文化遗产保护，共建有福同享的"海丝"文化圈。

6. 深化体制机制和政策创新，探索跨区域"柔性治理"模式

加快建立健全利益共享的激励机制，推进都市圈一体化发展投资基金组建，支持以混合所有制组建都市圈协作开发集团，进一步完善合作园区共建共享的政策安排。在都市圈范围内选取人口经济联系紧密、一体化合作意愿较强跨界地区率先打造都市圈一体化示范区。大力支持市场在协同发展机制建设中发挥主导作用，建立起一套基于市场契约的利益交换规则和协同网络，在"双循环"发展格局中促进城乡区域间要素自由流动，从而推进区域协同发展目标的达成。

参考文献

[1] 林立民 . 念好"山海经"和建设八个基地 [J]. 福建论坛 (经济社会版)，1984(9)：1-4.

[2] 林山，郑承联 . 福州市发展山海协作的实践与探索 [J]. 城市研究，1999(2)：59-60.

[3] 谢爱国 . 山海两地发展与福建区域经济发展战略演变 [D]. 福州：福建师范大学，2009.

[4] 金一初 . 推进两大协同发展区建设 构建高质量发展新格局 [J]. 海峡通讯，2019(2)：6-7.

第九章 中部高质量发展背景下的武汉都市圈

第一节　武汉都市圈发展历程概述

武汉与周边区域协调发展的声音由来已久，而真正意义上从政府层面提出区域一体化发展理念是从 2002 年提出武汉经济圈（即武汉 1+8 城市圈）开始。武汉城市圈一经提出，在其后的十多年中范围不断扩张，最终形成了 1+8+4 的城市圈结构。2018 年，武汉被明确定位为国家中心城市。随后在新一轮城市总体规划研究论证过程中，武汉大都市区的概念进一步明晰，并对其进行了范围界定。研究认为，武汉大都市区的概念与都市圈概念几近一致，因此，武汉大都市区也可称为武汉都市圈[1]。

一、武汉城市圈源起阶段（1+8）

2002 年 6 月 10 日，时任湖北省省委书记俞正声在《全面贯彻"三个代表"重要思想 为加快湖北现代化建设而努力奋斗——在中国共产党湖北省第八次代表大会上的报告》中指出："加快城镇化进程，促进区域经济协调发展。经济布局、城市发展必须遵循经济规律和城市发展规律。武汉作为全国特大中心城市之一，是全省经济社会发展的龙头。武汉市要着眼于提高综合竞争力，构筑在国际竞争中有比较优势的产业体系和现代化基础设施框架，拓展和完善城市空间布局和功能分区，形成武汉经济圈[2]，更好地发挥中心城市对全省的辐射带动作用。"此为武汉 1+8 城市圈的雏形（见表 9-1）。武汉城市圈面积达 5 万多 km^2，远大于一般概念的都市圈。

表 9-1 武汉城市圈发展历程（2002—2008 年）

时间	主体	文件	主要内容
2002 年 6 月	湖北省省委书记俞正声	《全面贯彻"三个代表"重要思想 为加快湖北现代化建设而努力奋斗——在中国共产党湖北省第八次代表大会上的报告》	加快城镇化进程，促进区域经济协调发展。经济布局、城市发展必须遵循经济规律和城市发展规律。武汉作为全国特大中心城市之一，是全省经济社会发展的龙头。武汉市要着眼于提高综合竞争力，构筑在国际竞争中有比较优势的产业体系和现代化基础设施框架，拓展和完善城市空间布局和功能分区，形成武汉经济圈，更好地发挥对全省的辐射带动作用
2003 年 11 月	全国人大常委会副委员长丁石孙出席湖北"推进武汉城市圈建设的理论研讨会"	《关于加快推进武汉城市圈建设的若干意见》	武汉城市圈正式进入了中央高层的视野
2004 年 4 月	湖北省委办公厅、省政府办公厅	《省发展和改革委员会关于加快推进武汉城市圈建设的若干意见》	表示要"加快以武汉市为核心，黄石、鄂州、黄冈、孝感、咸宁、仙桃、天门、潜江市构成的武汉城市圈建设步伐"。这标志着武汉城市圈从研究论证阶段进入到全面推进阶段
2005 年 11 月	武汉城市圈农业经济协作第一次会议在汉召开		圈内 9 城市达成共识，将依托武汉，积极参与推进城市圈的农业发展
2006 年 4 月	中共中央、国务院发布	《关于促进中部地区崛起的若干意见》	"武汉城市圈"被列为中部四大城市圈之首
2006 年 6 月	武汉城市圈联席会议在汉召开	《武汉城市圈建委主任联席会合作协定》	各城市还就建立武汉城市圈建委主任联席会机制和联络员制度、建立城市建设、规划和房地产互访机制、开通武汉城市圈电子信息平台、建立建筑业市场合作、建立建筑业科技合作机制和城建人才培训机制等问题
2007 年 7 月	武汉市邀请国家发展改革委领导来汉调研武汉城市圈综合配套改革试点申报工作	《武汉城市圈综合配套改革试点框架方案》	
2007 年 10 月	获湖北省政府常务会议审议并原则通过	《武汉城市圈总体规划》	
2007 年 12 月	湖北省工商局同意	《武汉市工商局、鄂州市工商局关于武汉东湖开发区与湖北葛店开发区市场主体准入一体化的意见和建议》	

续表

时间	主体	文件	主要内容
2007 年 12 月	经报请国务院同意	《关于批准武汉城市圈和长株潭城市群为全国资源节约型和环境友好型社会建设综合改革配套试验区的通知》	武汉城市圈正式进入了中央高层的视野
2008 年 3 月			湖北省政府决定成立武汉城市圈全国资源节约型和环境友好型社会建设综合配套改革试验区专项规划编制工作领导小组，由李宪生常务副省长任组长

（资料来源：根据相关资料整理）

二、武汉城市圈拓展阶段（1+8+4）

武汉城市圈最早是指武汉与周边相邻接的 8 个城市共同组成的城市集群，也称武汉 1+8 城市圈。在城市圈发展的过程中，由于某些政策原因以及双向选择，武汉城市圈又陆续新增了 4 个观察员城市，分别为广水市、京山市、洪湖市和监利县。因此，武汉城市圈目前为 1+8+4 的结构（见表 9-2）。

武汉都市圈为武汉城市圈的核心圈层。武汉城市圈外围圈层主要是以武汉为中心、80~150km 半径范围内的 24 个县市单元，包括：孝感市的大悟、孝昌、安陆、云梦、应城，黄冈市的红安、麻城、罗田、英山、浠水、蕲春、武穴、黄梅，咸宁市的赤壁、崇阳、通城、通山，黄石市的阳新、天门市、潜江市以及随州市的广水、荆门市的京山、荆州市的洪湖部分地区、监利；总面积约 4.8 万 km²，约占武汉城市圈面积的 70%。

表 9-2　武汉城市圈发展历程续（2008—2018 年）

时间	主体	文件	主要内容
2008 年 8 月	湖北省推进武汉城市圈综合配套改革试验领导小组正式发文		批准洪湖成为武汉城市圈观察员
2008 年 9 月	湖北省推进武汉城市圈综合配套改革试验领导小组正式发文		批准京山县成为武汉城市圈观察员
2009 年 1 月			湖北省人民政府决定成立武汉城市圈城际铁路建设协调领导小组，由段轮一副省长任组长

续表

时间	主体	文件	主要内容
2009 年 2 月	湖北省推进武汉城市圈综合配套改革试验领导小组正式发文		批准广水成为武汉城市圈观察员
2009 年 7 月	湖北省第十一届人大常委会第十一次会议通过	《武汉城市圈资源节约型和环境友好型社会建设综合配套改革试验促进条例》	
2012 年 9 月			增加监利为观察员
2014 年 2 月	获国家发展改革委批复	《武汉城市圈区域发展规划（2013—2020年）》	武汉城市圈将建设成为全国两型社会建设示范区、全国自主创新先行区、全国重要的先进制造业和高技术产业基地、全国重要的综合交通运输枢纽、中部地区现代服务业中心和促进中部地区崛起的重要增长极。按照规划，武汉城市圈将重点构建"一核一带三区四轴"区域发展格局和"一环两翼"区域保护格局。在构建两型产业体系、统筹城乡发展、推进绿色低碳发展、强化基础设施支撑、推动基本公共服务均等化、创新体制机制等方面，规划均提出了明确任务，一大批重点项目将陆续推进，九地居民将陆续收获一体化红利
2014 年 9 月	国务院印发	《国务院关于依托黄金水道推动长江经济带发展的指导意见》	明确要求优化提升武汉城市圈辐射带动功能，开展武汉市国家创新型城市试点，建设中部地区现代服务业中心。《意见》指出，长江是货运量位居全球内河第一的黄金水道，在区域发展总体格局中具有重要战略地位。依托黄金水道推动长江经济带发展，打造中国经济新支撑带，有利于挖掘中上游广阔腹地蕴含的巨大内需潜力，促进经济增长空间从沿海向沿江内陆拓展；有利于优化沿江产业结构和城镇化布局，推动我国经济提质增效升级；有利于形成上中下游优势互补、协作互动格局，缩小东中西部地区发展差距；有利于建设陆海双向对外开放新走廊，培育国际经济合作竞争新优势；有利于保护长江生态环境，引领全国生态文明建设
2015 年 3 月	国务院正式批复	《长江中游城市群发展规划》	明确要求充分发挥武汉科教优势和产业优势，强化辐射引领作用，开展国家创新型城市试点，提升国际化水平；全面加快武汉城市圈一体化建设，推进武汉与鄂州、孝感、咸宁、黄冈、黄石等同城化发展，加强与汉江生态经济带和鄂西生态文化旅游圈联动发展；积极推进"两型"社会综合配套改革试验区和自主创新试验区建设，率先在优化结构、节能减排、自主创新等方面实现新突破，把武汉城市圈建设成为全国重要的综合交通运输枢纽、先进制造业和高技术产业基地、中部地区现代服务业中心

续表

时间	主体	文件	主要内容
2015 年 5 月	中央深改组第十二次会议审议通过	《关于在部分区域系统推进全面创新改革试验的总体方案》	武汉等 8 个区域被确定为全面创新改革试验区
2015 年 7 月	经国务院批准，由人民银行会同国家发展改革委、科技部、财政部、知识产权局、银监会、证监会、保监会、外汇局等部门于 2015 年 7 月 22 日印发	《武汉城市圈科技金融改革创新专项方案》	武汉城市圈成为国内首个科技金融改革创新试验区
2015 年 12 月		《湖北省人民政府关于武汉城市圈科技金融改革创新的实施意见》	
2016 年 12 月	经国务院同意，国家发展改革委正式印发	《促进中部地区崛起"十三五"规划》	明确要求发展壮大长江中游城市群，推动武汉城市圈、长株潭城市群、环鄱阳湖城市群大力实施创新驱动发展战略，加快建立现代产业体系，提升城市群综合实力和竞争力，建设具有全球影响力的现代产业基地和全国重要创新基地，打造生态文明和绿色城镇化样板
2018 年 12 月		《中共中央 国务院关于建立更加有效的区域协调发展新机制的意见》	明确要求以武汉为中心引领长江中游城市群发展

（资料来源：根据相关资料整理）

三、武汉都市圈聚焦发展阶段（武汉大都市区）

武汉城市圈在十多年建设发展过程中，暴露出了城市圈空间尺度过大、重点分散、难以聚焦的问题，亟待一个尺度得当、执行有力的空间层次来开展实质性协同工作。借由新一轮武汉总体规划的专题研究工作，武汉大都市区的概念走向公众视野。武汉大都市区的提出能够很好地弥合城市与城市圈之间的巨大跨度，有利于推动区域战略和发展纲领的具体化落地，带动周边地区共同发展。

采用时空距离法、经济联系法、人口流动法等定量分析方法，结合定性分析结果，《武汉市城市总体规划（2017—2035 年）》将武汉市及周边 11 个县市单元划为武汉大都市区范围，总面积约 2.1 万 km²（见图 9-1）。

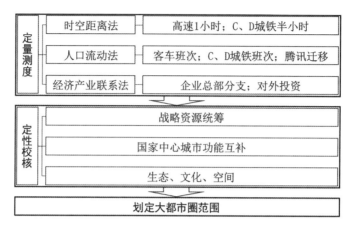

图 9-1　武汉大都市圈范围界定方法

（资料来源：根据相关资料自绘）

第二节　武汉都市圈基本情况、地区特色和战略定位

一、基本情况

武汉都市圈由武汉全域及其周边 11 个县市单元组成，包括武汉、鄂州全域，黄冈黄州区、团风县，黄石市辖区、大冶市，孝感孝南区、汉川市，咸宁咸安区、嘉鱼县，以及仙桃市、洪湖市的部分地区，总面积约 2.1 万 km²，约占武汉城市圈的 30%，湖北省的 11.30%。2018 年年末，武汉都市圈总常住人口为 1929.58 万人，占湖北省总人口的 32.74%；地区生产总值超 2 万亿元，占湖北省的 50.90%；人均 GDP 达 103838 元（见表 9-3）。

表 9-3　武汉都市圈常住人口、GDP、人均 GDP（2018 年）

	地区生产总值/亿元	人均 GDP/元	常住人口/万人
武汉	14847.29	133989	1108.10
鄂州	1005.30	93282	107.77
黄州	235.42	59404	39.63
团风	107.02	30940	34.59
黄石市辖区	680.69	94883	71.74
大冶	623.64	68464	91.09
咸安	313.02	59016	53.04
嘉鱼	256.38	80420	31.88
孝南	351.12	37755	93.00
汉川	551.30	53107	103.81

续表

	地区生产总值 / 亿元	人均 GDP/ 元	常住人口 / 万人
仙桃	800.13	70187	114.00
洪湖	265.13	32759	80.93
合计	20036.44	103838	1929.58

（数据来源：湖北省统计年鉴 2019）

1. 人口分布及流动情况

武汉都市圈人口主要集中在长江沿岸，其中武汉市 2018 年年末常住人口 1108.1 万人，占都市圈人口总数的 43%。武汉都市圈范围内人口集中度较高，总体人口密度为 900 人 /km²，其中黄石市辖区因行政面积较小，人口密度高达 3027 人 /km²，武汉市人口密度为 1293 人 /km²，武汉市周边地区普遍人口密度为 400~500 人 /km²（见图 9-2）。

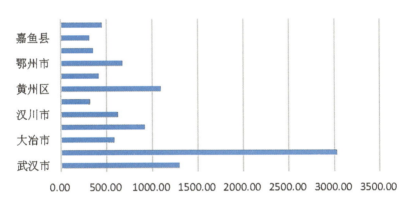

图 9-2　武汉都市圈人口密度（人 /km²）（2018 年）

（数据来源：湖北省统计年鉴 2019）

武汉都市圈内武汉市仍是人口的集聚中心，都市圈其他地区人口均有向心集中趋势（见表 9-4）。常住人口与户籍人口[①]之差，可以理解为在本地区常住尚未取得户口的人数与本地区户籍但未在本地区常住的人数之差，可以在一定程度上反映出本地区对人口的吸引能力[3]。综合来看，武汉市的人口吸引能力最强，其他城市几乎无人口吸引能力，其中仙桃人口吸引能力最差（见图 9-3）。

---

① 常住人口指全年经常在家或在家居住 6 个月以上，也包括在所在城市居住的流动人口。户籍人口是指公民依《中华人民共和国户口登记条例》已在其经常居住地的公安户籍管理机关登记了常住户口的人口。

表9-4　武汉都市圈常住人口与户籍人口（2018 年）

万人

	常住人口	户籍人口	常住人口与户籍人口差值
武汉	1108.10	883.73	224.37
鄂州	107.77	111.38	−3.61
黄州	39.63	35.00	4.63
团风	34.59	37.02	−2.43
黄石市辖区	71.74	62.21	9.52
大冶	91.09	99.52	−8.43
咸安	53.04	62.85	−9.81
嘉鱼	31.88	36.66	−4.78
孝南	93.00	95.74	−2.74
汉川	103.81	107.81	−4.00
仙桃	114.00	154.30	−40.30
洪湖	80.93	91.82	−10.89
合计	1929.58	1778.04	151.54

（数据来源：湖北省统计年鉴 2019）

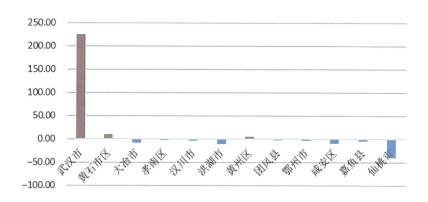

图 9-3　武汉都市圈常住人口与户籍人口差值（2018 年）

（数据来源：湖北省统计年鉴 2019）

武汉都市圈人口流动以武汉市与其他城市的人口流动为主，其中东西向流动较为突出。选取 2020 年 1 月 6—12 日（周一到周日且无特殊节假日、特殊事件）武汉市、鄂州市、黄冈市、黄石市、咸宁市、孝感市 6 市全市域间的人口流动数据，观察武汉都市圈内人口流动情况。武汉市凭借其绝对的中心地位，庞大的人口基数和便捷的交通设施，占据了区域内人口流动规模的大多数。除中心城市武汉市以外，都市圈内其他城市间人口流动数量较少，仅鄂州—黄石、黄冈—黄石人口流动数过万。

在与武汉市的人口流动往来中，以与东西向城市间的人口流动较为突出（见表 9-5，图 9-4）。

表 9-5　武汉都市圈人口内部迁入迁出情况统计 [①]（2020 年 1 月 6—12 日汇总）

万人

	武汉市	鄂州市	黄冈市	黄石市	咸宁市	孝感市	迁出总量
武汉市	—	40497	84071	30829	42508	94002	291906
鄂州市	40543	—	6871	26538	1363	1071	76385
黄冈市	84104	6865	—	13283	1994	3580	109827
黄石市	30859	26537	13289	—	4623	1452	76760
咸宁市	42551	1361	2001	4622	—	1897	52432
孝感市	94029	1067	3580	1448	1894	—	102017
迁入总量	292086	76326	109811	76721	52382	102002	—

（数据来源：互联网人口迁徙数据）

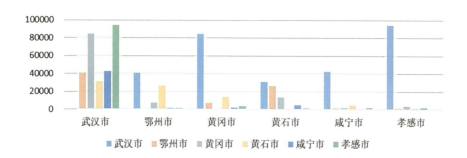

图 9-4　2020 年武汉都市圈人口内部迁入迁出情况

（数据来源：互联网人口迁徙数据）

2. 经济产业发展情况

从区域内经济规模上看，武汉都市圈经济发展较不均衡，武汉为区域内绝对经济核心。2018 年，武汉都市圈中武汉 GDP 达 1.48 万亿元，而其余县市总和仅为 0.52 万亿元左右，武汉占比高达 73.43%；武汉的人均 GDP 也是都市圈内唯一过 10 万元的地区，区域内人均 GDP 最低为团风和洪湖的 3 万元左右，约为武汉的 1/5。

从产业结构上看，武汉都市圈总体呈现二、三产并重，个别地区一产占比较高的状态。武汉都市圈总体产业结构一、二、三产比为 4.32∶46.02∶49.67。武汉市二、三产产值极高，在区域内占比分别高达 68.77% 和 81.00%。除黄州、孝南呈现二、三产均

[①]　数据本身为百度迁移指数，无单位，与迁移量正相关，可以理解为迁移强度。

势发展，洪湖三个产业均衡发展外，都市圈内其他城市均呈现出以工业产业为主的产业结构。此外，武汉都市圈内团风、嘉鱼、汉川、仙桃、洪湖等地第一产业占比仍在10%以上，洪湖更是高达29.6%（见图9-5）。

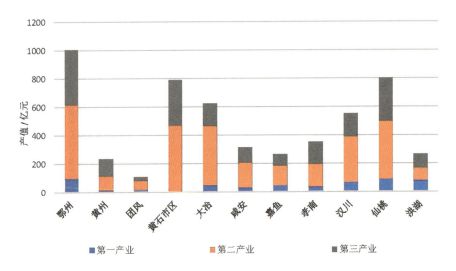

图 9-5　武汉都市圈各地区（除武汉市）一、二、三产值及占比情况（2018 年）

（数据来源：湖北省统计年鉴 2019）

从发展阶段来看，武汉都市圈目前处于工业化后期，由传统的重化工业开始转向以着重发展高新技术产业、现代服务业为主，第三产业迅速发展。都市圈目前的主导产业为汽车及零部件、电子信息、装备制造、食品烟酒、钢铁及深加工、能源及环保、石油化工产业等，工业总产值达到8846.99亿元，占规模以上工业总产值比重达到85.1%。近年来，武汉市按照产业链、创新链、人才链、资金链、政策链"五链统筹"的总体思路，聚焦重点产业领域，集中优势资源，加快打造具有全球影响力的战略性新兴产业集群，基本形成以东湖高新区为核心的产业集聚发展格局。目前，武汉全市拥有各类国家级科技创新平台84个、国家级高新技术产业孵化基地29个。高新技术企业累计2827家，是2010年的3.5倍，数量居全国副省级城市第6位。总的来说，武汉都市圈高新技术产业集群在全国乃至全世界品牌效应初显，具有较强的市场影响力和市场竞争力[4]。

二、地区特色

1.区位优势和综合交通条件得中独厚

武汉位居全国地理的"中心"，具有全国独有的地理区位优势，距离中国四大经济中心京津冀、长三角、珠三角、成渝都市圈的陆上旅程均为1000km左右，形成直达三大中心的 4~5 小时高铁圈、2 小时航空圈，是全国交通中转三大中心的最近中心城市[5]。

武汉素有"九省通衢"之称，处于全国骨干流通大通道"五横三纵"中的京港澳流通大通道与长江沿线流通大通道的交会处，是中国内陆最大的水陆空交通枢纽、长江中游航运中心，其高铁网辐射大半个中国。综合来看，武汉拥有水、铁、公、空多式联运立体综合交通体系以及内外客货集疏运系统，已成为全国性综合交通枢纽，是国家内陆交通中转集散条件最优的城市。在最新的《国家综合立体交通网规划纲要》中，武汉被定位为国际性综合交通枢纽，处于交通网络菱形主骨架的正中央。

2. 生态格局与城镇建设格局相互交融

武汉都市圈内部水域主要为长江、汉水及其支流，以及众多的湖泊水库，是都市圈重要的生态和景观资源，也是城乡建设发展的重要保障[6]。武汉都市圈内部长江流域以北的水系主要由大别山山脉流出，基本呈树枝状，从东到西依次是蕲水、浠水、巴水、举水、滠水、澴水、府河、陆水、富水；长江流域以南的水系以水库湖泊居多，呈点状密集分布，主要受降雨影响和江水水位影响，高水位时相邻湖泊连成一片，大湖套小湖，母湖连子湖，枯水季节又各自分离。都市圈内现存湖泊面积大于 100km² 的尚有洪湖、梁子湖和斧头湖，此外还有大大小小将近百个小湖泊水库[7]。这种湖网密布的分布格局和水生态系统修复保护要求导致了都市圈内部长江以南整体空间的破碎化。

武汉都市圈内的"山、水、田"要素丰富，总体表现出"山为屏障、水作网、绿地为底、城镇建设区沿河湖集聚"的特征，形成了"一带、一环、五核、网状廊道"的生态格局。一带是沿长江水域形成的蓝色开敞空间带；一环指环绕武汉市外围，连接 5 个自然保护区的区域绿环，构成了城镇密集建成区内重要的区域生态联系；五核是涨渡河自然保护区、梁子湖自然保护区、斧头河自然保护区、西凉湖自然保护区、汈汊湖自然保护区 5 个核心水环境保护区；网状廊道是由举水、滠水、澴水、府河、陆水、富水等构成的网状生态廊道，连接着都市圈内主要的城镇建成区[8]。

三、战略定位

2016 年，《国家发展改革委关于支持武汉建设国家中心城市的复函》中明确提出，"武汉市作为我国中部和长江中游地区唯一人口超千万人、地区生产总值超万亿元的城市，区位优势突出，科教人才资源丰富，文化底蕴深厚，具备建设国家中心城市的基础条件。武汉建设国家中心城市，有利于增强辐射带动功能、支持长江经济带发展，有利于激发改革创新动力、推动中西部地区供给侧结构性改革，有利于构筑内陆开放平台，纵深拓展国家开放总体格局"。武汉正加快建成以全国经济中心、高水平科技创新中心、商贸物流中心和国际交往中心四大功能为支撑的国家中心城市。2007 年，国务院批准武汉城市圈建设"两型社会"（资源节约型和环境友好型社会）① 综合配套改革试验区。

武汉都市圈应立足于国家战略要求和区域责任，突出武汉都市圈特色，着力打造成为长江经济带的战略支点、长江中游城市群的发展引领、中部两型建设示范区。

长江经济带是中国经济发展的重要轴线之一，涉及长三角、长江中游和成渝三个城市群，覆盖 11 个省市。当前，沿江经济带战略地位凸显，沿江发展成为共识。武汉都市圈应打造长江中游航运中心，以发展长江航运为核心同时进行沿江高铁、沿江高速的建设，重点发展长江经济带全国物流中心、生产服务中心；以复合型交通走廊促进部分产业向长江中上游转移，推动形成产业的集聚；以长江经济带的发展带动武汉城市圈东部武汉、鄂州、黄石、黄冈，南部咸宁等沿线城市的发展。

> **专栏 9-1　长江经济带概况和相关政策要求**
>
> 长江经济带覆盖上海、江苏、浙江、安徽、江西、湖北、湖南、重庆、四川、云南、贵州 11 个省市，面积约 205 万 km^2，覆盖人口约 6 亿人，占全国比例超过 40%，GDP 约占全国的 45%。
>
> 2014 年 9 月，国务院印发《关于依托黄金水道推动长江经济带发展的指导意见》。2015 年 11 月，国家"十三五"规划建议提出，"以区域发展总体战略为基础，以'一带一路'建设、京津冀协同发展、长江经济带建设为引领，形成沿海沿江沿线经济带为主的纵向横向经济轴带。"2016 年 1 月，习近平总书记强调，把长江经济带建设成为我国生态文明建设的先行示范带、创新驱动带、协调发展带。推动长江经济带发展必须从中华民族长远利益考虑，走生态优先、绿色发展之路。2016 年 1 月 26 日召开的中央财经领导小组第十二次会议强调，推动长江经济带发展，理念要先进，坚持生态优先、绿色发展，把生态环境保护摆上优先地位。

《长江中游城市群发展规划》将产业集群的打造落实到主导城市层面，提出引导武汉、长沙等地打造全国重要的汽车产业基地、中部钢铁产业集群、具有世界影响的装备制造产业基地、长江中游绿色石油化工产业集群、中部地区家电产业基地等。武汉都市圈应充分发挥"居中"优势，以积极融通中部为契机，加快产业转型升级，做大做强现有优势产业，发展壮大具有潜在优势的战略性新兴产业，突破性发展现代服务业和现代农业，重点打造电子信息、高端装备、汽车等世界级产业集群，提升综合经

---

① 建设资源节约型社会，是指在经济、政治、文化、社会各方面，特别是在生产、流通、消费等领域，通过采取法律、经济和行政综合措施，降低资源消耗强度，提高资源利用效率，以最少资源获取最大的经济和社会效益。建设环境友好型社会，须以环境承载能力为基础，通过对生产和消费过程的有效监控，将人类活动规制在环境容量限度之内，减少污染产生量，实现排放无害化，降低对生态环境的不利影响。

济实力，努力建设成为中部地区崛起重要战略支点和长江中游城市群的发展引领 [9]。

此外，武汉都市圈还应围绕资源节约型和环境友好型社会建设发展目标，综合配套改革试验区"两型"建设，以水环境生态治理和修复为重点，完善环境保护的市场机制，建立生态补偿机制，努力实现环境保护与生态建设一体化，建设生态景观和谐、人居环境优美的生态都市圈。

第三节　武汉都市圈发展成效和经验借鉴

一、突出优势产业地位，构建产业集群格局

武汉作为中国近代工业的发源地之一，拥有良好的工业基础。20 世纪 50 年代，在传统计划经济体制下，受苏联"平衡布局"和"国防优先"工业布局原则指导，武汉形成了以武钢为中心的冶金工业区，武重和武锅为中心的机械制造工业区，武船为中心的船舶制造工业区，武汉纺织工业为基础的轻纺工业区，青山石化为中心的石化工业区等众多类型的产业集群。改革开放后，武汉都市圈产业发展由传统的重化工业向高新技术产业和现代服务业转型，通过政府扶持和政策引导，兴建了大量的高新技术产业开发区，如东湖高新技术开发区、葛店开发区、武汉吴家山海峡两岸科技产业园等 [10]。在 2018 年湖北省经济委员会划定的 110 个重点成长型产业集群中，武汉都市圈占据其中 48 个（其中武汉市 4 个、黄石市 9 个、鄂州 5 个、孝感 7 个、黄冈 8 个、咸宁 12 个、仙桃 3 个），在湖北省产业集群中占比 43.6%。

1. 优势产业地位突出

当前武汉都市圈内各城市已基本明确各具特色的主导产业，差异化发展格局初步形成。武汉市推进高质量发展，立足集成电路、光电子信息、航空航天等第二产业，同时重点发展金融保险、科技服务等第三产业。黄石在历史上是我国重要的冶炼基地，被称为"青铜故里""钢铁摇篮""水泥故乡"和"服装新城"，黄石重点支柱产业为有色金属、黑色金属、建材以及机械制造等。鄂州市寻求绿色集约高端产业发展的道路，强力推进新型工业化。孝感以服务业发展为龙头和契机，推动三次产业整合发展。黄冈市全力打造资源型加工业、特色农业和现代中医药、旅游经济等新优势，争取建成鄂豫皖赣结合部的区域经济中心。咸宁市重点优化工业支柱产业格局，并通过旅游业等第三产业的突破式发展，形成新的咸宁经济增长点，促进服务业结构"两型化"转型（见表 9-6）。

表 9-6　武汉都市圈开发区主要产业分布

城市	主导产业（或优势产业）
武汉	金融保险、科技服务、房地产、批零、钢铁、新能源、汽车、机械、光电、医药、高新技术
黄石	采掘、冶金、建材、机械电子、纺织服装、能源、装备制造、化工、生物医药
鄂州	机械制造、冶金、钢铁、纺织服装、建材、食品、生物制药
孝感	金融保险、汽车、盐磷化工、食品、建材、纺织、机电、交通、邮电
黄冈	农业、食品饮料、生态医药、纺织服装、机电、精细化工、新材料、能源、建筑建材
咸宁	花卉林业、轻工、纺织、机电、建材、冶金、造纸、医药、化工、电力、旅游
仙桃	农业、纺织服装、医药化工、食品加工、机械、建材
武汉都市圈	光电信息、生物技术、医药、钢铁、汽车、纺织、食品、高新技术

（资料来源：根据相关资料整理）

2.产业集群格局形成

产业集群的空间分布依托于工业园区的板块式发展和产业集群与跨区域产业带嵌套式的点轴式发展两大分布特点。目前武汉都市圈形成了三个以产业集群为发展节点的跨区域产业经济带。一是以武汉东湖新技术开发区为辐射极，以光电子信息、钢材制造以及新材料、生物医药产业集群为代表的武汉—鄂州—黄石—黄冈—咸宁产业带。二是以武汉经济技术开发区为辐射极，以汽车制造、精细化工、设备等产业集群为代表的武汉—仙桃产业带。三是以武汉吴家山海峡两岸科技产业园为辐射极，以汽车零配件、农产品加工、食品饮料等产业集群为代表的武汉—孝感产业带。

二、贯彻战略功能定位，推动临界协同区差异化发展

1.武汉都市圈临界协同区均承担区域战略功能，具备临界协同的优势基础

相比一般的临界协同区，武鄂协同区、武孝协同区、武咸协同区、武仙洪协同区分别处于沿江发展廊道、武十发展廊道、京广发展廊道、武宜发展廊道，是武汉都市圈发展廊道上的重大城市战略功能区。同时，协同地区也是武汉"1＋3＋3"城市空间结构中副城、新城组群的重要组成部分和延伸地区，武孝协同区处于物流功能为主导的空港新城，武鄂协同区处于科技创新功能主导的光谷副城，武仙洪协同区处于智能制造功能主导的车都副城，武咸协同区处于南部新城组群的发展轴线。此外，四大重点协同地区与武汉六大绿楔在空间上临近，河湖水系丰富，是生态资源丰富的重要生态片区，未来要考虑与府河、大东湖、道观河、将军山四大绿楔的生态保护统筹发展，实现重点协同地区的生态友好协同。

2. 四大协同区遵循区位特征和空间本底条件，形成特色功能分工，呈现临界协同的差异化发展

在区位特征方面，四大重点协同地区与武汉空间距离不同，因而处于不同的战略发展圈层。武鄂、武孝协同区距武汉 30km，处于都市圈功能紧密联系圈层；武咸、武仙洪协同区距离武汉 60km，处于都市圈战略协作圈层。在空间本底方面，武鄂、武仙洪协同区分别处于东部、西部平原地带，武咸协同区处于南部湖区，武孝协同区处于北部河湖相嵌的生态地区。不同的空间本底造就了武鄂协同区连绵化、武孝协同区板块化、武咸协同区组团化、武仙洪协同区离散化的空间布局特征。基于现状发展基础和未来的功能定位，四大协同区形成了明确的、差异化的功能分工。武鄂协同区以光谷、葛店为依托，发展创新功能，合理引导创新产业溢出；武孝协同区以天河枢纽为锚点，发展交通枢纽，培育航空服务功能；武咸协同区以湖区为特色，发展世界湖区生态经济，实现经济发展与生态保护的有效统筹；武仙洪协同区以战略预留为导向，加强用地的空间管控，为未来经开区先进制造业发展预留拓展空间。

三、构建复合交通廊道，破解区域通勤问题

当前，武汉都市圈已基本形成以武汉市为中心，以京广、焦柳、京九、襄渝、汉丹铁路和长江、汉江为骨干，综合铁路、公路、水运、航空等多种运输方式组成的点线结合、联结城乡、沟通省外的水陆空立体交通网络。随着高速路网的完善，高铁、动车系统的深入建设，目前已形成 7 条不同方向上的复合交通廊道。

专栏 9-2 长江经济带概况和相关政策要求

通道一：武汉至河南郑州方向综合运输通道，是国家规划的满洲里至港澳台大通道在城市圈内的武汉以北部分。主要线路包括京广铁路、京港澳高速、国道 107、淮阳至武汉输气管道等。

通道二：武汉至安徽合肥方向综合运输通道，是国家规划的沿江运输大通道的组成部分。主要包括京九铁路麻城至武汉联络线等。

通道三：武汉至江西南昌方向综合运输通道，是国家规划的沿江运输大通道及满洲里至港澳台综合运输大通道武汉至台北分支的组成部分。目前包括长江、武九铁路、国道 316、仪征至长岭输油管道等。

通道四：武汉至湖南长沙方向综合运输通道，国家规划的满洲里至港澳台大通道武汉至港澳分支的组成部分。主要包括京广铁路、京港澳高速、国道 107、长江武汉至赤壁航段等。

通道五：武汉至川渝方向综合运输通道，为国家规划的沿江运输大通道武汉以西部分，主要包括长江、汉江兴隆以下航段、武汉至荆门铁路、沪渝高速、国道 318、忠武

至武漢輸氣管道。

通道六：武漢至陝西西安方向綜合運輸通道，主要包括武漢至安康鐵路、福銀高速、國道 316、漢江等。

通道七：京九大廣綜合運輸通道，主要包括京九鐵路、國道 106 等。

武汉都市圈为破解城际铁路建设方面的障碍，成立了相应的城际铁路投资有限公司来推动城际铁路建设，由省级财政出资成立湖北城际铁路有限公司，并出台《湖北省人民政府关于加强武汉城市圈城际铁路沿线土地综合开发的意见》，明确"城际铁路与城市轨道交通换乘站相关工程红线内土地可由省市共同开发，具体开发方式由省市协商确定"。设立运营补亏保障金，即城际铁路运营补亏保障金由沿线土地综合开发的省市出资人净收益、各沿线市上缴的城际铁路运营专项补亏资金等构成，省政府以适当形式予以支持。该保障金在省联发投集团设立专户，由省财政厅负责监管，做到专户存储，专项用于城际铁路运营补亏。此外，武汉公交"一卡通"可在孝感、仙桃、大冶等武汉都市圈范围内大部分地区使用，武汉的公交系统与地铁系统更是直接与鄂州连通。

四、引导中心城市优质医疗资源共享，促进公共服务均等化

武汉都市圈中，武汉市的医疗水平远超其他地区，如何共享武汉的医疗资源成为推动区域内医疗水平均衡发展的主命题。目前武汉都市圈主要采取医院分散建设及人员走下去两种方式促进医疗资源共享。以同济医院为例，目前已在光谷、蔡甸等地设置有分院，其地理位置处于武汉近郊，临近鄂州、黄石及洪湖、仙桃等；此外，咸宁中心医院接受同济医院托管，长期派驻管理人员，专家坐诊、统一设备招标降低费用[11]。2011 年，省医疗保险管理局和武汉城市圈的 9 个城市签订了武汉城市圈医保异地就医委托监管协议，标志着武汉 1+8 城市圈医疗保险经办机构异地就医协作机制的建立。实现异地就医后，都市圈乃至城市圈内参保患者只需支付自己需要承担的费用部分，其他费用由医疗保险经办机构和医院结算，从而有效地解决了参保患者"垫支"和"跑腿"的问题，方便老百姓在武汉都市圈内异地就医看病，简化就诊报销流程。

第四节　武汉都市圈协同发展体制机制创新亮点

武汉都市圈中心城市武汉与其周边的城市呈现"强—弱"联合的政府合作模式，需要明晰在发展过程中地区间存在的不平衡因素，加强政府间各级各部门的合作，从而实现共享发展所带来的红利，缩小中心城市与周边的差距。当前，随着各类区域合

作政策的相继出台，武汉都市圈的各城市政府部门之间区域协调机制已初步显现。

一、构建层级化联席会制度，促进各级政府间协同合作

1. 由上级政府牵头，成立城市联合的治理委员会

早在 2003 年，湖北省就与武汉 1+8 城市圈的 9 个城市政府分别成立了推进武汉城市圈建设领导小组及办公室。2004 年，成立湖北省推进武汉城市圈建设领导小组办公室，由时任湖北省省长罗清泉任领导小组组长。该领导小组是武汉都市圈最主要的城市间协作组织机构，随后中央中部崛起战略的确立、"两型社会"试验区的获批、城市圈总体规划的编制都与这一合作机制密不可分。

2. 充分发挥政府内各部门专业性及社会各界专业人士积极性，成立各部门及专题联席会，共同谋划都市圈发展

武汉都市圈各部门及专题联席会通常以武汉市为主体，周边各市共同参与，并设常设机构办公室，负责都市圈专项事务的日常组织工作。联席会内部形成市级政府与县区级政府（包括各类管委会与专业机构）间多重伙伴关系并存的双层治理结构。纵向理顺上下级政府之间的事权与财权，加强政府的能动力与服务意识；横向加强各市政府之间的合作交流，针对重要事项组织开展磋商解决。典型案例包括武汉城市圈经委主任联席会议、建委主任联席会议等政府部门联席会，以及商贸流通协作联席会、绿色建筑联席会、人才一体化建设联席会、财政科研联席会等专题联席会。部门联席会议定期举行，由委员会全体成员参加，并邀请企业协会与市民代表参加，讨论都市圈实施的重大事项与建设进程；专题会议视具体情况不定期举行，针对规划重点领域内的重大实施事项进行专题讨论。

二、明确税收分享机制，推动都市圈内产业协同进程

在产业一体化发展上，武汉及周边城市充分利用各自优势，积极探索，基本形成了"园外园""合作共建园"的协同推进机制。武汉积极推动产业在武汉都市圈范围内的转移承接，武汉市的东湖高新区以及武汉经济开发区等先后与鄂州、孝感、咸宁、仙桃等市共同建设产业园达 20 多个，如中国光谷·咸宁工业园、武汉经济开发区"咸宁工业园"、中国光谷·孝感产业园、中国光谷·仙桃产业园等。在园外园的机制上，武汉都市圈专门制定支持都市圈内税收分享机制、财政激励和约束机制、财税资源优化配置机制、统一的税收征收协调机制。针对企业和项目在圈域内的转移建立了合作双方分税制度，采用按比例分成、银行直接拨付的方式，实现了产业转移、利益共享

和双赢发展。企业转移后的产值估计，按当年的 100% 计入转出地和承接地，分别由两地统计部门上报，在省统计计算总量中再扣除重复的计算部分。

三、创新排放权交易制度，协调都市圈内生态保护

1. 创新试点排放权交易，统筹管理全域排污配额，做到总量合理控制及区域间优化分配

武汉都市圈在全域范围内开展主要污染物排放权交易试点，统一实施排污许可证制度，建立主要污染物排放总量初始权有偿分配、排放权交易等制度，建立圈域内污染物排放权交易市场，推进污染治理市场化运营。创新排污费征收使用管理模式，在全国率先实行了"环保核定、地税征收、银行入库、财政监管"的排污费征管新模式。创新设立专项资金，从"两型社会"建设激励性转移支付资金中划出 1 亿元，对重点生态功能区及生态环境建设成绩突出的地区给予奖励。

2. 统一开征资源税、环境税，全域环境保护不再各自为政

武汉城市圈改革资源税制度，探索开展环境税试点，打破之前统一保护对象但保护制度不同的局面。

四、统一互通政策制度，深化都市圈协调机制改革

1. 分类分级的空间管制政策

2019 年 4 月，中共中央办公厅、国务院办公厅印发《关于统筹推进自然资源资产产权制度改革的指导意见》，提出建立健全国土空间用途管制制度、管理规范和技术标准，对国土空间实施统一管理。武汉都市圈以此为依据，以空间管制为治理工具，划分不同政策区，明确界定标准，提出各类空间的管治重点及考核指标，通过空间资源合理配置机制协调不同主体间的利益。为解决不同类型管治分区中的管理事权划分，分常规投入与管制投入对各政府主体在空间资源上的权利和义务进行界定。

2. 严格管理的生态保护政策

继 2016 年《国务院办公厅关于健全生态保护补偿机制的意见》《中共湖北省委湖北省人民政府关于加快生态文明体制改革的实施意见》发布，同年 10 月《武汉市基本生态控制线管理条例》（以下简称《条例》）正式施行，是全国首部基本生态控制线保护地方立法。《条例》明确界定基本生态控制线是指为维护本市生态框架完整，确保生态安全，依照法定程序划定的生态保护范围界线。《条例》明确规定非依法定条件和程

序，不得调整基本生态控制线。2018 年，《湖北省生态保护红线》正式发布，并启动勘界定标，按要求对接国家生态保护红线监管平台，启动省级平台建设；同年，武汉市人民政府发布《武汉市湖泊周边用地规划与建设管理办法》，进一步对湖泊周边的开发建设活动进行严格管控。

3. 平衡分配的财务税务政策

湖北省人民政府于 2007 年发布《湖北省人民政府办公厅转发省财政厅关于支持武汉城市圈建设有关财税政策意见的通知》，提出创新税收分享机制、优化财政资源配置、认真落实税费政策等意见。对于现阶段武汉都市圈财税政策方面在继续落实以上意见的同时需要调整财力分配结构，统一制定财税政策，利用地方税收建立共同治理基金，用于农业地区振兴、生态环境保护等方面的公益性建设投资。推进金融体制改革，完善政府引导、市场主导的投融资体制，探索运用 PPP 等模式引进社会资金支持都市圈建设。

4. 待遇匹配的社会服务政策

国家《"十三五"推进基本公共服务均等化规划》、湖北省《省人民政府关于印发湖北省"十三五"推进基本公共服务均等化规划的通知》的相继发布为湖北省公共教育、劳动就业、社会保险等 8 个领域基本公共服务提出了匹配地方经济发展水平的建设意见，同时《武汉城市圈区域发展规划》在社会服务均等化方面明确了具体任务。2011 年，湖北省医疗保险管理局和武汉城市圈的 9 个城市签订了武汉城市圈医保异地就医委托监管协议，标志着武汉 1＋8 城市圈医疗保险经办机构异地就医协作机制的建立。至 2021 年 3 月，武汉城市圈 9 个城市共有 51 家医保定点医疗机构接入门诊联网结算系统，9 个城市实现医保"一卡通"，看门诊免备案直接刷医保卡结算。2016 年，《武汉 1+8 城市圈鄂通卡（即城市一卡通）工程实施方案》已编制完成，至 2021 年 1 月，武汉通可以在武汉全域、汉川市、鄂州市、孝南区、仙桃市、大冶市等 10 个城市使用，范围覆盖大半个武汉都市圈，并可应用于公汽、轮渡、轨道交通、电影、餐厅、超市、泊车、自助图书馆、自助贩卖机等 12 个领域。

5. 交流并举的人才管理政策

2009 年湖北省政府办公厅发布《中共湖北省委办公厅湖北省人民政府办公厅关于支持武汉城市圈"两型社会"建设人才政策的意见》，提出一系列人才培养和人才引进政策，旨在继续加强"高精紧缺"为主导的人才队伍建设，引进重大领域急需的海内外高层次人才，发展建立以两院院士、各类社会事业领域优秀人才、青年人才为一体梯队型的人才队伍。与高校建立合作平台，共同创设人才实训基地，协同推进人才队伍建设培养。

第五节 武汉都市圈面临的问题挑战及未来重点建设方向

一、问题挑战

1. 武汉功能层级一家独大，网络结构单薄

专栏 9-3 城市流相关概念的定义与计算方法

城市得以产生和发展，并且实现城市内部之间、城市与城市之间的流动，其根源在于城市具有多种功能。城市功能是城市中进行的所有生产、服务活动的总称，是由该城市的地域产业、市场、资本、商品、技术、人才等结构所决定的机能。由于不同城市具备不同的结构优势，进而造成了机能上的差异，并因此对城市之间进行互相联系产生了客观需求，这种城市之间的联系就表现为城市流。

根据联系范围的不同，城市功能分为外向功能与内向功能。其中城市与外界联系中所产生的经济活动，即城市的外向功能，被视为城市流。而城市流强度是指在城市密集区城市间的联系中城市外向功能（集聚与辐射）所产生的影响量。

参照沪宁杭以及长株潭的研究[12,13]，选择城市从业人口为城市功能量指标，则城市是否具有外向功能量 E，主要取决于其某一部门产业从业人口的区位熵，i 城市 j 部门从业人员区位熵 Lq_{ij}：

$$Lq_{ij}=(G_{ij}/G_i)/(G_j/G) \quad (i=1, 2, \cdots, n; j=1, 2, \cdots, m) \quad （1）$$

若 $Lq_{ij}<1$，则 i 城市 j 部门不存在外向功能，即 $E_{ij}=0$；若 $Lq_{ij}>1$，则 i 城市 j 部门存在外向功能，因为 i 城市的总从业人员中分配给 j 部分的比例超过了全国的分配比例，即 i 部门在 j 城市中相对于全国是专业化部门，可以为城市外界区域提供服务。因此 i 城市 j 部门的外向功能 E_{ij}：

$$E_{ij}=G_{ij}-(G_j/G) \quad （2）$$

i 城市 m 个部门总的外向功能量 E_i：

$$E_i=\sum_{j=1}^{m}E_{ij} \quad （3）$$

i 城市的功能效率 N_i 用人均从业人员的 GDP_i 表示：

$$N_i=GDP_i/G_i \quad （4）$$

i 城市的外向功能影响量（即城市流强度）F_i：

$$F_i=E_iN_i \quad （5）$$

都市圈各城市之间的功能联系，主要通过都市圈区域间的人流、物流、资金流、技术流和信息流等城市流的空间流转来表现，其实质是都市圈区域内具有密切经济联

系的城市间的相互作用。在武汉都市圈的研究中，引入"城市流"概念，并以"城市流强度"作为判定都市圈内各城市功能层级的基础。由于武汉都市圈内各城市的功能定位与产业分工存在显著差异，第一产业（农林牧渔）往往为城市的非基本部门，为探究城市外向功能影响量的流动路径，采用第二产业与第三产业所涵盖的共计18项职业门类作为城市不同行业的划分标准进行计算（见表9-7）。

表9-7　武汉城市圈各主要城市功能量、外向功能量、外向功能影响量（城市流强度）汇总

第二产业	武汉	黄石	鄂州	黄冈	孝感	咸宁	仙桃
采矿业	−5.57	0.39	0.07	−1.10	−1.58	−0.52	−0.29
制造业	−6.88	2.10	2.06	0.14	5.34	−0.77	2.67
电力、燃气、水供应生产	−3.10	−0.23	−0.15	−0.77	−0.99	−0.17	−0.20
建筑业	18.22	2.04	2.62	9.84	2.36	−0.18	−1.20
二产功能量总计	2.67	4.30	4.60	8.12	5.13	−1.64	0.98
第三产业	武汉	黄石	鄂州	黄冈	孝感	咸宁	仙桃
交通运输、仓储和邮政业	1.33	−0.57	−0.53	−2.50	−2.06	−0.19	−0.29
信息传输、计算机服务和软件业	0.08	−0.50	−0.31	−1.15	−1.20	−0.15	−0.17
批发零售业	9.31	−0.48	0.19	0.07	3.40	−0.33	0.18
住宿餐饮业	2.15	−0.13	0.08	0.38	2.04	−0.15	−0.12
金融业	−0.72	−0.66	−0.57	−1.22	−2.07	−0.29	−0.22
房地产业	2.26	−0.39	−0.16	−0.25	−0.12	−0.22	−0.13
租赁商务服务业	−1.79	−0.53	−0.40	0.73	−0.21	−0.40	−0.13
科学研究技术服务业	3.21	−0.22	−0.35	−1.41	−1.31	−0.30	−0.17
水利、环境和公共设施管理业	−0.12	−0.23	−0.05	−0.48	−0.42	−0.09	0.07
社会服务业	−0.24	−0.09	0.05	−0.08	0.65	−0.09	−0.05
教育	−3.45	−0.17	−0.86	−1.16	−2.23	1.37	0.54
卫生和社会工作	−1.58	0.34	−0.31	−0.45	−0.95	1.05	1.15
文化体育娱乐业	1.35	−0.02	−0.05	−0.19	0.08	−0.01	−0.04
公共管理和社会组织	−11.59	−0.27	−1.07	−1.39	−2.79	1.75	0.52
三产功能量总计	0.20	−3.94	−4.34	−9.10	−7.19	1.94	1.13
城市外向功能量总计	37.91	4.88	5.07	11.18	16.19	4.17	5.12
城市流强度	2311.96	234.97	206.89	274.30	338.15	228.78	327.52

从城市功能量（分项影响力）测算结果来看，武汉都市圈二、三产发展相对滞后，圈域互有分工。二产方面，除咸宁以外的6个城市二产功能量相较于全国平均水平差值总计均为正，表明上述城市在二产方面具有一定优势，对外影响力较大，其中黄冈

具有突出优势，处于第一梯队，黄石、鄂州和孝感处于第二梯队，武汉和仙桃则在二产方面功能量较低。三产方面，武汉、咸宁、仙桃三者的三产功能量相较于全国平均水平总计为正值，表明该 3 个城市在第三产业上具有较强的对外影响力，产业优势明显；黄石、鄂州、黄冈、孝感三产功能量总计为负值，表明上述城市在第三产业对外影响力不大，其第三产业仅满足城市内部功能，主要负责承接。

从城市流强度（综合影响力）测算结果来看，都市圈呈现三梯度格局，武汉单核牵引现状明显。在武汉都市圈中，高城市流强度值的城市为武汉，城市流强度值中等城市有孝感、仙桃、黄冈三市，而低城市流强度值的城市则包括黄石、咸宁、鄂州三市。武汉在武汉城市圈中的地位尤为突出，其城市流强度值达到 2311.96，远超其他节点城市。根据循环累计因果理论，发展条件较好的地区较发展落后的地区拥有更多的发展机会。对于尚处于发展阶段的地区，如果完全依靠市场力量，在没有任何外力干预的情况下，则会形成强者越强、弱者越弱的局面。在这样的情况下，需协调武汉与周边城市的分工协作，以区域合力促进武汉都市圈的整体跃升。

进一步地，通过引力模型对武汉都市圈中各城市间的外向功能联系强度进行定量测度，形成对都市圈内功能联系网络的描述，结果显示出从强至弱四个层级的划分。第一层级网络联系强度大于 1000，为鄂州—黄冈；第二层级网络联系强度为 100~1000，为武汉—鄂州、武汉—黄冈、武汉—孝感；第三层级网络联系强度为 50~100，分别为武汉—黄石、武汉—咸宁、黄石—鄂州、黄石—黄冈；第四层级网络联系强度为小于10，分别为武汉—仙桃、黄石—孝感、黄石—咸宁、黄石—仙桃、鄂州—孝感、鄂州—咸宁、鄂州—仙桃、黄冈—孝感、黄冈—咸宁、黄冈—仙桃、孝感—咸宁、孝感—仙桃、咸宁—仙桃（见表 9-8）。结果显示，武汉都市圈节点城市的功能联系具有明显的层次性，一级与二级经济联系主要发生在核心增长极武汉与近域城市间（武汉城市圈核心区），三级以下经济联系主要发生在武汉城市圈其他节点城市间。

表 9-8　武汉城市圈外向功能联系强度

	武汉市	黄石市	鄂州市	黄冈市	孝感市	咸宁市	仙桃市
武汉市	—	79.24	129.40	198.66	322.97	75.68	11.17
黄石市	—	—	75.35	61.02	4.64	8.48	0.65
鄂州市	—	—	—	1064.93	6.09	7.01	0.66
黄冈市	—	—	—	—	8.97	8.45	0.91
孝感市	—	—	—	—	—	4.98	2.46
咸宁市	—	—	—	—	—	—	0.73
仙桃市	—	—	—	—	—	—	—

武汉都市圈功能网络联系纵横交错，具有明显的网络化特征，但该网络主要由武汉及其近域城市的水平联系构成，增长极核的辐射带动作用仍占主导地位，极化特征较强，远离武汉都市圈核心区的城市间联系较少，出现了联系网络的断裂和缺失。另外，武汉、鄂州、黄冈、黄石 4 个城市之间具有明显高于其他城市的联系强度，形成了较为成熟的网络结构。总体而言，武汉都市圈现阶段网络化结构仍有发展、强化与完善的空间，部分城市受地理区位及发展水平的制约，外向联系较弱，导致武汉都市圈整体网络结构相对单薄。

2. 中心城市对都市圈发展支撑不足，区域间竞争压力依然存在

在长江中游城市群中，武汉都市圈综合发展质量较好，但中心城市对都市圈发展支撑贡献不足，都市圈内协同发展较弱。就都市圈综合发展质量来看，与长江中游城市群中的长沙都市圈、南昌都市圈相比，武汉都市圈在经济规模、创新发展、交通设施、消费水平等方面优势突出。然而，结合中心城市来看，武汉市人口占都市圈比例达 55.79%，经济总量占比达 73.96%，虽然中心城市发展好于长沙市、南昌市，但都市圈内周围区域发展质量明显低于长沙都市圈、南昌都市圈（见表 9-9）。同时，就都市圈发展质量评价结果来看，武汉都市圈在中心城市贡献度、都市圈联系水平方面评价明显差于长沙都市圈、南昌都市圈，说明武汉都市圈发展目前以中心城市集聚发展为主，且对都市圈周围区域发展的支撑贡献尚有不足，都市圈内部联系度较弱，尚未形成协同发展局面（见图 9-6）。

表 9-9　武汉都市圈、长沙都市圈、南昌都市圈的规模体量比较

都市圈名称	GDP/ 亿元			常住人口 / 万人			行政区面积 / 万 km²		
	中心城市	都市圈其他区域	中心城市占比 /%	中心城市	都市圈其他区域	中心城市占比 /%	中心城市	都市圈其他区域	中心城市占比 /%
武汉都市圈	14847	5228	73.96	1108	878	55.79	8569	12778	40.14
长沙都市圈	11003	15475	41.56	815	2425	25.15	11819	50960	18.83
南昌都市圈	5274	2975	63.94	554	569	49.33	7402	21194	25.88

（数据来源：2019 年各城市统计年鉴）

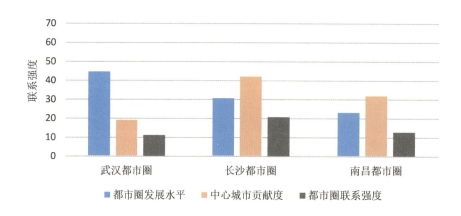

图 9-6　武汉都市圈、长沙都市圈、南昌都市圈综合发展质量得分情况

（数据来源：根据评价结果自绘）

从整体发展格局来看，区域间竞争压力依然存在。目前，长江中游城市群一体化发展水平不高，处于自成一体状态，缺乏上位层面的整体统筹和强有力的制度保障。武汉面临来自长沙、南昌等周边中心城市的竞争，以及长沙都市圈和南昌都市圈的腹地挤压。一方面武汉、长沙和南昌在区域中心地位、区域经济腹地、市场要素资源和国家政策支持等方面展开了激烈竞争，均试图在长江中游地区发挥龙头作用。另一方面，武汉城市圈、长沙都市圈和南昌都市圈之间面临产业低水平同质化竞争。由于三大区域产业重合度较高，且均形成了以钢铁、建材、汽车等为主的偏重型产业结构，产业相似度超过了90%，尤其是在汽车制造领域，更是产生直接竞争。

3. 生态空间破碎化特征明显，区域环境污染问题亟待改善

由于城镇化进程的加速推进，武汉都市圈内城镇建设用地逐渐扩张到水域、林地、耕地等生态用地边缘，并有进一步蔓延的趋势，生态空间的边缘地带与邻近城镇建设的地区变化呈现出较为复杂的牵制关系，生态敏感区面临被开发的威胁。生态空间聚集程度下降，呈现被分割的、破碎化的特征，连接度降低，格局越来越复杂。生态空间类型的转变主要原因是农田转变为城镇建设用地，长期的耕地、湿地受到侵蚀；林地及水体的面积保持在大致稳定状态，但其均表现出典型的斑块破碎及分散分布特征。城镇化过程不仅直接导致了绿色空间的面积急剧下降，也使得其内部结构不稳定性增强（见图 9-7~图 9-8）。

2004 年　　　　　　　　　2010 年　　　　　　　　　2017 年

图 9-7　城镇建设用地向山地植被环境拓展

（资料来源：Landsat 遥感影像）

2004 年　　　　　　　　　2010 年　　　　　　　　　2017 年

图 9-8　城镇边缘空间侵占生态空间

（资料来源：Landsat 遥感影像）

此外，武汉都市圈内环境空气质量仍有待改善，部分水域污染严重，整体环境污染问题仍然突出。以 2017 年武汉市环境质量为例，全市环境空气质量污染天数为 110 天，占全年天数的 30.1%，夏季臭氧、冬季细颗粒物季节性污染问题仍然较突出；2017 年武汉市河流的 30 个监测断面中，仍有 5 个劣于 V 类水质，氨氮浓度、化学需氧量和生化需氧量等超标；2017 年武汉市 166 个湖泊中，48 个湖泊劣于 V 类水质，63 个有功能类别的湖泊中，未达到水质功能类别标准的有 42 个，占 66.7%；武汉市建成区昼间区域环境噪声平均等效声级为 56.1 分贝，总体水平等级为三级，评价为"一般"。由此可见，武汉都市圈整体环境污染形势仍然相对严峻，生态环境治理水平有待提升。

4. 强核集聚导致疫情蔓延，都市圈应对疫情韧性不足

2020 年年初，新冠病毒的爆发对城市公共卫生安全系统带来了巨大的挑战，同时引发了各界关于城市空间集聚与公共卫生体系间关系的讨论。武汉各小区公布的新冠肺炎疫情患者数据显示，武汉都市区内新冠肺炎疫情患者人数主要聚集在主城区，且与城市中心高度重合。因此，可认为疫情的快速蔓延与武汉强核极化的城市布局有较大关联，周边城市人口受中心城市极化吸引，大量向武汉强核聚集，也侧面导致了疫

情的快速传播[14]。

疫情发展过程中，武汉首先被全城隔离。由于武汉在都市圈内的极核角色，各大功能均聚集在武汉城市内部，因此在隔离初期，出现了各大行业停滞运行致使武汉都市圈停摆的现象。种种迹象表明，武汉都市圈的强核集聚发展模式一定程度上导致了疫情的快速爆发和持续蔓延，且在疫情爆发后，这种强核集聚的都市圈应对疫情的韧性极为不足。

二、重点建设方向

1. 构建"强核 + 反磁力中心"空间结构模式，强化都市圈韧性

纽约、芝加哥、巴黎等欧美城市都市圈多是因郊区化的纵深发展，形成低密度、郊区化的都市圈。东京是通过核心城市功能疏解，在外围形成区域专业性节点城市，形成功能一体化的都市圈。武汉都市圈与这些城市均不同，低密度的郊区化蔓延不占主导，外围六大次级城市历史悠久，历经长期独立发展过程，各次级城市功能具有综合性，而非专业性节点城市，因此，武汉都市圈功能及空间合理发展需因势利导，注重培养"强核 +6 个反磁力中心"结构模式，带动都市圈地域共同发展。

针对武汉作为滨江富水城市的特殊生态本底，以及防洪排涝的公共安全职责，摒弃原先简单"中心扩容"的规模扩张思路，引导都市圈内从规模扩张向能级提升进行转变，推进武汉中心主城功能结构优化调整和产业转型升级，加强武汉中心城市职能向区域分解和扩散，大力培育和支持外围二级城镇做大做强，构建与武汉中心城职能梯度分工、产业紧密协作的区域发展格局。

新版武汉总规中，武汉都市圈规划形成"一核、四带、六心"的开放式空间格局。"一核"指的是武汉都市圈核心区，包括武汉主城区、长江新城及临空、车都、光谷三大重点功能板块，是国家中心城市核心功能集聚区。"四带"是指武鄂、汉孝、武咸、武仙洪等 4 条城镇发展轴带。通过加速沿城镇发展轴带的高快速路、城市轨道、城际铁路、市郊铁路等复合交通走廊建设，引导人口、产业、城镇空间沿轴带集聚拓展。"六心"是指鄂州、黄石、黄冈、孝感、咸宁、仙桃等 6 个都市圈次中心。

2. 强化特色与优势，争取长江中游城市群引领地位

武汉都市圈应聚焦武汉国家中心城市金融贸易、科技创新、枢纽物流、先进制造、文化休闲五大核心功能，构建协作互补的功能网络，不断强化都市圈特色和优势。金融贸易应以武汉主城区为核心，以光谷、鄂州为支点；科技创新应以武汉光谷为核心，以鄂州、孝感、咸宁为节点；枢纽物流应重点培育北部物流大通道，形成以武汉天河、

鄂州顺风为核心的空港物流，以武汉阳逻港、鄂州五丈港为核心的港口物流，以走马岭铁路集装箱国际陆港枢纽为核心的公路港物流，以鄂州葛店、武汉东西湖为核心的电商物流；先进制造应以武汉光谷、车都、临空三大核心区为主，以鄂州、黄冈、黄石、孝感、汉川为重要节点；文化休闲以武汉、咸宁为核心，以其他城市为节点，打造世界级山地风景区及世界级湖区。

加强武汉与长沙、南昌中心城市与都市圈之间分工合作、推动城市错位发展，共同支撑长江中游城市群一体化发展。在国家战略职能承载方面，应强化以武汉为中部地区龙头、以长沙和南昌为侧翼支撑的地位和作用。在产业分工上，应打破三大城市及所在都市圈区域低水平的同质化产业竞争格局，切实推进经济协作与产业互补。武汉都市圈应重点强化在科技创新、高新技术产业、国家交通中转和现代服务业方面的优势职能。

3. 探索都市圈绿色发展模式，发挥两型社会示范作用

立足武汉都市圈水、土地资源和环境容量特征，划定增长边界，加强空间增长的精细化管理和底线刚性管控。最大限度地保留河湖、山林、湿地为核心的区域生态要素，保护都市圈内"两江八水、多山多湖群"的生态格局完整性，构建开放、连贯、可达的楔形绿色生态空间，将生态景观廊道引入城镇内部，与城市建设空间镶嵌共生。依托大运量快速复合交通走廊，轴向布局城镇组群。促进产城融合和职住平衡发展，倡导用地多元复合开发。

4. 突出临界区示范作用，注重临界战略协同区的发展引导

都市圈一体化发展协同管控重点是各个城市的临界地区，由于武汉的强核吸附和范围辐射作用，它与周边6个城市邻接地区现阶段都已成为发展热点地区。武汉新版总规在都市圈层面提出，武鄂、武孝、武咸、武仙洪四地是跨市域合作发展及协同管控的重点区域。武鄂协同区现状开发程度最高，空间一体化程度最高，科技创新功能协同及梁子湖水环境共同保护是协同管理的核心关切。武孝协同地区处于物流功能为主导的空港新城，以天河枢纽为锚点，发展交通枢纽，培育航空服务功能，形成围绕航空枢纽、商业服务、文化娱乐、先进制造、商贸物流等产业高度发展的综合性航空城。武咸协同区大部分为长江蓄滞洪区，发展受到自然地理条件制约，以斧头湖、鲁湖、梁子湖为核心的生态格局保护是协同管控的重点。武仙洪协同区是武汉都市圈建设先进制造业的重要载体，一方面要预留未来大事件、新功能导入空间；另一方面要注重沉湖、沙湖、刘垸三大湿地保育工作，加强东荆河、黄丝河—通顺河流域生态共保。

　　为落实国家发展战略要求，顺应大都市发展趋势及规律，武汉新版城市总体规划及时谋划提出建设武汉都市圈的战略构想，充分体现了规划的前瞻性及科学性。可以预见，在今后相当一段时间内，武汉都市圈发展及空间治理将成为中国及世界都市圈管控的重要样本。

参考文献

[1]　武汉市发展和改革委员会 . 武汉大都市圈 "十四五" 时期发展研究 [Z]. 2019.

[2]　俞正声 . 全面贯彻 "三个代表" 重要思想为加快湖北现代化建设而努力奋斗——在中国共产党湖北省第八次代表大会上的报告 [J]. 政策，2002，000(6): 4-14.

[3]　余欣甜 . 常住—户籍人口缺口：我国分区域人口迁移流动的动态和特点 [D]. 上海：复旦大学，2014.

[4]　中国城市规划设计研究院，武汉规划研究院 . 武汉 2049 远景发展战略总报告 [Z]. 2014.

[5]　胡润州 . 武汉城市圈交通格局发展变化及其主要问题研究 [J]. 湖北职业技术学院学报，2010，13(2): 5-9.

[6]　武汉规划研究院 . 湖北梁子湖地区跨区域保护与协调发展规划研究 [Z]. 2007.

[7]　周星宇，郑段雅 . 武汉城市圈生态安全格局评价研究 [J]. 城市规划，2018，42(12): 142-150.

[8]　王智勇，黄亚平 . 快速成长期城市密集区生态空间框架及其保护策略研究 [M]. 武汉：华中科技大学出版社，2015.

[9]　国务院 . 国务院关于长江中游城市群发展规划的批复 [J]. 中华人民共和国国务院公报，2015(11): 22-23.

[10]　辜胜阻，易善策，李华 . 城市群的城镇化体系和工业化进程——武汉城市圈与东部三大城市群的比较研究 [J]. 中国人口科学，2007(4): 16-25.

[11]　冯正文 . 武汉城市圈的医疗服务共享机制分析 [J]. 医学与社会，2011，24(8): 8-9.

[12]　朱英明 . 长江三角洲地区外商投资企业空间集群与地区增长 [J]. 中国工业经济，2002，000(1): 66-72.

[13]　彭翀，林樱子 . 长株潭网络城市内部关联的时空机制研究 [J]. 经济地理，2015，35(9): 72-78.

[14]　黄亚平，郑加伟，仲早莺 . 武汉都市区就业中心空间特征及后疫情时代规划思考 [J]. 西部人居环境学刊，2020，35(5): 31-38.

第十章

西咸一体化基础上的西安都市圈

第一节 西安都市圈发展历程回顾

西安都市圈是关中平原城市群的核心，是西部地区重要的经济中心、文化中心、科技创新中心和对外交往中心。培育发展西安都市圈，有利于加快关中平原城市群建设，带动陕北陕南发展，引领和支撑西部地区开发开放，纵深推进"一带一路"建设。

都市圈虽然是 20 世纪才诞生的经济地理概念，但任何都市圈因其各城市间地理相邻，必然有天然的联系，其发展互动的内在机理也在很大程度上会对现时代都市圈的培育发展产生影响。西安自古便是关中地区政治、文化、经济中心，周边城市与其具有天然紧密的经济社会联系。

一、"大西安"设想阶段

20 世纪 90 年代，李占星等从经济发展、行政区划、城市规划等方面提出了各自的"大西安"设想。虽然此时学界还没有形成对"大西安"概念的统一认识，但以西安为中心带动周边地区的发展、构建"大西安"的设想为之后的规划奠定了坚实的思想基础[1]。

2002 年 10 月的"中国·西安城市发展战略规划国际研讨会"上正式提出了"大西安"概念，指出要建立以西安古城为中心的大空间范围内的新型城市，确立了大西安的发展格局。和红星、张宝通等在此基础上，根据城市规划的相关理论，分析国内外典型都市圈的发展模式，提出建设以西安为中心的大都市圈，从区位条件、交通状况、产业基础与存在问题等方面进一步明确大西安的具体地域范围，规划了多层次的"大西安"发展格局。

这一时期，在大西安建设的推动下西安—咸阳开始探索一体化发展的实践。2002年栗战书同志担任西安市委书记，从官方层面首度提出推进西咸一体化的主张。2003年3月，西安、咸阳两市制定了西安咸阳经济一体化工作方案，并联合成立了"西安咸阳经济一体化协调领导小组办公室"。2004年，两市正式签署合作备忘录，随后《西咸实施经济一体化战略规划纲要》出台，提出"八同"（规划同筹、交通同网、信息同享、市场同体、产业同布、科教同兴、旅游同线、环境同治）的西咸一体化思路。

二、西咸新区启动建设

2009年6月25日，国务院批复颁布了《关中—天水经济区发展规划》，提出"加快推进西咸一体化""建设大西安、带动大关中、引领大西北"，使地处亚欧大陆桥中心，处于承东启西、连接南北战略要地的西安，一跃成为与上海、北京并肩，由国家布局打造的国际化大都市。为响应国家政策，西安市首先推出了《大西安空间发展战略规划》讨论稿，以西安、咸阳、渭南、杨凌、西咸新区为主体，促进大西安与周边城市协同发展。随后陕西省政府也出台了《西安国际化大都市城市发展战略规划（2009年—2020年）》，提出推进西咸一体化进程，按照建设国际化大都市的要求，构筑西安城市发展战略框架，"大西安"规划建设由此进入新的阶段。

2010年2月，陕西省设立西咸新区，提出"省市共建、以市为主"，西咸新区成为"西咸一体化"的主导，成为推进大西安建设的主要抓手。2010年12月，国务院印发《全国主体功能区规划》，提出"推进西安咸阳一体化进程和西咸新区建设"。从2010年开始，西咸新区建设进入启动实施阶段。2011年6月，西咸新区总体规划发布，设立西咸新区管委会，开发建设体制调整为"省市共建、以省为主"，时任陕西省委常委、省人民政府副省长的江泽林同志兼任西咸新区开发建设管理委员会主任，7月，又兼任起西咸新区党工委书记。

2014年1月6日，国务院发布国函〔2014〕2号文件，正式批复陕西设立西咸新区。至此，西咸新区正式成为国家级新区，是中国的第七个国家级新区。在这一国家政策利好带动下，西咸一体化迈出实质性步伐，西安和咸阳两市城市扩展空间加快相向而行。

三、西咸一体化建设阶段

经过多年实践，西安、咸阳、西咸新区三大主体之间存在着体制机制不顺的问题，整体发展合力不强。为此，陕西省委、省政府着眼全省发展大局，于2017年1月制定了促进西咸新区进一步加快发展的意见，对西咸新区的管理体制机制进行调整，由西安市代管西咸新区，西咸新区托管辖区内行政和社会事务。明确西咸新区党工委、管委会作为省委、省政府派出机构，由西安市委、市政府整体代管，除履行国家级新区开发建设职能外，全面托管辖区内西安市和咸阳市的行政和社会管理职能。代管按照"整体代管、特区模式、创新机制、增强活力"的原则，将在规划管理、产业布局、基础设施、社会事务、环境治理、干部管理、党的建设、日常事务等方面，实现大西安"一盘棋"发展。立足于解决实际问题，在此次西咸新区体制机制调整中，为深入推进西咸一体化发展，陕西省委、省政府充分做好顶层设计，确立了"城乡规划一体、产业布局一体、基础设施一体、社会管理一体、公共服务一体、创业就业一体、环境治理一体、政策保障一体"的总体思路，为加快西咸一体化具体政策的出台指明了方向。

2016—2020年，随着2017年西咸新区划归西安代管，西咸一体化有了更具体的动作，西安市将部分高校、科研院所和企业搬迁到西咸新区，世纪大道、沣河大桥等道路两侧的农业用地转变为建设用地。西安咸阳两市的空间距离不断缩短，甚至大部分已结为一体，西安新中心加速形成，标志着西安都市圈的核心区，终于从西安主城区扩大到咸阳市主城区和西咸新区。

西咸一体化发展是西安都市圈建设的重要探索和成功实践，2021年《陕西省国民经济和社会发展第十四个五年规划和二〇三五年远景目标纲要》提出"培育建设西安都市圈"战略部署，并明确西安都市圈空间格局和发展要求，标志着西安正式进入西安都市圈发展阶段。

第二节　西安都市圈基本情况和战略定位

一、发展现状

西安都市圈包括西安市，咸阳市秦都区、渭城区、兴平市、三原县、泾阳县、礼泉县、乾县、武功县、淳化县，渭南市临渭区、华州区、华阴市、富平县、蒲城县，宝鸡市眉县，铜川市耀州区，商洛市商州区、柞水县，西咸新区和杨凌农业高新技术产业示范区。国土面积2.89万km²，截至2019年年底，常住人口2300万人，地区生产总值1.33万亿元，分别占陕西省的14.30%、49.02%、51.56%。

1. 城镇体系

截至2019年年底，西安都市圈拥有1个城区常住人口超过500万的特大城市，2个城区常住人口超过50万的中等城市，1个城区常住人口超过20万的Ⅰ型小城市，1个城区常住人口低于20万的Ⅱ型小城市。总体来看，目前西安都市圈内部的人口分布过于集中，西安都市圈内城市规模等级存在断层现象，西安市"一核独大"的现象较为突出，西安都市圈城镇发育程度不均衡，首位城市发展强势，其他城镇多处于低水平发展阶段。

2. 生态基底

西安都市圈地处陕西关中盆地中部，南依秦岭、北抵渭北台塬，区域内地势平坦，土壤肥沃，属暖温带半湿润半干旱季风气候。黄河第一大支流渭河横贯东西，冲积平原沿渭河干支流平缓展布，以灞河、浐河、沣河、涝河、滈河、潏河等为代表的"长安八水"支脉纵横，为沿岸区县的农业、林果、渔业发展以及调节气候、调蓄雨洪、生物多样性保护等提供基本生态保障。区域内拥有周至老县城、牛背梁等4个国家级自然保护区，西安浐灞、礼泉甘河、耀州沮河、富平石川河、岐山落星湾等11个国家级湿地公园以及少华山、骊山、终南山、洪庆山、黑河等8个国家级森林公园，森林和绿地资源较为丰富。

3. 产业经济

各地区处于不同的发展阶段，在产业梯度、产业特色、产业重心、发展需求和发展目标方面存在较大差异，形成了一定的互补性。西安都市圈是我国重要的航空、航天产业、兵器产业、电子产业、通信产业等设备制造产业基地，也是辐射西北地区和北方中部地区的重要的金融业、科技产业、教育业、文化旅游业、商贸产业中心。目前已基本形成门类较为齐全的产业体系。其中，西安市碑林区、长安区高校密布，教育产业集聚优势明显，装备制造业、航空航天产业等产业有较强优势；西咸新区在临空产业具有独特优势；周至县布局有以猕猴桃为代表的现代农业，以道文化为代表的乡村文化旅游业等；礼泉县布局有以苹果为代表的水果种植业，以袁家村为代表的文化旅游业等；富平县布局有以奶山羊养殖为代表的畜牧业等。

4. 交通网络

西安都市圈已形成较为成熟的集陆运、航运于一体的综合交通系统，布局上形成了以西安为核心的"米"字放射形交通空间格局。西安都市圈地处关中平原中心，也是我国的几何中心，多条国家干线高速公路、铁路、高铁在此交会，是实现生产要素东出、西进、北上和南下的交通枢纽，区位优势十分优越，道路基础较好。随着西安都市圈经济社会的快速发展，高速公路网和铁路网逐步完善，截至目前，西安—郑州、西安—兰州、西安—银川、西安—成都等高速铁路已投入运营，西安—榆林、西安—安康动车也正式开通，大幅缩减了西安市与周边城市的通勤时间。西安咸阳机场的国际（地区）航线累计达到88条，通达全球36个国家、74个主要枢纽和经济旅游城市。

5. 社会文化

西安都市圈有深厚的历史文化底蕴。在《华夏文明核心轴带建设方案研究》中，西安都市圈的文化价值载体至少有 34 处，涵盖了史前文化、周文化、秦文化、汉文化、隋唐文化。中心城市西安是十三朝古都，是中国西北地区最古老的古都，有众多物质与非物质文化遗产（见表 10-1）。西安都市圈在此基础上传承中华文明，保护中华文化根脉，打造东方文化之都、丝路文化高地，基于现代科技发展，对文化保护进行创新融合发展，实现文化遗产活化应用。

表 10-1　西安都市圈文化价值载体与意义

	价值载体	文化价值与意义
史前文化	姜寨遗址	仰韶文化代表遗址
	杨官寨遗址	仰韶文化庙底沟类型代表遗址
	古邰国遗址	中国农业始祖后裔"教民稼穑"之地
周文化	周丰镐遗址	西周都城
秦文化	秦咸阳陵区遗址	秦惠文王、悼武王、孝文王陵园
	秦栎阳遗址	战国后期秦国都城
	秦咸阳城国家考古遗址	战国后期及秦统一中国后的都城
	秦东陵遗址	秦昭襄王及秦庄襄王陵园
	秦始皇陵国家考古遗址	秦始皇帝陵
汉文化	汉长陵遗址	汉高祖刘邦陵墓
	汉霸陵遗址	汉文帝刘恒陵
	汉阳陵国家考古遗址	汉景帝刘启陵墓
	汉茂陵遗址	汉武帝刘彻陵墓
	汉杜陵遗址	汉宣帝刘询陵墓
	其他西汉帝陵遗址	汉惠帝、汉昭帝、汉元帝、汉称帝、汉哀帝、汉平帝陵墓
	汉长安城遗址未央宫国家考古遗址	西汉都城
	汉长安城礼制建筑遗址	西汉都城
	柳巷城遗址	邬堡建筑遗址
隋唐文化	隋泰陵遗址	隋文帝杨坚陵墓
	唐乾陵遗址	唐高宗、武则天陵墓
	唐顺陵遗址	武则天之母陵墓
	唐大明宫国家考古遗址、唐城墙、唐青龙寺、唐天坛、明德门、木塔寺、含光门、东市遗址、西市遗址、大雁塔、小雁塔	唐代都城
水利遗址	关中漕渠京师仓遗址	汉代关中漕渠沿线的大型国家粮仓
	郑国渠遗址	秦代三大水利工程之一，国际灌溉委员会世界灌溉工程遗产

（资料来源：根据相关资料整理）

二、地区特色

1. 战略地位重要，肩负向西开放使命

西安都市圈是我国重要的内陆交通枢纽，地处我国内陆中心，连霍、陇海、福银等多条国家干线高速公路、铁路、高铁在此交会，在全国经济总体布局上具有承东启西、东联西进的重要战略地位。同时，西安市作为"一带一路"建设的桥头堡和内陆对外开放的新高地，也肩负着"带动大关中、引领大西北"高质量发展的重要使命。因此需要进一步做大做强西安国家中心城市，推动都市圈一体化高质量发展。

2. 历史地位崇高，文化资源多元富集

西安都市圈是华夏文明的重要发祥地，拥有西安、咸阳两个国家历史文化名城，秦始皇陵及兵马俑、大雁塔等 7 处世界文化遗产和秦咸阳城、汉长安城等 8 处国家级大遗址保护区，已经初步形成具有世界影响力的历史文化旅游品牌，在推动中华文化传承创新、提升中华文化的魅力和国际影响力方面作用日益突出。因此，需要统筹都市圈内的历史文化资源保护和开发利用，助力西安都市圈担负好中华民族文化复兴和文化传承的历史使命。

3. 产业体系完备，引领西部经济发展

西安都市圈是全国重要的装备制造业基地、高新技术产业基地、国防科技工业基地，已初步形成电子信息制造、汽车、航空航天、新材料、军民融合等具有重要影响力的产业集群。文化旅游、电子商务、商贸物流、现代金融、医疗康养等现代服务业发展迅速，产业结构日益向高端化迈进。西安都市圈发挥了对陕西省域和关中平原城市群的核心引领作用，也强化了对西北乃至西部地区的辐射带动功能。

4. 科教资源丰富，创新驱动优势明显

西安都市圈作为全国科教资源的富集区，拥有 79 所普通高校和 3000 多家科研机构，两院院士 66 名，8 所高校入选国家"双一流"建设名单，拥有众多国家级和省级重点实验室、工程（技术）研究中心、研究中心和创新创业平台，承担着统筹科技资源改革示范、军民深度融合创新示范等 20 多项国家重大改革创新任务，科技创新实力非常雄厚。

5. 邻秦岭跨渭河，生态保护责任重大

西安都市圈位于黄河流域中部关中平原，南依秦岭，北抵渭北台塬，中跨渭河，生态环境脆弱敏感，其中秦岭处在我国南北分界、东西相承的重要位置上，是我国重要的生态安全屏障。渭河作为黄河的最大支流，发挥着调节地区气候、调蓄雨洪、生物多样性保护等多重生态服务功能。

三、战略定位

《关中平原城市群发展规划》批复，将关中平原城市群发展及西安国家中心城市建设上升为国家战略；《关于培育发展现代化都市圈的指导意见》为西安都市圈建设提供了专业指导意见；《2020 年新型城镇化建设和城乡融合发展重点任务》进一步提出发挥好以西安国家中心城市为核心的西安都市圈的辐射带动作用。就西北地区而言，不论是从国家战略还是从区域经济发展来看，西安都市圈有着重要的区域战略价值，应当肩负起应有的区域发展重任，改善中国当前南北经济差异扩大、中国区域经济重心南移的态势。

自新冠疫情以来，西安都市圈实现了突飞猛进的发展，虽与东部沿海地区各大都市相比有一定差距，但在西北地区已是独树一帜。面向未来都市圈韧性提升，要把西安都市圈作为中国西北地区推动高质量发展的区域增长极、关中平原城市群的核心区域。区别于长三角、粤港澳多中心城市区域，西安都市圈发展尚属于比较初级的发展阶段，目前核心区仍需要进一步完善发展。基于此，西安都市圈的发展定位可从以下几个方面总结。

1. 西部高质量发展引领区

推动人口、资本、科技、信息等要素高效集聚、科学配置，促进产业集群、创新集群与都市圈发展耦合，培育发展新动能，打造全国重要的先进制造业、战略性新兴产业和现代服务业基地。

2. "一带一路"重要战略支点

发挥区位交通优势，强化自贸试验区、海关特殊监管区等对外开放平台功能，加快形成面向中亚、南亚、西亚国家的通道、商贸物流枢纽、重要产业和人文交流基地，打造内陆开放高地和开发开放枢纽。

3. 军民融合国家创新高地

以西安全面创新改革试验为牵引，推进军民融合改革，建设军民融合协同发展平台，加快"军转民""民参军"步伐，打造军民深度融合发展示范区，努力在军民融合深度发展方面走在全国前列。

4. 传承中华文明的核心示范区

依托周秦汉唐历史遗存和文化资源多元富集等优势，促进文化与旅游融合发展，发掘华夏文明发祥地的深厚历史底蕴，推动中华文化传承创新，深化多领域合作，打造中华文化对外展示的窗口。

5. 内陆生态文明建设先行区

坚持生态优先、绿色发展，打好生态环境治理持久战，构建生态环境保护长效机制，优化国土空间开发布局，积极发展绿色经济，打造显山露水、透绿见蓝、人与自然和谐共生的都市圈。

第三节　西安都市圈发展成效和经验借鉴

陕西省委、省政府高度重视西安都市圈建设，先后出台了《关于建设西安国家中心城市的意见》《大西安综合交通体系规划》《关于促进西咸新区进一步加快发展的意见》《关于推进西咸一体化若干政策措施的通知》《贯彻落实国务院〈批复〉精神支持杨凌示范区高质量发展的实施意见》等系列政策文件，明确了发展目标、重点任务、支持措施等内容。各部门、各地市积极贯彻落实，取得了一定成效。西安及其周边的咸阳、渭南、铜川、杨凌等地市秉持共建、共享、共治的发展理念，按照规划统筹、交通同网、信息同享、市场同体、产业同布、科教同兴等建设思路，加快推进西安都市圈的同城化建设，并形成了诸多典型经验。

一、强化区域枢纽地位，构建现代立体交通网络

在航空枢纽建设方面，西安咸阳国际机场坚持"向西开放的大型国际枢纽、'一带一路'航空物流枢纽、西部地区国家级综合交通枢纽"的定位，围绕打造"中国最佳中转机场"目标，加快构建高效完善的航线网络，已形成连接国内160余个航点270余条中枢轮辐式航线网络，与骨干城市高频穿梭，与支线航点广泛连接，国内航点通达性、支线航点覆盖率均位居全国第一。第五航权、过境免签由72小时增至144小时、空管奖励扶持等政策相继落地。"城市的机场"必须转变为"机场的城市"，才能推动港产城深度融合，最大效率发挥机场的动力源作用。西安咸阳机场持续完善地面综合交通系统，促进空地衔接，保障旅客出行顺畅。2019年9月，西安北客站至机场的城际铁路通车，机场与高铁站互设服务中心，解决了空铁联运旅客"零换乘"的问题，机场还与携程网合作推出空铁联运特惠产品，增强服务旅客能力。长途汽车客运业务不断拓展，截至"十三五"时期末，机场长途汽车运输网络通达29个城市，扩大了机场服务覆盖面。在铁路建设方面，都市圈范围内共有向外辐射高铁线路8条，其中郑（州）西（安）、大（同）西（安）、西（安）成（都）、西（安）兰（州）、西（安）银（川）等5条高铁已建成通车，东西、东北、西南、西北方向的高铁大动脉已打通；正北向的西延高铁项目前期手续已办结，东南向的西十高铁项目可研获批，正南向的西

康高铁项目已完成项目施工图设计审查工作，以西安为核心的陕西"米"字形高铁网即将形成。西安北站、西安站、新西安南站、西安东站和阿房宫站"四主一辅"为核心的高铁枢纽体系基本建立，中欧班列长安号开行 2133 列，开行量、重载率、货运量居全国前列，向西已开通西安至中亚、欧洲 15 条线路，覆盖"一带一路"沿线 45 个国家和地区，成为国际物流中陆路运输的骨干方式。在城市轨道交通方面，西安地铁建设进展顺利，一、二、三、四、五、六、九号线运营平稳。《西安市城市轨道交通第三期建设规划（2018—2024 年）》获国家发展改革委批复，大西安轨道交通三期建设全面启动，地铁二号线二期、八号线开工建设，一号线二期已通至咸阳，通车里程达到132km。在域间公路通达性方面，连接西安、咸阳主城区及西咸新区"两市一区"的干线公路已增加到 23 条，累计开通连接西安、咸阳及西咸新区的公交线路 79 条，西咸客运枢纽站已经建成运营，咸阳与西安公交、地铁实现"一卡通"。西安"断头路"畅通工程和"瓶颈路"拓宽工程稳步推进，打通断头路 53 条。

二、坚持错位互补发展，加快产业协作升级

西安、咸阳两市在大西安的层面谋划自身产业发展方向和发展重点，着力形成与西安、西咸新区产业同构、错位互补的发展格局。西安市着力打造千亿元级新一代信息技术产业和万亿元级高新技术产业集群，三星二期、比亚迪智能制造、软件新城、华天、中兴二期等重大项目进展顺利，阿里、腾讯、百度、京东、海康威视等 IT 业巨头相继投资落户。咸阳市明确建设大西安制造业配套基地、能源建材供应基地、科技成果转化应用基地、生产性服务业基地和农副产品生产供应基地的发展思路，与西安、西咸新区共建大西安临空经济示范区。西安咸阳两市多次召集西电集团、隆基绿能、陕鼓集团等 30 余家企业召开座谈会，加强都市圈范围内配套。西安市鼓励龙头企业加强与咸阳下游企业的合作，编制完成了《西安市汽车产业链发展推进方案》《关于推进汽车产业发展若干政策意见》，为咸阳市下游配套企业提供政策支持。两市签订《西安咸阳旅游产业战略联盟合作协议》，实现旅游优势互补、提档升级。西安、咸阳高校、科研院所、生物医药企业加强合作，在技术转让、二次开发和药效研究等方面开展 18 项专业合作，取得了良好的经济社会效应。渭南市结合实际，与西安市研究提出西渭融合发展 10 个重点合作项目。鼓励西安开发区与周边城市合作共建"飞地园区"，西安高新区与杨凌、渭南、咸阳等国家级高新区签署了协同发展协议。

三、发掘科教资源优势，推动双链融合发展

西安拥有近百所高校、逾千家科研机构和大量高新企业，然而科技资源"分散、

分隔、分离"的"三分"瓶颈，曾经是长期制约由科技大市迈向经济强市的"拦路虎"，也严重制约了西安对周边城市的辐射带动作用。为此，西安及周边各市按照"围绕产业链部署创新链、围绕创新链布局产业链"的总体要求，引导产业链骨干企业联合高校院所开展联合攻关，突破产业发展核心关键技术和共性技术。基于军工大省的传统优势，推进军民用标准体系融合，研究制定西安市军工大型设备设施开放共享目录和管理办法，加快陕西军民融合创新研究院、西安电子科技大学中国西部军民融合创新谷等创新平台建设。设立全球高层次人才基金，进一步完善"户籍新政"，引进海外高层次人才定居西安。举办2018西安国际创业节、西安国际创业大赛、"百万大学生留西安就业创业"和2018全球硬科技创新大会等活动。渭南加强省市平台互动，建立科技成果转移线上平台线下机构，率先在市级层出台相关技术转移示范机构管理办法，指导创建省、市级技术转移示范机构各4家，认定登记技术合同140笔，技术合同成交额达到3.6亿元；启动实施博士专家科技服务行动，选派37名渭南师院博士专家赴各市县区开展科技服务。2021年，西安市又出台了《加快建设先进制造业强市支持政策实施细则》，八大措施数十条举措，半数以上聚焦创新与产业"双链融合"。省级与关中各市、各市之间在项目、人才、平台、成果等方面的开放共享和有效互动逐步实现。

四、遵循历史文化脉络，推进都市圈文旅融合发展

作为历史文化资源富集的区域，西安都市圈各市按照全省一盘棋布局，推动文化与旅游深度融合，加快构建大西安综合文化旅游产业带。充分发挥古丝绸之路起点优势，深入挖掘古都历史文化价值，启动中华优秀文化传承发展工程。加强大遗址考古发掘调查、安防监控等工作，实施汉长安城、丰京、阿房宫等重点遗址保护项目。实施"书香西安"的重大文化设施提升工程，开展系列名家文化讲坛，建设国家新型文化之城。加强非物质文化遗产保护力度，实施中华老字号保护发展工程。提升"西安·世界古都""长安·丝路起点""秦岭·世界名山"三大核心旅游品牌知名度。办好第五届"丝绸之路"国际艺术节、第五届"丝绸之路"国际电影节，持续推出"西安年·最中国"系列活动。西安市召开文化旅游融合发展大会，制定了22条落实措施和12条支持政策，确定了实施文旅融合项目带动、加快文化产业园区发展、推动文旅产品转型升级等27项重点工作。铜川市成功举办第五届中国孙思邈中医药文化节，承办全国射箭奥林匹克项目锦标赛等10余项赛事，新增文化旅游体育企业60户。西咸新区编制全域旅游发展总体规划，文旅、商旅等融合不断加强。同时，西安举办第29届全国图书交易博览会、中国网络诚信大会，城市文化影响力进一步提升。

第四节　西安都市圈协同发展体制机制创新亮点

一、秉持绿色发展理念，推动生态环境共建共治

科学治霾、协同治霾，强力推进"1+9"专项行动，关中地区空气质量明显好转。按照柔性治水要求，系统实施重大水利工程，昆明池、渼陂湖、卤阳湖恢复建设初见成效，国家湿地公园增至43处、总面积达84.9万亩。咸阳市与西安市、西咸新区共同编制《西咸一体化生态环境保护规划》，建立了西咸环境共管、执法联动、污染同治、互通信息和共同会商的工作机制，合力推进渭河、泾河、沣河等河流综合治理，11个国省考监测断面水质全部达标，渭河干流和支流水质稳定向好，渭河干流劣 V 类水质断面同比下降5.3%，支流优良水体断面比例同比上升7.1%。启动五陵塬区域遗址保护和景观带建设，加快创建国家森林城市，着力打造大西安生态廊道；淳化、旬邑成功创建国家园林县城；国家湿地公园达到6个，湿地保护面积13.3万亩。积极推进生态文明创建工作，渭南扎实推进"绿化秦东大地、建设美丽家园"，持续推进造林绿化，杨凌实施"水润杨凌"工程，系统推进"三和两区五湖四湿地"综合治理和生态水系建设，两项颗粒物浓度明显下降。

二、协调推进社会事业，促进公共服务共建共享

加快"智慧关中"建设，积极拓展智慧交通、智慧医疗、智慧校园、智慧社区等服务领域，推动公共服务信息化建设，推进更多领域实现移动支付、手机办事。加强城市紧密型医联体、县域医共体、专科联盟等建设，健全分级诊疗体系，完善支付制度改革。西安市红会医院、儿童医院等医院与咸阳市中心医院、第一医院及三原、长武等县级医疗机构建立协作关系，开展远程医疗、远程教学、帮扶支援等工作。在教育资源方面，西安市将全市教育资源共享平台向咸阳市开放，为咸阳市组建"名校＋"教育联合体13个，西安教育电视台与咸阳市电教馆实现优质教育资源共享全覆盖。

第五节　西安都市圈面临的问题挑战及未来重点建设方向

一、问题挑战

1.核心生态资源匮乏，都市圈生态环境脆弱

西安都市圈所属的关中平原水资源相对匮乏，根据《2019陕西省水资源公报》，关

中地区人均水资源量为 336.21m³，约为全国平均水平的 1/6，属于极度缺水地区（小于 500 m³）。在土地资源方面，截至 2019 年年底，西安都市圈的耕地面积约为 11405km²，占都市圈土地的 52.5%，都市圈内人均耕地面积约为 747m²，较全国平均水平低 200m²。总体来说，与东中部都市圈的生态环境相比，西安都市圈仍存在核心生态资源匮乏、生态环境较为脆弱的短板。

2. 传统产业同构异构现象并存，都市圈产业发展亟待协同

都市圈区域内部在资源、项目、投资等方面存在同质竞争，区域内没有建立起上下游的产业链条关系和利益共同体。如西安市的装备制造业、电子信息、纺织业和文化旅游业与咸阳市的电子信息产业、装备制造业、纺织业、文化旅游业等发展规模较大，产业同构和异构现象并存，但两地产业布局规划相互衔接不紧密，不能充分实现产业的深度对接，产业和技术梯度转移对接路径的有效性有待提升。同时，新兴产业布局分散、各自为战现象普遍存在。西安的高新区、曲江新区、西咸新区等都布局有新材料产业、新能源产业、物联网产业、信息技术产业、生物医药产业、高尚居住产业、数字创意产业等新兴产业，但这些创新和技术导向型的产业布局较分散。西安市的新经济总量指数在全国城市中排名靠后，位居第十九位，在区域技术自主创新能力相对较低且差距较大的情况下，不利于技术扩散与知识外溢。

3. 外向交通以西安市为主，都市圈交通呈现"内高外低"的不平衡现象

在路网建设方面，都市圈外围区县城市道路建设相对滞后，西安市区路网密度已达 700km/km²，而密度最低的周至县受地形地貌影响，仅为 78 km/km²，整体来看，沿渭河干流分布的城市因地势较为平坦，路网密度普遍较高，而秦岭北麓和渭北台塬地区的相关区县的路网密度普遍较低。在交通枢纽能力方面，西安市的各项指标均领先于都市圈内其他城市，是都市圈内交通枢纽作用最强的区域，沿陇海铁路和连霍高速等东西向国家主要交通干线上的咸阳市和渭南市，交通枢纽能力也相对较强。相比之下，南北向交通干线上的铜川市交通枢纽能力相对较弱。西安都市圈内交通运输仍以西安市对外联系为主，处在东西向交通干线上的咸阳市和渭南市具有培育都市圈交通枢纽副中心的潜质，但东西向和南北向城市的交通枢纽作用较不均衡（见表 10-2）。

表 10-2　西安都市圈主要城市交通枢纽能力情况一览表

主要城市	客运量 / 万人	客运周转量 /（万人 /km）	货运量 / 万 t	货运周转量 /（万 t/km）
西安市	15261	877786	23835	3526547
咸阳市	8306	215227	10982	1914142
渭南市	10258	287985	16948	2479597

续表

主要城市	客运量 / 万人	客运周转量 /（万人 /km）	货运量 / 万 t	货运周转量 / 万 t/km）
铜川市	1318	62640	7655	970057
杨凌示范区	364	11790	270	43466

（数据来源：2019 年各城市统计年鉴）

4. 核心区域资源过度集聚，都市圈公共服务不均衡问题突出

作为单核心引领圈层组织模式的西安都市圈，表现出明显的公用设施服务水平等级分化现象。从医疗资源角度看，都市圈内核心区较为突出，其他区县整体较为均衡，《全国医疗卫生服务体系规划纲要（2015—2020 年）》提出，到 2020 年全国每千人口拥有卫生床位数为 6 张，但目前西安都市圈内仍有约 2/3 的区县达不到该标准（见图 10-1）。从教育资源角度看，除咸阳市区较为突出外，包括西安市主城区在内的其他城市每千名学生拥有 10 名左右专任教师，西安都市圈的教育服务水平仍有较大提升空间（见图 10-2）。总体来说，都市圈内无论是教育或医疗设施的布点均集聚于核心城市，外围区县由于公共服务距离增长更难共享资源。此外，处于都市圈核心区域的西安、咸阳市区公共服务水平远高于周边区县，且咸阳市区每千人拥有卫生床位数和每千名学生拥有专任教师数均是西安市区的两倍之多，咸阳市区的公共服务设施体量虽没有西安市区大，但由于常住人口仅为西安市区的 1/9，人均拥有的公共服务资源十分可观，未来咸阳市区或可能是西安都市圈常住人口新的承载地。

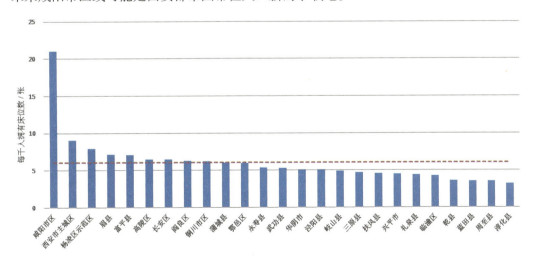

图 10-1　2019 年西安都市圈各区县每千人拥有卫生床位数

（数据来源：2019 年各城市统计年鉴）

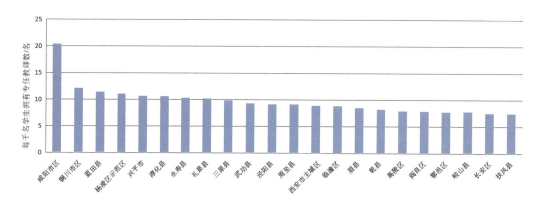

图 10-2　2019 年西安都市圈各区县每千名学生拥有专任教师数

（数据来源：2019 年各城市统计年鉴）

二、重点建设方向

2019 年，国家发展改革委发布的《关于培育现代化都市圈的指导意见》提出，要梯次形成若干空间结构清晰、城市功能互补、要素流动有序、产业分工协调、交通往来顺畅、公共服务均衡、环境和谐宜居的现代化都市圈。本节紧扣国家要求，结合西安都市圈的发展实际，从空间、公共服务、产业、生态、交通、文化、机制等 7 个方面提出了具有针对性的发展策略。

1. 提升发展功能定位，促进都市圈一体化与高质量耦合发展

发展方向引导。以增强中心城市带动能力、强化都市圈核心—边缘的联系、缩小区域两极分化为导向，提出以西安中心城区为核心进行北跨、南控、西连、东拓的区域发展联动策略，为都市圈的未来拓展提供方向性引导。其中，"北跨"的发展重点在于提升南北交通通道的综合运输能力，促进生产要素合理流动，推动西安先进制造业北移，通过提升高陵、三原、泾阳、兴平、铜川新区等地对高端产业的承接能力，建设形成渭北工业大走廊和西安产业转移核心承接区。"南控"则坚持底线思维为都市圈划定向南的发展红线，同时还应加强秦岭生态环境的保护修复，具体包括对重大产业项目依法进行环境影响评价，严格非环境友好型产业布局，逐步引导人口向重点开发区有序转移等政策措施。"西连"主要是指全方位推进西咸一体化发展，继续完善西咸新区代管托管体制机制，优化行政区划设置，引导西安主城区公共服务资源向西咸新区转移，联通咸阳主城区及杨凌示范区，提高人口经济聚集能力。"东拓"则以西渭协同发展为目标，需要加快打破行政壁垒，强化协作协同，推动西安科技、资金、人才等资源向渭南辐射，加快西安至临潼、富平等轨道交通建设，构筑发达的基础设施复

合廊道，推进城镇空间重塑和沿线城镇协同发展。

空间结构优化。为完善都市圈空间联系，丰富都市圈结构体系、增强次级节点的带动能力，提出加快一干两区三走廊的区域空间结构优化策略，带动都市圈空间一体化发展。其中，"一干"是指陇海—连霍产业城镇发展主干。陇海—连霍产业城镇发展主干以陇海—连霍沿线的产业城镇发展带为依托，旨在推动西安核心城市功能沿陇海线疏解，夯实咸阳、渭南制造业基础，加强与西安的公共服务联通，带动杨凌等增长极做大做强产业城镇集聚带。"两区"分别是秦岭生态文化提升区和渭北产业转移承接区，共同构成都市圈发展的重要支撑区域。秦岭生态文化提升区应以优化南部秦岭北坡的生态功能为目标，依托丰富的自然和人文资源，打造生态功能和人文特点突出的秦岭生态文化提升区。渭北产业转移承接区主要承接西安主城区及东中部地区的产业转移，未来需要重点强化相关产业的配套设施建设，为形成特色鲜明的产业转移承接区打好基础。"三廊"主要依托包茂、京昆、福银高速三大交通轴线形成区域发展走廊。作为西安都市圈发展的动脉，三条廊道的区域作用在于联通秦岭生态文化提升区、陇海—连霍产业城镇发展主干、渭北产业转移承接区，通过聚集沿线的人口产业等资源，提升铜川新区、富阎板块、鄠邑区、礼泉县、蓝田县与西安主城区的联系，辐射带动周边区域发展。

功能板块分工。合理的区域功能分工是实现一体化与高质量发展的重要内生动力，为增强西安都市圈的区域协作，结合各市县的主导功能及地区优势资源，在都市圈范围内总体形成七大功能板块。一是渭北先进生产制造板块，旨在加强与西安主城区互联互通和产业互动。推动西安经开区泾渭新城、高陵装备工业园、临潼现代工业园、三原及兴平工业区联动发展，培育先进制造业产业集群，打造西北先进制造业基地。二是富阎现代航空板块，该板块以富阎新区、阎良新城、阎良航空工业组团为依托，旨在支持建设国家重要航空产业中心、陕西战略新兴产业培育发展区，加快富阎一体化发展，建设城市副中心。三是浐灞—临潼—蓝田会展休闲板块，该板块以生态及文化旅游资源为优势，通过建设浐灞丝路国际会展中心、临潼高端会议会展区，推进临潼、白鹿原、汤峪等生态文化资源深度开发，未来发展形成临潼全域旅游示范区，作为毗邻西安主城区的文化休闲特色板块。四是常宁—鄠邑生态科技板块，该板块以南部大学城、科技园区等为载体，可以通过争取国家级重大基础研究项目布局，促进西安高新区产业辐射带动，建设形成以高新技术产业、生态文化和休闲产业为主的科教新城。五是杨凌—武功—周至现代农业板块，该板块以农业一、二、三产融合为契机，推动杨凌示范区农业科技自主创新、集成创新与推广应用，推进武功、周至对接应用杨凌科研成果，加快发展现代农业、食品加工、农产品物流等产业，建设形成全省城乡融合发展先行区。六是乾县—礼泉—淳化休闲农业板块，该板块应继续深度挖掘传统文化资源，探索创新"袁家村"模式，加快都市休闲农业建设，改善乡村人居环境，未来形成接续文化脉络、展现地域风貌的集中示范区。七是临渭城镇组团，该组团可以充分发挥区域人口聚集优势，争取更多科技成果来渭转化，形成"西安研发、渭南制造"的区域协作模式，以城市转型发展实现区域的高质量发展。

2. 依托服务设施共享，推动都市圈社会高质量发展

推进公共资源按照实际服务管理人口规模和结构进行配置。一是要建设人口大数据分析研究平台，对未来城市人口数量和年龄结构的变化趋势进行科学预测，以预测的不同城市常住人口为基数，适度超前配备与之相适应的城市管理机构和人员，科学规划和合理安排城镇交通道路、供水排水、电力及天然气供应、污水处理、垃圾回收处理等公共基础设施建设，配套完善商业网点、医疗机构、教育机构、文化体育等公共服务设施。二是要鼓励三甲医院、高等学校以及各类教育服务体系按照市场规律，选择在常住人口较多的城镇设立。三是要坚持"房子是用来住的、不是用来炒的"定位，紧密结合城市人口规模，有效增加保障性住房供给，完善土地出让收入分配机制，探索支持利用集体建设用地按照规划建设租赁住房，完善长租房政策。

构建都市圈区域性公共服务体系。都市圈内教育和医疗等核心公共服务资源主要集中在西安和咸阳主城区，同时受各级政府的财力限制，外围区县的一般公共服务预算也相对较低，公共服务水平无法达到核心城区的标准，因此可通过构建都市圈区域性公共服务体系，将核心城区的优质公共资源辐射到外围区县。**在医疗卫生方面**，建立区域卫生服务平台，不断深化跨区域医疗联合体建设，大力发展与国内、国际深度合作的远程医疗。统筹建立都市圈全民健康信息平台，建立健全跨区域医疗服务标准互认与异地门诊即时结算合作机制，以及多卡合一的公共服务卡集成应用。建设具有西北特色的医疗养服务体系，整合西安、咸阳、渭南、铜川等核心城市的医学院、科研机构，建成一批体现国际水准、具有优势学科群的现代化、国际化、研究型医院，形成国际高水平的医疗资源集聚区。**在教育资源方面**，可以依托长安大学城、交大科技城、沣西科创城等教育资源优势，积极引进国内外知名大学和特色学院，形成一批在国际上有重大影响的高等教育、国际教育等机构，推进世界一流大学和一流学科建设。鼓励区域内高校联合共建优势学科、实验室和研究中心，依托现有教育联盟，深化开展在相互承认特定学分、实施更灵活的交换生安排、科研成果分享转化等方面的合作交流。完善国际化人才引进培养模式，鼓励国内外研究机构和高等院校在西安、咸阳、杨凌等地独立或合作建设各级各类协同创新中心，在技术移民方面先行先试，开展外籍创新人才创办科技型企业享受国民待遇试点。探索采用法定机构或聘任制等形式，大力引进高层次、国际化人才参与都市圈的建设和管理。

3. 引导产业集群协同创新，促进都市圈经济高质量发展

优化产业空间布局和专业分工。 重点加强西安都市圈内部的产业协作发展，打破行政区划壁垒，优化资源配置，实现都市圈产业协同发展共建，引导都市圈各城市依托资源禀赋、产业基础，加强重点产业集群建设，强化区域整体实力和竞争能力，打造"一圈三带"[①]的都市圈产业发展格局。其中"一圈"为产业发展核心圈，"三带"分别是东北高质量制造业发展带，西北高端加工制造业发展带，南部绿色创新发展带。产业发展核心圈重点建设高新技术产业、生产性服务业、文化产业等集群，高水准发展总部经济，培育发展数字经济，引导发展共享经济。东北质量制造业发展带积极承接都市圈核心区的高端制造业和战略性新兴产业转移，推进制造业升级，重点发展航天航空、先进制造、临空产业、现代物流、商贸及文化服务等产业。西北部高端加工制造业发展带利用高技术、新技术、新工艺、新材料，推动加工制造业高附加值的高端加工制造业升级。重点发展精细化工、现代纺织、农副产品加工、食品加工等产业。南部绿色创新发展带引导高新技术产业、文化产业和科研功能集聚，重点发展高新技术、科研教育、航天航空、休闲旅游、文化服务等产业。

依托优质科教资源推动产业转型升级。 西安都市圈是全国科教资源最为富集的区域之一，拥有数量众多的高等院校和科研院所，但科研成果就地转化率低和人才流失现象仍然较为严重。因此，西安都市圈应该积极整合科教资源，加快构建"航天基地—大学城—高新区—沣东新城—沣西新城"科技创新走廊，推动都市圈内创新量和产业链的"双链融合"，促进新一代信息技术、高端装备制造、生物医药、生命科学、农业技术等领域的科技创新。一是依托西咸新区、杨凌农业高新技术产业示范区、西安电子科技大学、中国科学院西安光学精密机械研究所等国家级双创示范基地，加强跨区域"双创"合作，联合共建国家级科技成果孵化基地和双创示范基地。二是依托西安科技大市场、杨凌农业科技成果展示交易中心共同建设西安都市圈技术转移服务平台，优化科技成果跨地市转化机制，实现成果转化项目资金共同投入、技术共同转化、利

---

① 一圈包括西安、咸阳主城区以及西咸新区；东北高质量制造业发展带包括西安市临潼区、高陵区、阎良区，咸阳市三原县、泾阳县，渭南市临渭区、华州区、华阴市、蒲城县、富平县，铜川市耀州区、王益区；西北高端加工制造业发展带包括咸阳市兴平市、武功县、乾县、礼泉县、永寿县、淳化县，宝鸡市扶风县、岐山县以及杨凌示范区；南部绿色创新发展带包括西安市长安区、鄠邑区、蓝田县、周至县，宝鸡市眉县。

益共同分享。三是发展先进生产技术，激发都市圈内创新产业发展，培育新一轮适应当下经济发展需求的主导产业集群，同时，还能促进目前主导产业的升级换代。

4. 构建生态安全格局，实现都市圈生态高质量发展

修复区域生态基底。 西安都市圈内主要包含两大生态功能区，分别是渭北台塬生态区和秦岭北麓生态区。其中，渭北台塬生态区位于都市圈北部，水资源和土地资源相对匮乏，应大力推进水土保持林建设，以赵氏河等国家湿地公园建设为依托，加快湿地保护与恢复力度，提升渭北台塬地区的生态系统安全和稳定性。秦岭北麓生态区位于都市圈南部，是西安都市圈南向的重要生态屏障，要加快建立以国家公园为主体的秦岭自然体系，搭建"空天一体化"的秦岭生态环境监管平台，共同推进秦岭生态保护。

织补生态安全格局。 西安都市圈的生态基底质量相对较好，但存在生态空间破碎化分布，而未形成统一整体的问题，因此需要通过对生态空间进行织补，重点以都市圈内部的纵横水系为骨架，同时兼顾圈域内的生态屏障和绿地系统，构建起"一带、两屏、三环"的西安都市圈生态安全格局。依托渭河打造中部渭河干流生态景观带，充分发挥其调节气候、调蓄雨洪、生物多样性保护等多重生态服务作用。依托渭北台塬和秦岭山脉，建设渭北黄土台塬与北山生态屏障和南部秦岭北麓生态屏障。利用河流、交通干道等线性绿道，将都市圈内的生态公园、湿地公园、城市公园、历史文化公园乃至社区公园等绿色开放空间串联起来，形成跨行政区的区域级生态绿廊。打造都市圈内中外三个生态绿环，其中内环是以西安绕城高速防护绿地串联沿线汉长安城遗址公园、杜陵遗址公园、沣渭湿地公园等，构建彰显大遗址文化特色的内部公园绿环；中环是以西安外环高速防护绿地等线性要素串联涝河湿地公园、骊山风景区、白鹿原等，打造集自然生态和文化遗址为一体的中部景区绿环；外环是以关中环线快速交通防护绿地串联各区县的森林公园、风景名胜区、地质公园等，形成连接南北山地的外部山水绿环。

5. 织密交通网络，推动都市圈设施一体化发展

完善"内环—中环—外环"的圈层链路网络。 目前，西安都市圈内各城市间直连的交通廊道尚未完全形成，仍然以西安市为中心向四周放射性路网体系为主，都市圈的链路网络尚未形成。因此在进一步完善西安主城区通往都市圈其他城市节点放射状快速通道的基础上，要加快形成都市圈内环、中环和外环圈层骨架链路，推动都市圈交通网络由单核心放射状格局向多点连接的网络状结构转变。其中内环是以西安绕城为主的圈层环路，要加快推进绕城高速与西安主城区二环间快速干道的建设，提升城区内部的交通运输效率。中环是以西咸环线为主的圈层环路，要加快推进西咸南环线建设，尽快将西安都市圈核心圈层中的相关区县串联起来。外环是能将耀州、富平、华州等都市圈拓展圈层相关区县串联起来的圈层环路，要优先将各区县的主要工业园区、人口集聚地、重要历史文化资源点串联起来。

构建"一主三副"的综合交通枢纽。重点培育"一主三副"交通枢纽，"一主"为西安综合交通枢纽，目前该区域是都市圈内路网密度最为密集、交通枢纽能力最强的区域，但同时也是都市圈内城镇人口最为密集的区域，因此未来应该重点结合大型生活区、大型工业园区、大型游憩设施以及大型教育医疗等公共服务设施的分布情况，分析人口通勤规律，进一步优化轨道交通线网，尤其要注重与鄠邑、高陵、临潼、阎良等主城区周边的产业密集区、生活密集区、文旅资源密集区的轨道交通联系，还要构建轨道环线，强化线网间换乘，缓解中心区轨道交通站点的换乘压力。"三副"分别是东部渭南综合交通枢纽、西部杨凌综合交通枢纽以及北部铜川综合交通枢纽。东部渭南综合交通枢纽位于连霍高速和陇海铁路交通主干线上，进一步加大铁路、公路建设，将其打造成为都市圈向东运输的重要交通节点。西部杨凌综合交通枢纽虽处在东西走向的主要交通干线上，自身体量小，与西安的联系不够紧密，应进一步拉大城市骨架，织密城市路网，加快客货运站场建设，打造成为都市圈向西的重要交通节点。铜川综合交通枢纽是都市圈向北发展的重要交通节点，起到了促进陕北能源化工与关中协同互补发展的重要作用，应加快交通站场建设，促进交通路网对各类工业园区的覆盖。

6. 创新"圈域"文化遗产保护模式，促进都市圈文化一体化发展

构建"圈域"文化遗产保护体系。西安都市圈内历史底蕴深厚、文化遗产富集，历史时期形成的文化遗产分布广泛且关联紧密，由于长期社会发展诸多因素影响，导致关中地区帝陵、宫苑、寺庙等点状遗产的孤立性、零散性日益凸显。必须强化区域内现有文化遗产资源的统筹保护，推进历史文化遗址及非物质文化遗产保护传承机制的创新发展，积极形成区域联动，共建维育都市圈文脉传承的涵育网络。一是构建具有国际一流水平的文化遗产保护传承体系。参照罗马、雅典、京都等世界古都现有保护经验，加强都市圈内文化遗产、城市文化街区和历史建筑的保护，尤其是城区内的地下文物的预防性主动性保护。在确定都市圈核心保护区的文化保护线的同时，注重圈域内各行政单元新区与旧城区有机协调。依托历史文化名城、名镇、名村保护体系，形成都市圈、区域（市、县）、重点（镇、村）三级保护管理模式，构建以西安（西安、

咸阳）为核心、周边次级核心（杨凌、渭南）为基础的"一核多元"格局，强化都市圈内文化遗产保护的集群、联动效应。二是打造传承中华文明的都市圈文脉体系。逐步形成以蓝田猿人、姜寨、半坡等遗址为核心的中华史前文明展示体系，以西周丰镐、汉长安城、唐长安城等遗址为核心的丝路盛世文明展示体系，以关中书院、碑林、城墙等宋、元及明、清城市遗迹为核心的关中城镇风情展示体系，以亮宝楼、大华1935、人民剧院等近现代遗迹为核心的现代城市创新发展体系，重点推进"博物馆之城"建设，打造代表中国历史完整序列和支撑中国传统文化的世界级博物馆群落。

7. 创新协同机制，深化都市圈制度一体化改革

合作协商机制。完善制度化的磋商机制和功能性机构，西安市作为都市圈建设的"领头羊"，应牵头推动市长联席会议的机制化、法制化，发挥都市圈最高议事机构的跨区域协商的主导作用，在共识的基础上进行决策，并探索在各城市设立常设执行机构。

产业一体化机制。一是加强区域联合，创新管理体制、投融资体制、利益分享机制，完善资源和信息共享和联动机制、人才培育和流动机制，构建产业协同一体化发展机制。二是建立企业与政府的长效沟通机制，构建专门的产业协同的网上信息沟通平台，通过行业发展高峰论坛、项目洽谈、信息技术交流等，及时了解企业面临的困难和需要的政策支持。三是构建专门的跨区域产业协同发展协调机构，逐步消除条块分割和市场壁垒，促进要素自由流动和产业的紧密衔接，消除产业协同发展的障碍。四是建立产业发展协调机制。编制都市圈产业发展地图，推进区域内各类开发区统筹协调、错位发展。发挥国家、省级产业园区、开发区作用，探索园区跨地区共建、共管、代管、托管等合作模式，推动各地产业资源共享、优势互补、联动发展。依托优势产业，在航空航天、汽车、集成电路、农业、文化旅游等领域组建若干业联盟、市场合作联盟和技术标准联盟、研发联盟。健全产业转移推进和利益协调机制，建立以"一站式服务"为核心的产业转移服务平台。

市场一体化机制。一是促进人力资源市场一体化。进一步深化西安人才落户政策，全面放开对高校和职业院校毕业生、留学归国人员以及技术工人等重点群体落户限制，促进人口在都市圈内有序流动，加快推进都市圈人力资源信息库和人才、劳动力公共就业服务平台建设。二是加快技术市场一体化。建立西安市科技要素资源都市圈共享机制，推动科技创新券在城市间政策衔接、通兑通用。搭建都市圈技术交易市场联盟，构建多层次知识产权交易市场体系，发展跨地区知识产权交易中介服务。三是完善金融服务一体化。加快建设以高新科技金融区为核心，丝路经济带能源金融贸易区、曲江浐灞文化金融、新金融试验区为支撑的金融"金三角"。强化金融监管合作，建立金融风险联合处置机制。四是统一市场准入标准。探索都市圈内"一照多址、一证多址"企业开办经营模式，推动各类审批流程标准化和审批信息共享互认。健全市场监管体系和跨区域市场监管协调机制，鼓励商事主体依据产业布局在都市圈内迁址。加强社会信用体系建设，培育发展都市圈信用服务市场，建立和完善失信联合惩戒制度，强化依法公开与共享行政执法信息。

参考文献

[1]　王俊峰，肖爱玲."大西安"概念、规划及其实践 [J].三门峡专业技术学院报，2020，19(2)：23-30.

[2]　王祖强.浙江空间经济新格局：都市圈的形成与发展 [J].经济地理，2011，31(1)：21-25.

[3]　洪银兴.围绕产业链部署创新链——论科技创新与产业创新的深度融合[J].经济理论与经济管理，2019(8)：4-10.

[4]　王春兰，杨上广.大城市人口空间演变及管理转型响应研究——基于上海的实证分析 [J].社会科学，2012(12)：71-81.

[5]　程丽辉，崔琰，周忆南.关中城市群产业协同发展策略 [J].开发研究，2020(6)：56-62.

[6]　马交国，张卫国，宋昆.行政区划调整导向下济南都市圈区域协调发展策略 [J].规划师，2020，36(4)：5-12.

2019 年 10 月 2 日，国家发展改革委和市场监管总局联合印发《关于新时代服务业高质量发展的指导意见》，推动城市群和都市圈公共服务均等化和要素市场一体化，构建城市群和都市圈服务网络，促进服务业联动发展和协同创新，形成区域服务业发展新枢纽。

2019 年 12 月 1 日，中共中央、国务院印发《长江三角洲区域一体化发展规划纲要》，推动形成区域协调发展新格局，加强协同创新产业体系建设，提升基础设施互联互通水平，强化生态环境共保联治，加快公共服务便利共享，推进更高水平协同开放，创新一体化发展体制机制，高水平建设长三角生态绿色一体化发展示范区，高标准建设上海自由贸易试验区新片区。

2020 年 1 月 4 日，习近平总书记主持召开中央财经委员会第六次会议，指出要推动成渝地区双城经济圈建设，在西部形成高质量发展的重要增长极；推进兰州—西宁城市群发展，推进黄河"几"字弯都市圈协同发展，强化西安、郑州国家中心城市的带动作用，发挥山东半岛城市群龙头作用，推动沿黄地区中心城市及城市群高质量发展。

2020 年 2 月 28 日，国家发展改革委、中宣部、财政部、商务部等 23 个部门联合印发《关于促进消费扩容提质加快形成强大国内市场的实施意见》，提到要持续推动都市圈建设，不断提升都市圈内公共服务共建共享和基础设施互联互通水平。

2020 年 4 月 3 日，国家发展改革委印发《2020 年新型城镇化建设和城乡融合发展重点任务》，在优化城镇化空间格局目标下，提出四项与城市群与都市圈发展相关的重点建设任务，分别是"加快发展重点城市群""编制成渝地区双城经济圈建设规划纲要""大力推进都市圈同城化建设""提升中心城市能级和核心竞争力"。并对深入实施《关于培育发展现代化都市圈的指导意见》做出具体部署，"建立中心城市牵头的协调推进机制，支持南京、西安、福州等都市圈编制实施发展规划。以轨道交通为重点健全都市圈交通基础设施，有序规划建设城际铁路和市域（郊）铁路，推进中心城市轨道交通向周边城镇合理延伸，实施'断头路'畅通工程和'瓶颈路'拓宽工程。支持重点都市圈编制多层次轨道交通规划。"

2020 年 4 月 9 日，中共中央、国务院《关于构建更加完善的要素市场配置体制机制的意见》提出，推进土地要素市场化配置，引导劳动力要素合理畅通有序流动，推进资本要素市场化配置，加快发展技术要素市场，加快培育数据要素市场，加快要素价格市场化改革，健全要素市场运行机制。

2020 年 5 月 17 日，中共中央、国务院《关于新时代推进西部大开发形成新格局的指导意见》提出，贯彻新发展理念，推动高质量发展，以共建"一带一路"为引领，加大西部开放力度，加大美丽西部建设力度，筑牢国家生态安全屏障，深化重点领域改革，坚定不移推动重大改革举措落实，坚持以人民为中心，把增强人民群众获得感、幸福感、安全感放到突出位置。

2020 年 5 月 29 日，国家发展改革委《关于加快开展县城城镇化补短板强弱项工作的通知》中提到，在长江三角洲区域、粤港澳大湾区和其他东中部都市圈地区，兼顾西部和东北地区，开展县城新型城镇化建设示范工作。

2020 年 7 月 30 日，中共中央政治局召开会议。会议要求，要持续扩大国内需求，克服疫情影响，扩大最终消费，为居民消费升级创造条件。要着眼于长远，积极扩大有效投资，鼓励社会资本参与。要加快新型基础设施建设，深入推进重大区域发展战略，加快国家重大战略项目实施步伐。要以新型城镇化带动投资和消费需求，推动城市群、都市圈一体化发展体制机制创新。

2020 年 9 月 16 日，国家发展改革委《关于促进特色小镇规范健康发展的意见》指出，要明晰特色小镇的发展定位，准确把握特色小镇区位布局，主要在城市群、都市圈、城市周边等优势区位或其他有条件区域进行培育发展。

2020 年 10 月 16 日，中共中央总书记习近平主持召开中共中央政治局会议，审议《成渝地区双城经济圈建设规划纲要》。会议指出，当前我国发展的国内国际环境继续发生深刻复杂变化，推动成渝地区双城经济圈建设，有利于形成优势互补、高质量发展的区域经济布局，有利于拓展市场空间、优化和稳定产业链供应链，是构建以国内大循环为主体、国内国际双循环相互促进的新发展格局的一项重大举措。

2020 年 10 月 29 日，党的十九届五中全会通过《中共中央关于制定国民经济和社会发展第十四个五年规划和二〇三五年远景目标的建议》，指出要推进以人为核心的新型城镇化。实施城市更新行动，推进城市生态修复、功能完善工程，统筹城市规划、建设、管理，合理确定城市规模、人口密度、空间结构，促进大、中、小城市和小城镇协调发展。优化行政区划设置，发挥中心城市和城市群带动作用，建设现代化都市圈。

2020 年 12 月 17 日，国家发展改革委、交通运输部、国家铁路局、中国国家铁路集团有限公司联合发布《关于推动都市圈市域（郊）铁路加快发展的意见》，从功能定位和技术标准等方面对市域（郊）铁路主要布局提出指导建议，明确都市圈所在地城市政府为发展市域（郊）铁路责任主体，重点满足 1 小时通勤圈快速通达出行需求。都市圈所在地城市政府依据国土空间总体规划和交通等相关规划，会同相关方面科学编制市域（郊）铁路建设规划，同步做好沿线及站点周边土地综合开发规划方案。

2021 年 1 月 31 日，中共中央办公厅、国务院办公厅印发《建设高标准市场体系行动方案》，推动户籍准入年限同城化累计互认。除超大、特大城市外，在具备条件的都市圈或城市群探索实行户籍准入年限同城化累计互认，试行以经常居住地登记户口制度，有序引导人口落户。

2021 年 2 月 20 日，国务院印发《关于新时代支持革命老区振兴发展的意见对接国家重大区域战略》，将支持革命老区振兴发展纳入国家重大区域战略和经济区、城市群、都市圈相关规划并放在突出重要位置，加强革命老区与中心城市、城市群合作，共同探索生态、交通、产业、园区等多领域合作机制。

2021 年 2 月 24 日，中共中央、国务院印发《国家综合立体交通网规划纲要》，要求推进都市圈交通运输一体化发展。建设中心城区连接卫星城、新城的大容量、快速化轨道交通网络，推进公交化运营，加强道路交通衔接，打造 1 小时"门到门"通勤圈。推动城市道路网结构优化，形成级配合理、接入顺畅的路网系统。深入实施公交优先发展战略，构建以城市轨道交通为骨干、常规公交为主体的城市公共交通系统，推进以公共交通为导向的城市土地开发模式，提高城市绿色交通分担率。超大城市充分利用轨道交通地下空间和建筑，优化客流疏散。

2021 年 2 月 8 日，国家发展改革委发布《关于同意南京都市圈发展规划的复函》。3 月 22 日，江苏、安徽两省人民政府联合印发《南京都市圈发展规划》，从一个空间格局、两个关键、两个阶段目标、四个定位、八个方面重点任务以及两套保障机制对南京都市圈的发展做出明确部署。《南京都市圈发展规划》成为国家层面批复同意的第一个都市圈发展规划，标志着南京都市圈建设上升到新的战略高度。

2021 年 4 月 12 日，国家发展改革委官网发布《2021 年新型城镇化和城乡融合发展重点任务》，提出将增强中心城市对周边地区辐射带动能力，培育发展现代化都市圈，增强城市群人口经济承载能力，形成都市圈引领城市群、城市群带动区域高质量发展的空间动力系统。支持福州、成都、西安等都市圈编制实施发展规划，支持其他有条件中心城市在省级指导下牵头编制都市圈发展规划。充分利用既有铁路开行市域（郊）列车，科学有序发展市域（郊）铁路，打通城际"断头路"。推进生态环境共防共治，构建城市间绿色隔离和生态廊道。建立都市圈常态化协商协调机制，探索建立重大突发事件联动响应机制。

2021 年 5 月 26 日，国家发展改革委发布《关于同意福州都市圈发展规划的复函》。7 月 9 日，福建省人民政府全文发布了《福州都市圈发展规划》，明确了福州都市圈作为福建高质量发展重要增长极、两岸合作重要门户、"21 世纪海上丝绸之路"核心区重要支点和优质幸福生活圈的地位，提出八个方面的重点任务，以及区域一体、合作协商的体制机制保障。

2021 年 7 月 22 日，《中共中央　国务院关于新时代推动中部地区高质量发展的意见》发布，提出支持武汉、长株潭、郑州、合肥等都市圈及山西中部城市群建设，培育发展南昌都市圈。加快武汉、郑州国家中心城市建设，增强长沙、合肥、南昌、太原等区域中心城市辐射带动能力。并在生态共保联治、基础设施共建共享、城乡融合发展等方面对都市圈需发挥的作用提出指导意见。

附录 B   都市圈综合发展质量评价指标体系（2021）

　　沿用《中国都市圈发展报告 2018》中都市圈高质量发展评价指标体系的主体架构，以都市圈发展水平、中心城市贡献度、都市圈联系强度和都市圈同城化机制为 4 个一级指标，根据实际发展情况对部分指标进行升级调整，优化后的都市圈综合发展质量评价指标体系涵盖 18 个二级指标和 26 个三级指标（见表 B1）。

　　在都市圈发展水平方面，删除"地区生产总值"和"常住总人口"等与都市圈划定范围大小直接相关的总量型指标，新增"地均生产总值""城乡可支配收入比""人均社会消费品额""货物进出口总额"等 4 项指标，以此综合评价都市圈经济发展质量、城乡发展差距、消费带动能力和对外经济开放水平的情况。在中心城市贡献度方面，对上一版指标进行了均值处理，即将指标调整为"都市圈中心城市与都市圈内城市的人口／经济／交通联系均值和中心城市与全国城市的人口／经济／交通联系均值比"。在都市圈同城化机制方面，将指标项"是否建立组织运作机构"调整为"是否编制都市圈规划"，并结合全国都市圈工作推进的总体情况，对其他各项指标完成度进行了更为精准的评估。

表B1　都市圈综合发展质量评价指标体系（2021 版）*

一级指标	一级指标权重	二级指标	二级指标权重	三级指标
都市圈发展水平	0.35	经济实力	0.07	人均 GDP
				地均 GDP
		人口集聚	0.07	常住人口密度
				常住人口增速
		城乡融合	0.035	城乡居民人均可支配收入比
		创新能力	0.035	万人有效发明专利拥有量
		公共服务	0.035	万名学生专任教师数
				每万人拥有执业（助理）医师数
		交通设施	0.035	高等级交通设施密度
		消费水平	0.035	人均社会消费品零售总额
		对外开放	0.035	货物进出口总额
中心城市贡献度	0.25	经济辐射力	0.1	中心城市对外投资比
		人口辐射力	0.1	中心城市人口流动比
		交通辐射力	0.05	中心城市铁路班次比
都市圈联系强度	0.25	平均经济联系度	0.1	都市圈城市间经济联系均值
		平均人口联系度	0.1	都市圈城市间人口联系均值
		平均交通联系度	0.05	都市圈城市间铁路交通联系均值
都市圈同城化机制	0.15	组织协调	0.03	是否编制都市圈规划
				是否建立常设协调机构
		产业协作	0.03	是否实现科技创新券互认互兑
				是否有城市间共建园区
		通勤便捷	0.03	是否开通城际列车（C 字头列车）
				是否有城际地铁（轻轨、快轨）开通或在建
		生态共治	0.03	是否建立环境污染跨区域联合执法机制
				是否建立生态补偿机制
		服务共享	0.03	是否实现城市间合作办学
				是否建立跨城市医疗联合体

三级指标权重	计算方法	数据来源
0.035	都市圈总 GDP/ 都市圈常住人口	政府统计数据
0.035	都市圈总 GDP/ 都市圈总面积	政府统计数据
0.035	都市圈常住人口 / 都市圈总面积	政府统计数据
0.035	（年末常住人口 − 上一年末常住人口）*100%/ 上一年末常住人口	政府统计数据
0.035	城镇居民人均可支配收入 / 乡村居民人均可支配收入	政府统计数据
0.035	都市圈有效发明专利拥有量 / 都市圈常住人口	政府统计数据
0.0175	都市圈专任教师数 / 都市圈学生数	政府统计数据
0.0175	都市圈执业（助理）医师数 / 都市圈常住人口	政府统计数据
0.035	高等级道路路网长度 / 都市圈总面积	道路测绘数据
0.035	社会消费品零售总额 / 都市圈常住人口	政府统计数据
0.035	货物进出口总额	政府统计数据
0.1	中心城市与都市圈内城市互投资金均值 / 中心城市对全国城市互投资金均值	企业工商登记数据
0.1	中心城市与都市圈内城市人口流动均值 / 中心城市对全国城市人口流动均值	手机信令数据
0.05	中心城市与都市圈内城市铁路班次数均值 / 中心城市对全国城市铁路班次数均值	互联网铁路班次数据
0.1	都市圈城市间互投资金额总额 / 都市圈内城市个数	企业工商登记数据
0.1	都市圈城市间人口流动总数 / 都市圈内城市个数	手机信令数据
0.05	都市圈城市间铁路班次总数 / 都市圈内城市个数	互联网铁路班次数据
0.015		政府官方网站
0.015		政府官方网站
0.015		政府官方网站
0.015		政府官方网站
0.015		互联网铁路班次数据
0.015		政府官方网站
0.015		政府官方网站
0.015		政府官方网站
0.015		政府官方网站
0.015		政府官方网站

　　*都市圈综合发展质量评价指标体系采用专家打分法、熵值法相结合的方法确定各级指标权重。首先采用专家打分法确定基础权重，其次结合熵值法对指标权重进行校正，经过多轮意见征询、反馈和调整，最终确定各级指标权重。